英语教学与教学模式创新研究

覃庆芳　韩敏　王小庆 ◎ 著

中国商业出版社

图书在版编目（CIP）数据

英语教学与教学模式创新研究 / 覃庆芳，韩敏，王小庆著.-- 北京：中国商业出版社，2024.7
ISBN 978-7-5208-2737-9

Ⅰ.①英… Ⅱ.①覃…②韩…③王… Ⅲ.①英语－教学研究－高等学校Ⅳ.①H319.3

中国国家版本馆 CIP 数据核字(2023)第 230511号

责任编辑：朱丽丽

中国商业出版社出版发行

（www.zgsycb.com 100053 北京广安门内报国寺1号）

总编室：010-63180647 编辑室：010-63033100

发行部：010-83120835/8286

新华书店经销

三河市天润建兴印务有限公司印刷

*

787毫米×1092毫米 16开 13印张 300千字

2024年7月第1版 2024年7月第1次印刷

定价：48.00元

* * * *

前　言

我们身处于国际化进程不断加快的时代，英语作为国际通用语言是学生走向世界的基础技能。学习英语不仅可以丰富自己的知识面、拓宽视野，更有助于培养学生的国际视野和跨文化沟通能力，英语学科教学的重要性毋庸置疑。一直以来，英语教师都十分重视学生的英语学习，英语教学也得到了社会大众越来越多的关注。基于此，本书主要研究英语教学实践中应如何创新和优化教学方法，与时俱进地更新教学理念。

本书共分为八章。第一章概述了英语教学的相关理论；第二章探究了英语教学的方法，分析教学方法的应用；第三章探究了英语教学的基本内容，介绍了语言知识教学、英语技能教学以及情感态度与文化教学等相关内容；第四章研究了英语词汇、语法以及听说读写译的教学方法；第五章研究新媒体与英语教学相结合的教学模式，分析了翻转课堂、微课、慕课在英语教学中的模式与应用；第六章研究了英语创新思维模式对教学的影响；第七章研究了英语语言表达教学，探究英语语言表达教学的意义及原则；第八章研究了英语课堂教学策略与课堂延伸。

本书由覃庆芳、韩敏、王小庆负责编写，由白晓璐、王芳负责整理。

本书简明扼要地阐述了英语教学实践中的知识、方法、途径和具体内容等问题，整体内容丰富、详实具体。由于作者水平有限，在撰写本书的过程中，参考、引用了英语教学领域专家及学者们的学术图书著作、期刊论文等相关资料，所参考资料一并在文后结尾处的参考文献中，作者在此对专家们表示诚挚的谢意，感谢专家们为英语教学领域作出的卓越贡献！

目　录

第一章　英语教学理论基础概述

第一节　英语语言教学的理论基础

不同的语言学理论如传统语法、历史语言学、结构主义语言学、转换—生成语言学、功能语言学、交际能力理论等对于外语教学都有一定影响，其中传统语法、结构主义、功能主义、交际理论等观点对现代语言教学产生很大的直接或间接影响。

一、传统语法——语法翻译法

传统语法以希腊和罗马语法为基础，是20世纪现代语言学发端以前对语言的描写，其注重语言的正确性、规约性和优雅性等。1880年以前，古典语言（古希腊语和拉丁语）教学在欧洲一直占据着主导地位，其教学目的主要在于阅读古典文献，因为人们已经不再使用这种语言进行交际。语言教学以语法为主，以教师为中心，语言学习主要通过大量翻译练习进行语法规则记忆，要求学生掌握语法和大量单词，但并不注重其发音，这就是语法翻译法。到了20世纪中期，语法翻译法逐步发展成译读法，该方法适当注重发音的教授和练习，强调阅读能力的培养，但语法教学作为阅读和翻译的前提，仍占据着重要地位。

在语法翻译法中，学习外语最主要的任务是语法学习，语言知识以语法点和例证形式呈现，教师以教材为蓝本，解释其中的语法点和术语；学生熟记具体规则和例子，借助双语词典翻译词、短语、句子等。一般来说，课堂讲授经历三个阶段：讲授词法、句法；采用演绎法讲授语法规则（如先讲一下语法规则的构成和用法，再举几个例子说明，并把例句译成母语）；进行语法练习等。可见，语法讲解、记忆以及目标语与母语之间的对译成为最主要的教学活动。因此，各种语法概念如主语、谓语、宾语、格、体等对于师生来说耳熟能详。这种方法的优势在于充分发挥了母语和翻译在教学中的作用，易于操作；同时以教师为中心，比较容易操控课堂。但其局限性也是显而易见的，主要包括：过分重视语言知识的传授，忽视语言技能（如听说能力）的培养；夸大了语法和母语在外语教学中的作用，教学过分依赖母语；教学过程比较枯燥，所举例句脱离语言实际，容易引起学生厌倦；过于重视阅读和写作，且记忆任务繁重等。后来，随着语言学研究的发展，该方法受到其他教学流派的批驳。

二、结构主义语言观

美国的结构主义是共时语言学的一个分支，独立地诞生于20世纪初的美国。传统语法在欧洲一直占据着统治地位，而在美国，其影响却微乎其微。此外，在美国最早对语言学感兴趣的学者是人类学家，他们发现印第安人的土著语言没有任何文字记载，当一种土著语言的最后一个使用者死去时，这种语言也很快随之消亡。这让他们意识到在消亡之前记录这些语言的迫切性。

从19世纪末到20世纪中期，无论是在自然科学领域还是在人文科学领域都开展着一场结构主义革命。不少学者如帕西（Passy）、斯威特（Sweet）、布龙菲尔德（Bloomfield）等都对语言的结构进行了分析和研究，并提出了各自的观点和理论。结构主义语言学主张把语言作为一个系统来研究，注重语音、单词、句子等语言单位在这个系统中的地位，强调语言学习的目的在于掌握这些成分。

（一）索绪尔与结构主义语言学

瑞士语言学家索绪尔（1857—1913），是现代语言学的重要奠基人。尽管索绪尔在历史比较语言学，特别是在印欧比较语言学中作出重大贡献而在语言学界崭露头角，但真正使他享有“现代语言学之父”这一美称的却是他在1906—1911年为日内瓦大学的学生开设的“普通语言学”课程。1913年索绪尔去世之后，他的两位同事根据学生所作的笔记和他所留下来的讲稿整理出了《普通语言学教程》。

索绪尔的理论是从三个方面发展起来的：语言学、社会学以及心理学。

在语言学方面，索绪尔受到美国语言学家W. D. 辉特尼（1827—1894）巨大的影响。辉特尼通过坚持符号的任意性这一概念来强调语言是一种系统，从而把语言学纳入正确的轨道；在社会学方面，索绪尔还追随法国社会学家E. 迪尔克姆（1858—1917），坚持认为语言是一种“社会行为”，将之与个人心理行为严格区分开来；在心理学方面，索绪尔受奥地利心理学家S. 弗洛伊德（1855—1939）的深刻影响，认为“下意识”是具有连续性的。

索绪尔第一个注意到语言的复杂性。他把人类语言看作一种非常复杂而且异质的现象。即便是一个简单的言语活动，也包含着独特要素，并且可以从许多不同的甚至是互相冲突的角度去考虑。人们可以关注导致一个人在交谈过程中发出一系列声音的知觉环境。人们可以去试图分析是什么使说话者和听话者能够相互理解，找出他们赖以交流并且早已熟悉的语法和语义规则。或者说，人们可以追溯语言的历史，看看这些特定的形式早在什么时候就得以通用了。

索绪尔主张把语言和言语这两个概念区分开来。他认为，语言是抽象的语法规则系统和词汇系统，是社会产物，不从属于某一个人。言语是说出来的话或写出来的文章，是由个人通过运用语法规则将语言单位组织起来的结果，因此言语是语言的具体体现，而语言则是对言语的抽象表达。虽然言语是可以直接接触到的素材，但语言学的研究对象却是语言。索绪尔主张将内部语言学和外部语言学区别开来。他认为，社会与历史等因素不会触动语言的内部系统。在他看来，语言学就是一门研究语言内部系统的科学。

索绪尔主张将共时性的研究同历时性的研究区分开来。在他之前，人们研究语言往往是纵向地追溯语言的历史，从历史的角度来解释语言现象，甚至有人认为唯有历时性的研究才是科学的。索绪尔认为，对语言进行共时性的研究，即对语言作出静态描写也是一门科学，而且优于历时性的研究，因为对于说话的大众来说，历史变化是很少在考虑之列的。

索绪尔认为，语言符号在构成关系系统时存在于两种关系之中，即组合关系和聚合关系之中。组合关系与语言成分的线性排列次序是一致的，而聚合关系则是以语言项目中一定成分的选择为条件的。

索绪尔认为，语言是一套规则体系，而不是具体的材料。规则体系是相对固定的、约定俗成的，是语言学的研究对象。索绪尔对现代语言学的贡献还在于他确立了语言学作为一门独立的学科所必需的特点。他在《普通语言学教程》的结尾处指出：“语言学的唯一的真正的对象就是语言和为语言而研究的语言。”虽然这段话的后半部分尚存争议，但它确定了语言学研究的对象和相应的研究方法，明确了语言学成为一门学科所具有的特点，后来涌现出的各种学说和流派都直接或间接地受这些观点的影响。

（二）布龙菲尔德的理论

布龙菲尔德（Bloomfield，1887—1949）是美国描写语言学的首要代表。他是美国语言学研究历史上的一位标志性人物，以至于1933—1950年被众人称作“布龙菲尔德时代”。也正是在这个时期，美国描写语言学开始正式形成并迎来它的最初发展阶段。布龙菲尔德的《语言论》（1933）一度被大西洋两岸同时奉为科学的方法论之典范以及语言学方面最伟大的著作。在布龙菲尔德看来，语言学是心理学的分支，并且其特别指出是心理学中带有实证论特征的行为主义的分支。行为主义是一种科学研究方法，其理论基础是认为人类无法认识他们所未经历之事。从行为主义的语言观出发，儿童对语言的学习是通过一连串的“刺激—反应一强化”来达到的，而成年人对语言的使用也是一个“刺激一反应”的过程，当行为主义者的方法论通过布龙菲尔德的著作进入语言学研究以后，在语言学研究中普遍的做法就是去接受、理解一个本族语使用者用他的语言说出的语言事实本身，而丢弃他对其语言所作的评论。这是因为只有观察了没有准备的、由说话人自然陈述的话语而作出的语言描写才是可靠的；相反，如果一个分析者通过询问说话者诸如“你能否用你的语言说……”之类的问题等得到的语言描写则是不可靠的。

布龙菲尔德还谈到语言学对语言教学的应用，并对传统语法提出批评。他指出，十八九世纪的语法学家大都是在为英语制定“英语应该如何”的规则。其实，所有的变体都是真正的英语。他还认定，那些传统的语法学家大都是规定性的，企图用哲学概念规定语言范畴，因此是教条主义。这样，在语言教学中，首先应该教发音，而不是过多地去注意文字形式。关于美国的外语教学中流行的实践法，他认为学习一门语言需要在真实情境中不断地实践与反复，而不是去教授学习者学习语法理论。那些传统的方法不仅给学习者造成疑惑，而且不符合经济的原则，不会对学习者有很大的帮助。

（三）乔姆斯基的转换生成语法

20世纪50年代，以乔姆斯基为代表的语言学家在美国掀起了一场语言学革命。这场革命对语言学界影响之深、波及面之广都是前所未有的。一位语言学家这样写道：他的理论可能为人们所接受或拒绝，但不能为人们所忽视。乔姆斯基的理论不但影响语言学界，而且对认知心理学、计算机科学、二语习得理论都有重要的影响。

乔姆斯基的理论被称为“转换生成语法”（Transformational Generative Grammar，以下简称TG）。如果我们把乔姆斯基1957年出版的《句法结构》作为其理论诞生的标志，在差不多半个世纪的时间里他的理论经历了五个发展阶段，乔姆斯基不断修改自己的理论，使之更具解释性和符合经济的原则。

乔姆斯基认为，语言是一种行为，它像人类的其他行为一样，受规则的支配。人们利用语言规则，可以用有限的基本的语言单位去构造无限数量的、复杂的语言句子。人们学习语言并不是学会某个特定的句子，而是运用规则去创造和理解新的句子，这些句子可以是我们以前没有说过或看过的。因此，规则性和创造性是语言的两个重要特征。

乔姆斯基在TG中提出了句子的双重结构理论，他把句子结构分为表层结构和深层结构。表层结构是指句子的形式，深层结构是指句子陈述的意义。在TG中，句法规则占据核心地位，它包括短语结构规则（重写规则）、转换规则（包括移位、删略、添加）等。在乔姆斯基看来，语言生成的过程就是从深层结构到表层结构的转换过程，转换是按照转换规则来完成的。

乔姆斯基在研究语言中发现，儿童学习母语有其独特的地方。虽然儿童接触到的语言结构较为简单，而且他们的生活条件会有差异，智力上也存在差别，但他们一般到了五六岁都能掌握母语。根据这些发现，乔姆斯基提出了语言习得理论。按照乔姆斯基的理论，说明语言具有天赋的基础。之所以儿童能够习得语言，而动物不能学会人类的语言，是因为儿童具有与生俱来的语言习得机制。

乔姆斯基称这种人类机体的天生属性为"普遍语法"。这种普遍语法是由乔姆斯基称为原则和参数的抽象系统组成的，普遍语法原则体现了语言的一致性，而普遍语法参数的赋值则决定了语言结构的差异性。因此，各种语言之间的差别在一定程度上可以归结为参数的不同设置。儿童说英语还是汉语，取决于他们所处的语言环境和接收到的语言输入，因为某一特定语言的输入能使习得者设置使用某一语言的参数。

三、功能派的语言观

使语言学在英国成为一门公认的科学的是约翰·鲁伯特·弗斯。1944年他成为英国第一任语言学教授。伦敦的大多数大学的语言学教师都是弗斯的学生，他们的作品都反映了弗斯的观点。弗斯主要受人类学家B. 马林诺夫斯基的影响。继而，他又影响了他的学生——著名的语言学家M. A. K. 韩礼德（Halliday）。他们三人都强调"情景语境"和"语言系统"的重要性，因此被称为系统语言学派和功能语言学派。

（一）马林诺夫斯基的理论

自1927年开始马林诺夫斯基一直在伦敦经济研究学院任人类学教授。在他所创立的理论中，最重要的方面就是有关语言的功能的理论，这与他纯粹的人类学研究有着明显的区别。在马林诺夫斯基看来，那种把语言视为"将思想从说话人的大脑传递给听话人的大脑的手段"是一种引人误入歧途的说法。他说，语言"应该被看作一种行为模式，而不是与思维相对应的东西"。按照马林诺夫斯基的观点，话语的意义并不来自构成话语的词的意义，而是来自话语所发生的上下文之间的关系。

马林诺夫斯基的主张主要基于两种观察。第一，在原始社会中，因为没有文字语言，所以语言只有一种用途。第二，一切社会中儿童都是以这种方式学会语言的。马林诺夫斯基巧妙地比喻道，在儿童看来，一个名称对其所代表的人或物具有某种魔力。儿童凭借声音而行动，周围的人对他的声音作出反应，所以这些声音的意义就等于外界的反应，即人的活动。

马林诺夫斯基认为，话语常常与周围的环境紧密联系在一起，并且情景语境对于理解话语来说是必不可少的；人们无法仅仅依靠语言的内部因素来分辨话语的意义；口头话语的意义总是由情景语境决定。马林诺夫斯基还区分了三种情景语境：①言语与当时的身体活动有直接联系的环境；②叙述环境；③言语仅用来填补语言空白的环境——寒暄交谈。

就第一种语言环境来说，马林诺夫斯基指出一个词的意义并不是由其所指的自然属性所给予的，而是通过其功能获得的，初学者学习一个词的意义的过程不是去解释这个词，而是学会使用这个词；同样，表示行为的动词，通过积极参与这个行为而获得意义。对于第二种语言环境，马林诺夫斯基进一步区分了“叙述本身所处的当时当地的环境”和“叙述涉及或所指向的环境”，第一种情况“由当时在场者各自的社会态度、智力水平和感情变化组成”，第二种情况则通过语言所指来获得意义（例如神话故事中的情境）。马林诺夫斯基坚持认为，尽管叙述的意义与语言环境没有什么联系，却可以改变听话人的社会态度和思想感情。第三种语言环境是指一种“自由的、无目的的社会交谈”的情况。语言的这种用法并不是说与人类活动最无关，其意义不太可能来自使用语言的环境，而只能来自“社会交往的气氛……谈话者之间的私人交流”。例如一句客气话，其功能与词汇的意义几乎毫不相干，马林诺夫斯基把这种话语称为“寒暄交谈”。

（二）弗斯的典型情景语境

弗斯的研究则像马林诺夫斯基一样，把情景语境作为研究的重点。他对情景语境的定义包括整个言语的文化背景和个人的历史，而不仅仅是语言所处的语境中人们所从事的活动。弗斯发现，句子是变化无穷的，于是他提出了“典型情景语境”这一概念。这样，很多判断就可以用它来解释。对于典型情景语境，弗斯解释道，社会环境决定了人们必须扮演的社会角色，因此典型情景语境也是有限的。基于此，弗斯说“与大多数人所想象的不同，谈话更像一种大体上规定好的仪式，一旦有人向你说话，你则基本上处于一种规定好了的语境，你再也不能想说什么就说什么”。于是，弗斯还进行了更为具体和详细的语境分析。他提出在分析典型情景语境时，应同时考虑到篇章的情景、语境和语言语境。

1. 篇章本身的内部关系

（1）结构的成分间的组合关系。

（2）系统中的单位的聚合关系。

2. 情景语境的内部关系

（1）篇章与非语言成分之间的关系，以及它们总的效果。

（2）篇章中的“小片段”和“大片段”（如词、词的部分、短语）与环境的特殊组成成分（如项目、物体、人物、性格、事件）之间的分析性关系。

弗斯对语言学的另一个重大贡献就是他的韵律分析法（prosodic analysis），

也称韵律音系学（prosodic phonology），这是他1948年在伦敦语言学会上提出的。英文“prosody”一词在这里有着特殊的意义。人的话语是一个连续的语流，至少由一个音节组成，不能被切分为若干独立的单位。在这个语流中，要想分析各个层次上的功能，仅靠语音描写或音位描写是远远不够的。这是因为，音位描写实际上只探讨了聚合关系，没有考虑组合关系。弗斯指出，在实际话语中构成聚合关系的并不是音位，而是音声单位。音声单位比音位的特征要少一些，因为有些特征是一个音节或短语（甚至句子）中的音位所共有的。这种共有特征归到组合关系中去，统称为韵律成分。

弗斯没有给韵律成分下定义，但是在他的论证中描绘了韵律成分的组成，包括重读、音长、鼻化、硬腭化和送气等特征。总之，这些特征不单独存在于一个音声单位。

强调“多系统”的分析并不意味着忽视结构的分析。事实上，弗斯非常重视组合关系。他认为，分析话语的基本单位不是词，而是语篇，而且是在特定环境下的语篇。把语篇拆成各种层次是为了便于研究。各个层次是从语篇中抽象出来的，因此先从哪一个层次下手都无关紧要。但是，无论先研究哪一个层次，都必须分析语篇的韵律成分。

韵律分析和音声分析都考虑到基本相同的语音事实。但是，在材料归类和揭示材料的相互关系上，韵律分析就显得优越得多。韵律分析能够在各个层次上发现更多的单位，并且力图说明这些不同层次上的单位相互关联。

（三）韩礼德的系统功能语法

M.A.K.韩礼德（1925—2018）在伦敦学派中继承和发展了弗斯的理论。他的系统功能语法是一种具有社会学倾向的功能语言学处理方法，是20世纪最有影响力的语言学理论之一，同时也影响到和语言相关的不同领域，如语言教学、社会语言学、话语分析、文体学和机器翻译等。

系统功能语法有两个组成部分：系统语法和功能语法。它们是语言学理论整体框架中紧密相连的两个部分。系统语法的目标是要说明语言作为系统内部底层的关系，它是与意义相关联的可供人们不断选择的若干子系统组成的系统网络，又称“意义潜势”。功能语法的目标是要说明语言是社会交往的手段，其基础是语言系统及其组成成分，又不可避免地由它们提供的作用和功能所决定。

在韩礼德的早期著作中，他通过观察儿童语言发展提出语言有六种功能：工具功能、控制功能、表达功能、自指性功能、教导功能以及想象功能。随着儿童的语言逐渐向成人语言靠拢，这些微观功能就让位于宏观功能。宏观功能包括三大类，即概念功能（ideational）、交际功能（interpersonal）和语篇功能（textual）。概念功能描写句子的语义内容；交际功能描写说话者是怎样通过相互作用来影响对方从而达到交际效果的；语篇功能描写信息结构。概念功能主要由经验和逻辑两个系统构成。经验系统要解决的是意义的选择问题。这主要是由及物性系统来完成的。及物性表示动词的“过程”和所涉及的人或物之间的关系。逻辑系统处理并列、从属和同位结构中结构成分之间所具有的不同逻辑关系。

交际功能由交互作用和人物两个系统构成。交互作用系统在于描写说话者是如何在交际中相互沟通，并且是怎样通过某种约定俗成的方式来影响对方的行为，以达到一定的交际效果的。交互作用是由语气系统（通过不同的语调来表达不同的语用和言外之意）来实现的。人物系统主要描写说话者的情态意义，即说话者对命题的看法和评价（如可能、大概、一定等）。

语篇功能主要解决主位构造、句子命题的信息结构以及句子内部或句子之间的衔接问题。系统语法把句子的主位结构分为两个部分：主位和述位。主位位于句子之首，述位随后，这是一种常见的句序，因而被称为无标记形式。相反，述位在前主位在后的句序称为有标记形式。系统语法认为，主位不但可以由主语来体现，还可以由谓语、补语、助动词等来体现。信息结构是指篇章中已知信息和未知信息的排列问题。所谓已知信息，是指说话者认为听话者可以从前面的内容中推断出来的信息；而所谓的未知信息，是指说话者认为听话者不能从前面的内容中推断出来的信息。一句话中未知信息是必不可少的，而已知信息则是可有可无的。信息的不同组合方式构成了句子的不同信息结构。衔接是指语篇中结构成分之间的连接关系。衔接通过语法手段、词汇手段和其他手段来实现。语法手段有“指代”“省略”“连接”等；词汇手段有词汇链条、同义词、反义词、上下义词等。具体地讲，“连接”又可分为四种逻辑关系：添加、转折、因果和时间。

语言使用者一旦在概念、交际和语篇三大功能系统中选择了适当的项目，就要在词汇语法部分选择相应的词语并把这些词语排成一定的序列。这样，说话者的意义就通过语义和词汇语法两个层次最后进入音系层次。音系层次用适当的语调、重音等来体现语言使用者的意向选择。所以，系统功能语法把语言分成五个层次：语境、意义、遣词、音的结构和语音。意义是中心层次，也是一个系统，说话者只能在意义系统中选择恰当意义。这个意义是受语境调节的。调节后的意义由词汇来体现，词汇受语法系统的控制，所以词汇要按照语法要求排成一定的序列；然后进入音的结构系统，该系统决定语调、重音以及发音等。系统功能语法就是这样一种对语言系统进行描写的语法。

韩礼德对语言功能的论述从另一个角度去看待语言本质，加深了语言学界对语言的理解，也为人们此后建立功能—意念教学流派（或称交际法）提供了理论依据。一些学者从语言的社会交际功能出发，探讨语言使用者和语言使用的理论。海姆斯是此方面的一位代表人物，他针对乔姆斯基的两个概念“语言能力”和“语言运用”提出了自己的“交际能力”的概念。

（四）奥斯汀的言语行为理论

言语在社会交际中起着什么作用，这不是一个可以用一两句话就能回答的问题。言语有控制他人行为的作用，有影响他人思想的作用（如在演讲时），也有表达信息和情感的功能（如可以说：“What a lovely day!”以表示对天气的赞赏）。英国语言哲学家奥斯汀（Austin，2002）从讨论言语的作用和功能出发，提出了他的言语行为理论。他主张在研究话语的意义时不应只注意一些离开上下文而引述的陈述句，如“Snow is white.”这样的话语，而是要注意话语使用时的作用。话语可以是建议的提出、邀请的发出，也可以是要求的作出和答允的表述，它的功能是多方面的。就句子的作用而言，奥斯汀认为，不同种类的句子有不同的功能。陈述、报告、描述事物是一些句子的作用，但有另一些句子是被用来施行某种行为的。奥斯汀区分了两类话语：叙述句和行为句。叙述句是可以验证的，即可以是真实或错误的陈述，“Chicago is in the United States.”是叙述句。而行为句则可以施行行为或用来做事，如“Look out，the train is coming.”作为警告使人注意火车到来。

奥斯汀用以下四个著名的例子来说明行为句。

1. I do.（用于结婚仪式过程）

2. I name the ship Elizabeth.（用于命名仪式）

3. I give and bequeath my watch to my brother.（用于遗嘱）

4. I bet you six pence it will rain tomorrow.（用于打赌）

这四个句子都说明说话人在说这些话的时候并非作什么陈述和描写，而是在实施某一种行为，或者说是在完成某一动作，如结婚、命名、遗嘱、打赌。在日常用语中也大量存在这种情况，如“I promise…”“I warn…”“I apologize…”“I welcome…”等，此就是分别在实施“许诺”“警告”“道歉”“欢迎”等动作。

因此，言语出现了两种情况：一种是“言有所叙”，另一种是“言有所为”。语言学家们对“言有所叙”和“言有所为”进行了大量研究（包括如何区分、如何设置言有所为的前提条件等）之后，奥斯汀终于发现“言有所叙”归根结底也是“言有所为”，也就是说，陈述也好，描写也好，也都是说话人的一种行为。于是，奥斯汀致力于建立一种新的模式来解释人们通过言语来实施的各种行为。

这种新模式认为发话人在说话时同时实施了三种行为：言内行为、言外行为和言后行为。言内行为，是指“说话”本身的发言，它的声音中的词汇和语法结构，以及声音中的意义。这就是以言指事。言外行为，是指“说话”本身也可能正在作出允诺，或提出警告，即话语的施为方面。一般来说，施为性言语行为是我们在一定语境中在说了某些词语时实施的。言后行为，是指说话带来的后果，通过我们的言语，我们使听话人受到了警告，或者使听话人接受规劝，不去做某一件事，或者使听话人去做了我们想要他去做的事等。

由此，发话人在说话时同时实施的三种行为的区别在于，言内行为是通过说话表达字面意义的，言外行为是通过字面意义表达说话人的意图的。说话人的意图一旦被听话人领会，便有可能带来后果或变化，即言后行为。

虽然奥斯汀提出的行为理论还不是很成熟，但他的理论在语言学界引起了巨大的反响，并被一些学者如美国语言学家塞尔等进行延伸。塞尔把奥斯汀的理论提升为一种解释人类语言交际的理论。他对说话人如何根据一定规则来施行自己要想要做的事做了较多的工作，并对言语行为进行了较系统的分类，即受约句、陈述句、指令句、表情句和表述句。其他一些学者对言语行为的功能分类也有自己的模式，显现出自己的特点。

言语行为理论对语言学和语言教学的发展都有着重要的影响，语言大纲的诞生与言语行为理论有着密切的关系。在语言教学和大纲设计中，言语行为经常被称为“功能”或“语言功能”。

四、心灵主义的学习观

（一）克拉申的监控模式

克拉申（D.Krashen）博士是美国南加州大学语言学系的教授。他在一系列他人和自己研究的基础上，提出了旨在解释第二语言是如何习得的学习理论。他的理论常称为监控模式。克拉申监控模式对现代外语教学影响较大，主要包括五个假说：习得—学习假说，自然顺序假说，监控假说，语言输入假说和情感过滤假说。

习得—学习假说即将习得和学习进行区分：习得（Acquisition）是潜意识的，产生于语言交际活动中，一般在信息交流中无意吸收并能够在无须教授语法规则的前提下，正确使用语言；学习（Learning）是有意识地学习语法规则的过程，旨在掌握语言形式，并将所学规则在语言运用中体现出来。一般来说，习得的知识有助于启动语言的理解和产生，而学习所获得的知识只用于监控语言的理解和产生。

按照习得—学习假说，培养第二语言或外语能力有两种不同的途径，一种是习得，另一种是学得。习得是一种自然的方式，是一种觉察不到的过程，像小孩习得母语一样，学习者在有意义的交际中，通过对语言的理解和语言的使用，自然获得使用语言的能力。学得是指有意识地学习语言规则的过程。学得最后能弄懂语言知识，并能把语言规则予以表述。正规学习能促使学得发生，错误的纠正能帮助弄懂规则，但学得不能促使习得发生。

按此假说，人们流利说话的能力是不能从直接教授而获得的，而是靠大量听和读的练习，接触大量的语言输入后自然获得的。因此，说的练习对习得来讲是没有帮助的。

情感过滤假说认为，第二语言习得的成功也取决于学习者的情感因素，如学习动机、对第二语言的态度、学习自信心和情绪等。消极态度（包括缺少动机、自信、兴趣等）被认为是一种过滤器，阻碍学习者运用输入信息，进而影响语言学习的效果。如果动力大，充满自信心，对第二语言的态度积极，对语言输入的过滤作用就小，有助于语言习得。因此，在外语学习过程中，强烈的动机、自信心和低的忧虑状态对习得来说是较为有利的。

按照克拉申的外语教学理论，进行外语教学时应该尽量向学生提供可理解的语言输入，为学生习得语言创造一个有利的环境。教师应使用一切手段来增加语言输入的可理解性，如教师可采用直观的教具（如实物、图片、电影等）来辅助教学，也可以按学生水平，使用不同的词汇和语言结构来教学。此外，教师应创造一种轻松愉快、自由自在的学习气氛，只有这样，语言输入才能更有效地被大脑吸收。因此，不要强加压力于学生，在学生不会回答问题或还未有能力作答时，不要强迫他们作答。在学习的最初阶段，可使用“全身反应法”来教学，这样可以减少学生的忧虑，避免产生害怕犯错误的心理。与此同时，语言输入应是有趣的，学生应在教学中参与有意义的交际活动，而不是句法形式的训练，这样才能更好地调动学生学习的积极性，提高学习效率。由于习得依赖可理解的输入，因此，课堂活动应该集中在听和阅读两个方面的训练上，说的能力应让其自然产生。

（二）斯温纳的语言输出假设

对于克拉申提出的监控模式，斯温纳等学者提出了不同的看法，即提出语言输出假设。

克拉申认为可理解的输入在第二语言习得中起着中心作用，而斯温纳则认为输出在第二语言习得中有着显著的作用。斯温纳提出假设的依据是其进行的“浸泡式”教学实验。浸泡式教学主要原则是将第二语言作为其他学科的工具，而语言获得则是理解这些学科信息及内容的“伴随产品”。斯温纳在加拿大进行的浸泡实验表明：尽管她的学生通过几年浸泡，获得的语言输入不是有限的，但他们并没获得如本族语者那样的语言的产生能力。她认为，造成这种结果的原因不是学生获得的语言输入有限，而是他们的语言输出活动不足。她认为，她的学生没有足够的机会在课堂环境中使用语言。此外，他们没有在语言输出活动中受到“推动”。斯温纳认为，语言输出活动不是像克拉申所说的那样只体现了习得的语言，而是有着多方面的作用。

斯温纳认为，语言输出有三个功能：①促进学习者对语言形式注意的功能；②学习者进行检验自己提出假设的功能；③提供学习者有意识反思的功能。

俗话说“熟能生巧”，语言输出活动，因为能提供更多让学生练习使用语言的机会，能增强学生使用语言的流利性，所以看起来不会有较大的争议。斯温纳认为，当学习者进行“产生语言”的活动时，他们可能会碰到一些语言方面的问题，这些问题会使他们注意到某一个他们不懂或只懂得部分的语言项目。这样，学习者就会注意到他们所需表达的意思和他们能用语言形式来表达该意思的差距。这种对语言形式的注意能帮助他们习得某一种语言形式，因为这种对语言形式的注意会激活他们的认知活动，而这种认知活动有助于学习者已有知识的巩固和新知识的学习。有学者指出，学习者在口语和笔头语方面的一些错误揭示了学习者想在学习中对语言使用时某种策略的尝试，看看自己提出的某一假设是否成立。学习过程中学习者会经常性地提出某种假设并对假设进行检验。为了对假设进行检验，学习者要做一些事情，其方法之一就是以口头或书面的形式使用语言。因此，语言输出活动是学习者为了交际而使用新语言形式和结构的尝试，是他们使用中介语来交际的过程，他们可以通过语言输出查看自己提出的结构和形式是否行得通。从这个意义上来说，语言输出活动为学习者实践自己提出的假设、检验自己的假设提供了机会。如果没有语言输出活动，学习者就不能获得验证自己提出的假设的机会。

斯温纳还认为，语言输出有促使学习者有意识地反思的功能。当我们说输出有检验假设作用时，我们认为输出本身就是假设。因此，语言输出就是学习者对如何使用语言形式去表达某一意义的猜测。这里我们没有提问过教学者，他们的假设是什么，但我们可以从他们的语言输出去推测他们的假设。在某种情况下，学习者不但揭示了自己的假设，而且用语言对假设进行了反思。这种使用语言对语言进行的反思，能促进学习者控制和内化自己的语言。斯温纳在她的文章中还以自己做的实验来证实这一看法。

第二节　英语教学法的理论基础

外语教学法是外语教学过程中的一个重要成分，是为完成教学任务、实现教师怎样教、学生怎样学以及师生相互作用所采用的方式、手段和途径。各类教学理论在见解方面相互借鉴，理论内容互相融合。在语言教学史上，先后出现过许多的英语教学法理论，如今我国仍在使用的有语法翻译法、情景教学法、认知法、交际教学法等。除此之外，还有我国学者自创的一些英语教学法。

一、语法翻译法（Grammar Translation Method）

（一）语法翻译法的产生背景

语法翻译法起始于18世纪末的欧洲，是随着现代语言作为外语进入学校课程而形成的第一个有影响的外语教学方法体系。从16世纪到18世纪，拉丁语是欧洲学校中的一门重要课程。其时，拉丁语已不再用于日常口头交际，但之所以受到普遍重视，原因有二。

首先，在文艺复兴时期崇尚古典文化、艺术的背景下，学习拉丁语是阅读拉丁语文献、继承文化遗产的重要途径。此外，18世纪在德国形成的官能心理学认为，心灵具有不同的官能（能力），它们是心理活动的心灵力量；官能可以相互分离，孤立地加以训练；某些学科具有训练一种或几种官能的特殊价值。受官能心理学的影响，西方教育学中出现了所谓的“形式训练说”。

其次，拉丁语被认为具有最严密、最有逻辑性的语法体系。因此，学习拉丁语被认为是训练推理能力及观察、比较和综合能力的良好方式。这样的教学目的决定了拉丁语教学法的两个重要特点，即重视阅读能力的培养和重视语法教学。

18世纪，现代语言作为外语进入学校课程后，其教材编写和教学方法都大体继承了拉丁语教学法的特点。到了18世纪末19世纪中期，这种以拉丁语教学法为基础的现代语言教学法——语法翻译法便基本形成，并在相当长的时期内成为欧洲外语教学的主要方法。

（二）语法翻译法的主要特点

19世纪，语法翻译法在教材编写和教法方面有以下特点。

1. 重视书面语，轻视口语

语法翻译法把口语和书面语分离开来，把阅读能力的培养当作首要的或唯一的目标。口语教学局限于使学生掌握单词的发音。用本族语组织教学、以书面语形式举例和练习，口、笔语的分离给教学过程带来了很大障碍，使学生有可能在不具备起码的听、说能力的条件下独立地发展阅读和翻译能力。

2. 重视语法教学

语法被当作语言的核心，是外语学习的主要内容。语法教学又被当作智力训练的重要手段，因此，语法翻译法把语法教学当作中心任务。它的教材对语法有详细、系统的描写，并且按照语法体系的内在结构循序渐进地编排，每一课教一个或两个语法项目。无论是分析、讲解、举例，还是翻译，甚至阅读，各种教学活动均以掌握本课程的语法项目为直接目标，教学效果的评价也以掌握语法的程度为准绳。语法教学采取演绎法，先讲解语法规则，然后在练习中运用、巩固规则。

3. 充分利用本族语，以翻译为主要学习活动形式

教师用本族语组织教学，进行讲解。学生的学习活动除背记、阅读外，主要是通过本族语和外语之间的互译来试用、巩固所学的规则和词汇。教材中每个语法项目都配有相关的翻译练习。

4. 句子是教学和练习的基本单位

19世纪，语法翻译法的倡导者为了使外语学习易于进行，用句子取代了拉丁语教学法中艰深的语段材料。随着外语教学新思潮、新流派的出现，实践中的语法翻译法也在逐渐改进。例如，从早期的完全不进行口语训练向兼顾听说训练发展；从完全利用本族语组织教学向适当使用外语课堂用语转化等。但是，这些改进并没有改变其上述特色。

二、情景教学法（Situational Language Teaching Approach）

（一）情景教学法简介

情景教学法也叫视听法，主要针对听说法脱离语境、孤立地练习句型、影响学生有效使用语言能力培养的问题。20世纪50年代在法国产生了情景教学法。情景教学法是教师根据课文所描绘的情景，创设出形象鲜明的投影图画片，辅之生动的文学语言，并借助音乐的艺术感染力，再现课文所描绘的情景表象，师生在此情此景之中进行着的一种情景交融的教学活动。在情景教学法中，语言被看作与现实世界的目标和情景有关的有目的的活动。这种教学法对视觉辅助物依赖性很强，教师利用多媒体创设情景，新的语言点通过情景进行教学和操练，这样的教学法往往会让学生产生一种身临其境的感觉，同时还会激发学生学习英语的积极性和热情，帮助学生更为准确和牢固地完成对于英语知识点的记忆。通过获得有价值的感性材料，可以实现英语教学理论与实践的有机结合，为英语的语言知识学习提供良好的条件。在英语教学中，良好的语言环境往往对于英语的感知起到很大的促进作用。情景的创设能够加速英语与事物的联系，从而有助于理解所学语言；重视整体结构的对话教学，使课堂变得生动活泼，学生学得自然，表达准确。但是，情景教学法的不足之处是在运用过程中，强调通过情景操练句型，在教学中只允许使用目的语而完全排除母语，这不利于对语言材料的彻底理解；教师若过分强调整体结构感知，就无法保证学生对语言项目的清楚认识。

情景教学法是教师根据课程内容，利用实物、图片、电教设备、动作表演及学生的真实心理，要求学生根据实际情景进行交际学习，面对复杂多变的因素作出独立的判断和灵活的应对。它的核心在于激发学生的情感，其方法是在教学过程中，教师有目的地引入或创设以形象为主体的，并具有一定情绪色彩的生动具体场景，从而引起学生的态度体验，进而帮助学生理解教材，使学生的心理机能得到发展的教学方法。

情景教学法的基本步骤是：提出情景，学习语言；听说领先，反复操练；书面练习，巩固结构。在整个教学过程中，教师不但是语言楷模，还是教学活动的设计者和指挥者。作为语言楷模，教师要以正确地道的英语设计学习的情景，教师的语言是学生模仿的标准。作为课堂活动的设计者和指挥者，教师要组织和控制所有的课堂活动，同时要在教学中发现学生的错误，然后考虑下一课应如何设计教学以便帮助学生改正错误。在情景教学法的课堂上，英语是教学语言，教师应用英语组织教学、解释语言项目和布置课下作业。但在解释语言词汇或结构时，如碰到一些难以解释的项目，教师也可使用母语讲解，但教师不鼓励学生使用母语。

（二）情景教学法在教学中的应用

亚历山大为使教师能遵循情景教学法的教学原则和操作步骤去教授《新概念英语》，在教师用书中，他不但就每册课本提出了具体的操作步骤，而且对每一课的课堂活动也作了详细的说明。《新概念英语》的教学活动可以概括为：提出情景，学习语言；听说领先，反复操练；书面练习，巩固结构。

教师首先根据课本中提供的图画（情景）向学生说明将要学习的内容，接着是听力训练：听对话或课文的朗读（或录音）。由于教师要求学生合书而听，在这一阶段，学生只接触到声音符号和图画提供的信息，没有与文字符号打交道。随后，教师开始对课文或对话进行讲解，并要求学生明白新的词汇和语法结构。教师用英语解释，但碰到特别困难的词汇和结构时，也可用母语讲解。在学生理解课文内容的基础上，教师指导学生对课文的重点结构进行操练。操练时，教师向学生提供一定的语言线索或情景，控制操练的内容，学生则按要求口头操练不同的语言结构。

三、认知法（Cognitive Approach）

认知法是外语教学的一种方法，所依据的观点是，语言学习是主动的心理活动而不单是形成习惯的过程。它强调学习者在运用和学习语言特别是学习语法过程中的积极作用。

（一）重句法轻语义

乔姆斯基对语义在语言研究中的位置问题的看法前后是不一致的。最初，把注意力集中在句法上，将语义排除在他的语言体系之外。乔姆斯基在其成名著《句法结构》中明确指出："语法是独立发挥作用，不依靠意义的。"这种"语法独立论"实质上把语法视为纯形式的东西。他把意义比作头发的颜色，认为研究语法不需要研究意义就像研究语法不需要了解说话人头发的颜色一样。他的这种观点遭到很多学者的反对，反对者认为，语义必须包括在语言学之中，研究语言不考虑语义就如同研究牛奶不考虑奶牛一样站不住脚。

乔姆斯基也发现他建立的语法规则并不能解释所有的句子结构，从而感受到以前的观点过于绝对，应该进行修正。乔姆斯基接受了反对者的建议，在其《句法理论面面观》一书中考虑了语义因素，他说：“事实上，我们没有必要作出句法考虑和意义考虑可以截然分开的假设。”因此，乔姆斯基不再坚持语法独立的观点，不再认为先由句法生成深层结构，然后由深层结构进入意义，而是认为语法和意义共同发挥作用。他提出了一套解决语义问题的理论，即标准理论。标准理论分为语法、语音、语义三个部分。尽管乔姆斯基对其以前过于绝对的观点进行了修正，但他没有赋予语法、语音、语义这三者以同等的地位，在句法和语义的关系上，乔姆斯基主张句法自主，认为句法研究可以不必依赖语义概念而独立进行。他认为：“句子的意义是建筑在其基本成分的意义以及它们的结合方式的基础上的，表面（直接构成成分）结构提供的结合方式一般跟语义解释几乎全然无关，然而在抽象的深层结构上表达的语法关系在许多情况下却决定句子的意义。”

乔姆斯基认为，语法的基础部分生成句法表达式，然后在语法的语义部分通过一定的语义规则对句子的深层结构作出解释。语法系统中只有句法部分才具有创造性、生成性，语义部分只有解释性，没有生成性。尽管乔姆斯基后来对自己的理论又作了几次较大的修改，但是语法和语义的基本关系并未变动，他始终把语法看作语言的基础，仍然遵守句法是独立于语义的，句法研究不应以语义为基础，形式必须独立于意义之外进行描述。

（二）语义内在论

自20世纪60年代开始，生成语言学理论成为西方语言学界最有影响的语言学说。建立在理性主义哲学基础上的生成语言学采取了与以往的语言学研究截然不同的理论和方法。它感兴趣的不再是实际存在中的外表化的语言，而是人类“内在”的语言能力。因此，生成语言学理论已经不是狭义的语法，而成为认知科学的一部分。但从语言学角度来看，生成语言学实质上是广义的句法理论，旨在研究人类特有的生成无限句子的能力，其中也包括人类能够理解各种句子意义的内在能力。因此，句子语义研究就成了生成语言学理论体系中的一个十分重要的组成部分。

乔姆斯基认为，语言能力是存在于大脑中的一个先天机制，语言具有自治性、生成性，强调心智上的内在性，提出了语义内在论的观点。

语义内在论的理论要点可以概括为：①人类有创造和使用语言的能力；②语义独立于外界的感知刺激，意义先于词语，即在没有词语形式表达之前就已经存在于人脑之中；③语义无法从别人身上用归纳、类推或演绎的方式学得；④语义是一种个体的心理/认知事件，具有人类种属属性；⑤个体之间关于意义的心理感受大体相同又相通。

乔姆斯基为证明意义先于词语的看法，给出了下面一些例证。

（1）任何人都有“心里有话说不出来”的情况，有许多意义和思想我们没有词语表达，意义的数量远远大于词语的数量。

（2）幼儿可以凭借一句话的句法信息辨认出母语中不存在的词语的意义。

（3）儿童能够识别父母话语所表达的意图、信念和意义，尽管他们还无法用语言描绘出来。

（4）颜色词的意义在盲人与正常人的头脑里是一样的。

（5）哑语的语言结构及语言习得同正常人口语的语言结构及语言习得完全一样。

（6）大面积感觉器官的损伤对语言习得没有多大影响。

（7）新生儿对于出现在任何一种人类语言中的“对照”同样敏感。乔姆斯基（1995）认为，在意义问题上存在内在论与外在论之争，指称论和真值论的语义观属于外在论；语言被视为人脑的一种属性，意义存在于心智中，因而持内在论语义观。乔姆斯基还认为语言是先天的、普遍的，是一种心智自治能力，独立于任何与外界相连接的东西，与身体经验无关，并认为语言一定具有一个使其成为语言的本质，内存于语言之中。

（三）认知法的主要教学活动和特点

认知法把外语教学过程分为三个阶段，即语言理解、语言能力和语言运用。在语言理解阶段，学生要理解教师讲授或提供的外语材料，明白语言规则并懂得其构成和用法。按照认知法的理论，语言规则的讲授可采用发现法（discovery learning)。教师可提供易于使学生发现规则的语言材料，从已知到未知，引导学生发现和总结出语法规则。例如，当讲到过去时时，教师可以让学生复习现在时的句子：

He often plays basketball in the evening.

He often stays in the China Hotel.

He often stops to have a rest at noon.

然后说出或写出下面含有过去时的句子：

He played basketball yesterday afternoon.

He stayed in the Garden Hotel last week.

He stopped to have a rest at 2：00 yesterday.

引导学生总结出动词过去时的构成、用法和意义。提供适当的语言材料，引导学生理解和总结语言规则是第一阶段教学的工作。

第二阶段的教学主要是语言能力的培养。语言能力，必须在理解语法规则的基础上，通过有意识、有组织、有意义地操练来获得。操练形式是多种多样的，其中有些形式会与听说的练习形式相同。但是，认知法主张的是做表达思想感情的有意义的练习，而反对那种只重形式的机械性练习。练习的形式可以是看图说话、描绘情景、转述课文、造句和翻译等。如果第二阶段的练习是紧扣课文、围绕课文的语言点进行且控制性较大，第三阶段的教学活动应该是控制性较小的、使学生享有更大自主权的交际性练习。通过多样化的交际性练习培养学生运用语言材料进行听、说、读、写的能力，特别注意培养学生真实的交际能力。

四、交际教学法（Communicative Approach）

交际教学法又称功能法或意念/功能法，产生于20世纪70年代初期的欧洲共同体国家。交际教学法是人们深入研究语言功能的结果，标志着在英语教学中人们开始从只注意语言形式和结构的教学转向注意语言功能的教学。

（一）交际教学法简介

交际教学法是由威尔金斯提出的，其历史可以追溯至20世纪60年代。威尔金斯指出，交际能力不仅包含语言知识，还应包含语言运用的能力，尤其应该注意语言运用的得体性，即对交际时间、交际场合、交际话题、交际方式等诸多因素的灵活把握和运用。交际教学法使语言教学观发生了革命性的变化，在外语教学中发挥了巨大的作用。它提倡以语言功能项目为纲，强调在语言运用中学习语言，从而实现培养交际能力的教学目的。传统的英语教学，以教师为中心，采取“满堂灌”的形式，忽略了对学生语言技能的培养，这种教学越来越多地表现出与实际要求的脱离。交际教学法在师生共建的课堂互动模式中给学生提供了更多使用语言的机会，在继承传统教学法合理成分的基础上，将学生能够运用英语语言能力作为学习的目的。它强调的是交际的过程，有没有一个具体的目标和明确的结果并不重要。交际教学法认为语言是实现交际目的的手段，但是仅仅具有听、说、读、写能力并不一定就能准确表达意念和理解思想，因为语言的交际功能受制于语言活动的社会因素，教学过程就必须交际化。这就意味着要尽可能避免机械操练，而应当让学生到真实的或接近真实的交际场合进行练习，感受情景、意念、态度、情感和文化修养等因素是如何影响语言形式的选择和语言功能的发挥的。

（二）交际教学法的特点

交际教学法有两个基本观点：英语学习者都有其特定的对英语的需要；语言是表情达意的体系，而不仅仅是生成句子的体系，社会交际功能是语言的主要功能。因此，交际教学法的教学目标在于培养学生在特定的社会环境中使用外语进行交际的能力。为了实现这个目标，交际教学法在设计大纲和选择教学活动方面采取了以下措施。

1. 分析学生对外语的需要

在制定教学大纲时，首先分析学生对英语的需要，弄清楚学生为什么来学英语，该学生将来要在什么样的情景中使用英语，该学生将来用英语来进行什么样的活动。通过对学生需要的分析，就能知道这个学生需要掌握什么样的语言功能、什么样的文体和什么样的语言形式，并以此为依据制定相应的教学大纲。这样的大纲能使学习者掌握其所需要的所有语言功能和形式，同时又避免学习所不需要的内容。由于交际途径对学生需要的重视，“需要分析”已成为一个独立的研究课题，并在学生的需要分类、确定需要方法等方面进行了许多工作。

2. 以意念/功能为纲

交际教学法认为，以语法或情景为线索组织教学内容忽视学生的特殊需要，难以培养交际能力，且有许多副作用。交际教学法在其形成之初主张以学习者所要表达的内容，即意念为线索，认为这样的意念大纲更能适应学生的具体需要，更有利于培养使用语言的能力。意念大纲的一种形式是以语言使用者通过使用语言来实现的交际功能为线索，即功能大纲。交际教学法的第一份具体的教学大纲《入门阶段》正是以语言的交际功能（包括“传递和获取事实信息”“表达或了解理智性态度”“表达或了解情感性态度”“表达和了解道德态度”“使人做事”“社交”六部分）为线索组织教学内容的大纲。以意念 / 功能为纲的思想是交际教学法的核心，因此，交际教学法也被称为“意念 / 功能法”或“功能法”。

3. 教学过程交际化

大纲的制定、教材的编写不是一个完整的教学体系的全部内容，交际能力的培养还必须在课堂教学中实现，教学过程的交际化也是交际教学法的一个重要组成部分。它主要体现在以下几个方面。

（1）以语段为教学的基本单位，语言材料的选择力求真实、自然。

（2）以学生为中心，教师的重要作用是提供、组织各种活动，让学生在各种活动中学习外语。

（3）教学活动以内容为中心，大量使用信息转换、模拟情景、扮演角色、游戏等活动形式。

（4）对学生的语言错误采取容忍的态度，不以频繁地纠错来打断学生连续的语言表达活动。

五、任务型教学法（Task-Based Language Teaching）

（一）任务型教学法简介

任务型教学法（Task-Based Language Teaching，TBLT）是20世纪80年代英语研究和实践提出的一个具有重要影响的语言教学模式。该教学是以具体真实的任务为学习动力或动机，以完成任务的过程为学习过程，以展示任务成果的方式来体现教学的成就，从而培养学生运用英语的能力。威利斯在其《任务型课堂教学结构》（*A Framework for Task-based Learning*）中阐述了任务的含义。他认为，任务就是学习者运用目标进行交际的一种活动，最终达到习得语言的目的。而语言学家纽南把任务概括为：交际任务是指学生在学习语言的过程中领悟、使用、输出语言和互动的课堂交际活动。其实，对于任务型教学法中任务的定义，不同的学者从不同的角度进行了不同的诠释，但有一点是一致的：任务都涉及语言的实际运用，在完成任务的过程中，人的注意力主要集中在语言的意义而不是语言形式。然而，笔者想将英语课堂上任务这一概念看成学习者用目的语所进行的促进语言学习的，涉及信息理解、加工，或解决问题、决策问题的一项相互关联的、具有目标指向的课堂交际或互动活动。

（二）任务型教学法的特点

1. 互动交际性

在自然的任务活动中运用语言，体现语言的文化特征和差异，实现完成任务。这一特征非常符合孩子好动的天性，活动任务促使孩子身体大脑活动起来，文化内容也在交际活动中活跃起来。

2. 活动真实性

真实的活动是最能激发学生学习兴趣的学习模式，真实的活动一定含有丰富的文化内容，是实现学生习得与学得的最佳途径。

3. 关注学习过程

语言是任务活动过程的工具，文化内涵包含在语言使用当中，正确地运用语言恰当展示文化决定着任务活动完成的效果。

4. 活动任务与个人经历紧密相连

活动任务总是与学生的生活经验紧密相连的，这样能够引起学生参与的兴趣并引发他们的思维和想象，一方面使得活动任务更添趣味，引发学生去探寻；另一方面也降低了活动的难度，容易让学生获得成就感，保持活动的乐趣，进一步提高了对语言使用的兴趣。通过对从前经历和目的语文化的对比，学生加深了对两种语言的理解，培养了学生对母语文化的感情和对异族文化更深刻的领悟，避免盲目崇拜。

六、国内现代英语教学法

20世纪90年代以来，受国外有关理论的影响，我国英语教学呈现以研究教学主体为重点的新趋向，教学活动组织也越来越强调“以学生为中心”的原则。国内英语教学界涌现出了一些经验型教学操作模式，具体如下。

（一）张正东的英语“立体化”教学法

张正东以立足中国国情研究英语教学见长，提出了诸多务实的英语教育思想。张正东的英语立体化教学理论总原则可概括为24个字：自学为主，听读先行，精泛倒置，知集技循，整体多变，用中渐准。

1. 自学为主

首先培养学生自学的能力和愿学的动机；前者主要为拼读能力和语法知识，后者依靠教育作用和师生易位。

2. 听读先行

先听后读，在听读基础上写说或说写；读包含朗读、默读以及理解式学习。

3. 精泛倒置

精读材料少而熟，有如酵母。粗读较多，起巩固作用；泛读多多益善。熟读极少课文，为集中讲授知识准备例子。

4. 知集技循

语言知识集中教授，力求化繁为简；言语技能螺旋循环，在新语境中熟练加深。

5. 整体多变

教学都着眼于整体的语言材料，用整体系统法处理；材料多作变化，保持一定的新鲜信息。

6. 用中渐准

不是一次学完教材的全部内容，而是先学概要，渐次充实；也不要求学多少会多少，而是由粗到细，在使用中逐渐准确、全面。

张正东24字英语立体化教学理论属于一级教学理论（教学思想）。在此总原则下，教师可根据教学环境、教学主体、教学客体的具体特点，选用作为二级教学理论的方法（methods）、流派、教学模式，以及作为三级教学理论的教学技巧（techniques，具体方法），力求扬长避短，取得优化的实效。

（二）王才仁的“双重活动”教学理论

1. 双重活动教学理论的主张

双重活动教学理论是王才仁所倡导的一种新型教学模式。王才仁主张教师和学生都是主体，即二主体。教师是教学过程中的引导者和助学者。通过开展师生之间的多向交际和大量的输入与输出帮助学生自主学习。营造良好的学习氛围，更好地发挥学生的主体作用，增强学生的主体意识以达到培养学生的语言交际能力的目的。

（1）课堂教学内容与教学方法。

为了保证学生有足够的语言信息输入量，教师常结合教材内容，适当增加一些背景知识和阅读任务；为了促进学生言语能力的发展，教师还有计划地教给学生一些常用生活用语。在教学实践中，始终遵循“英语双重活动教学”理念和原则，灵活运用双重活动教学倡导的“五步”教学模式，合理兼收并蓄“任务型”

教学和传统教学中的优势成分并在教学中做到了以下几个方面。

①教学中坚持全面训练学生的听、说、读、写四项基本技能，做到听、说、读、写活动的合理安排，练习形式和手段多样化，练习内容综合化和多样化，最终使学生听、说、读、写四种技能互相促进、协调发展。语言教师的第一任务就是要将教材活化成语言交际的原形，既要处理教材承载着的英语自身的信息，又要发掘其中的教学思想的信息，将教材中的英文文字激活为有声有情、有景有义的交际事实，引导学生说真话、做实事，进行真实思想的表达。教师在活化过程中，还要注意提高文化层次，使学生全面地、真实地认知英语语言及言语特点，充分体现课堂教学的新颖性。

②英语双重活动教学理论认为，活动是转变教学方式的关键。学生听、说、读、写的技能必须通过有效的活动来培养。因此，教师要精心设计和组织活动，要结合实际和各阶段要求，把教学“双主体”、教学内容和教学环境等有机联系起来进行周密的思考，找出最佳结合点，设计出符合学生和教学实际、切实有效、情景交融的活动吸引学生参加，保证活动贯穿整个教学过程，平均每节课有不少于50%的时间由学生自主活动。对学生活动的要求也随着他们认知结构和言语能力的增加而提高，以保证学生的活动次数和活动质量逐渐上升。

③情景是进行言语交际活动的必要因素。在英语课堂教学中，教师创设一定的语言情境和氛围，使学生在特定的语言环境中去听、去说、去表演，使课堂教学形象化、趣味化、交际化，让学生身临其境地感受，从而激发每个学生的学习兴趣，调动学生参与课堂教学活动的积极性。激发学生学习兴趣的方法有多种，如正确运用挂图、模型、幻灯、投影、录音机、录像（或DVD/VCD）、多媒体等手段，为学生创设交际情境，引起学生无意注意，诱发学生愉快地参与视、听、说、写、思等活动，最后达到唤起学生的有意注意，使学生能在自然情景或模拟场景中运用生动活泼的语言进行真实感情的表达和交流。

④宽松、愉悦的课堂气氛与语言环境可以使学生减少紧张和焦虑的情绪，促进学生轻松、愉快地参与课堂活动，充分发挥积极潜能。例如，课前播放英语歌曲或英语短诗，课前五分钟让学生用英语做值日生报告或讲有趣的英语故事或猜谜语，或谈谈自己的经历、家庭、朋友、所见所闻等，这样有助于提高学生口语表达能力，并对其表现给予鼓励和表扬，学生就会更有信心、更积极地参与课堂活动。尊重学生的主体地位是“英语双重活动教学”的精髓之一。在英语素质教育教学过程中，教师要以高尚的人格和渊博的学识去感染学生，要以民主、文明的风范去影响学生，用和蔼可亲的态度去鼓励学生克服困难，使学生在愉快的英语学习过程中学会做人、学会交往、学会学习并形成乐观、积极向上的健康人格。

⑤英语是一门实践性很强的课程，既需要智慧，更需要多练。教师要尽可能多地为学生创设良好的英语语言环境，提供更多的练习平台。课后要结合实际组

织各种活动，为学生提供展示才能的机会，成立活动小组，开展口语练习活动，排演英语小品，参加“英语角”交流活动，为学生设立语言实践活动环境，达到提高学生语言运用能力的目的。

⑥在英语教育教学过程中引进了坚持科学的评价机制，遵循公正全面、鼓励、发展、形成性评价（Formative evaluation）和终结性评价（Summative evaluation）相结合等原则；坚持评价结果的全面性，既要反映学生现状又要反映学生发展潜能，如采用教师对学生进行评价、同学与同学相互评价、学生自我评价相结合的合作评价方式，切实形成以形成性评价为主、能激励学生学习兴趣、帮助培养自信心和自主发展的评价机制，促进学生综合运用语言能力的发展以及健康人格的建立，以保证英语素质教育的全面实施。

（2）课堂教学模式与步骤。

英语双重活动教学理论是一个以师生共为主体，以“活动”为灵魂，以培养学生英语素质，最终实现综合运用英语语言以实现初步交际的教学模式。灵活运用英语双重活动教学提倡的“五个步骤”是开创英语素质教育课堂的一把金钥匙。实践证明，教师运用这些步骤，学生明晰这些步骤的意图，教师教得轻松，绝大部分学生学得轻松愉快，教学效果良好。

根据教学内容和实际需要，在处理完一个单元的某些环节之后或处理当中，适当设置一些学生感兴趣的“驱动型任务”，让学生先进行准备，然后进行表演或展出活动，更能驱使学生主动积极地运用英语语言做事，从而成为提高英语教学质量的重要环节。

2. 双重活动教学理论的影响

双重法是具有中国特色的英语教学理论，它吸收了国外教学理论的优点，体现了我国的英语教学特点。双重法除了有较完备的理论阐述外，还具有可操作性强的特点，只要认真学习就能领会其要旨并能根据实际加以运用。

（三）包天仁的英语“四位一体”教学理论

1. 英语“四位一体”教学理论背景

这一教学理论首先是从中考、高考复习开始，叫作英语“四位一体”中考、高考复习教学方法。20世纪70年代末80年代初，包天仁开始用“四位一体”教学方法，并取得了优异的高考成绩，在吉林省连续几年获得了全省单科最高分、平均分和英语专业的第一名。从20世纪80年代中期开始，这一教学法应用到了中考、高考英语复习中，在全国范围内中学、大学的英语教学实验同时展开，从实践中积累了丰富的经验。

2. 英语“四位一体”教学法的教学模式

英语“四位一体”教学法的构成是怎样的？我们可以用金字塔来表示。三个主要模式是Classroom teaching（课堂教学）、Out-of-class study（课外学习）、Daily revision（平时复习），金字塔顶端是Exam preparation（考试准备）。这与上面讲述的顺序是相反的，现在把“课堂教学”放到底部。这就是英语“四位一体”教学理论的全部模式。英语“四位一体”教学理论的基本特征：以知识为基础（Knowledge-based），以学习为中心（Learning-centered），不是以学习者为中心（Learner-centered），以质量为导向（Quality-oriented）和以素养为目的 （Faculty-aimed）。

（四）赵平的英语“十字”教学理论

英语“十字”教学理论是一种“透明”教学理论，其十字模式既是“教法”，又是“学法”，是传统的“语法—翻译法”和新潮的“情景—交际法”的折中产物。实践证明：该模式符合中国国情和中国人的英语学习规律，是一种“费时较少，收效较高”的英语教学理论。

1. 教学原则

（1）读听领先，写说跟上，全面发展。

（2）突出句法，科学识词，把握语篇。

（3）课前自学，课中共学，课后用学。

2. 教学程序

（1）断（division），断句子。师生试着朗读课文，同时教师按意群停顿发出信号，引导学生断句，并在行文上方标注断句符号。

（2）谓（predicate），分析谓语构成。师生朗读课文，并对疑难复杂的句子谓语构成进行分析，辨别其时态、语态、语气，标注简单明了的谓语构成公式。

（3）连（connective），圈出“连词”。师生朗读课文，同时圈出句中并列连词、从属连词、关系代词、关系副词和篇章衔接信号词，并用括号、箭头等符号标示所圈“连词”与句中被说明成分的关系。

（4）译（translation），将课文口头或笔头译成汉语。师生朗读课文，并首先将课文口头或笔头译成汉语（先直译后意译）。然后，作为课堂练习或课后作业，师生再将课文回译成英语。最后，对照课文，校对、分析、改正回译中的与课文原文有出入的地方。

（5）听（listening），静听课文标准录音。师生首先展开书看着课文静听录音，然后再合上书静听，用心体会母语朗读者的语音、语调、语气及停顿。

（6）读（reading），同步听读课文标准录音。师生边听边读，刻意模仿母语朗读者的语音、语调和语气，力争做到自己的朗读与原声带母语朗读者在音质、语气上、语调上、停顿上完全吻合。

（7）说（speaking），背诵和口头复述课文。师生凭记忆或借助文字、图表、实物等提示，背诵和口头复述课文。

（8）写（writing），背写和笔头复述课文。师生凭记忆或借助文字、图表、实物等提示，先背写课文后笔头复述课文。

（9）用（utilizing），套述和套写课文。师生运用课文中和先前学过的单词、短语、句型公式，依照课文的篇章结构，套述、套写、活用课文，表达虚拟的或真实的生活情感、生活写照。

第二章　英语教学的方法

第一节　直接法与情景法

一、直接法

（一）直接法的概念

什么是直接法?《韦氏英语大辞典》对此的解释是：直接法（direct method）是教授外语，首先是现代外语的一种方法，它通过外语本身进行会话、交谈和阅读来教外语，而不用学生的母语，不用翻译，也不用形式语法（第一批词是通过提示实物、图画或演示动作等方法来讲授）。

这一定义，准确地勾画出直接法有别于古典语法翻译法的基本特征：直接用外语讲练外语，不用翻译，也不作语法分析。直接法有许多别名，如现代法、新式法、反语法翻译法（或非语法翻译法）、改革法、自然法、归纳法、口语法（或口授法）、语音法、心理法等。第一次提出“直接法”这一术语的是1901年法国教育部的一个文件。这一术语较之名目繁多的其他种种术语更能反映这个流派的特点，于是得到广泛采用。

直接法具有以下特点。

（1）只使用目标语进行教学。

（2）意义通过语言、动作、物体等手段结合情景来表达。

（3）先教说，然后教读、写。

（4）用归纳法讲授语法。

（二）直接法产生的时代背景

随着时代的发展，特别是社会运用现代语言的需要对英语教学提出了发展口语的新要求，语法翻译法教不会人们说话，就远不能满足人们需要运用口语的要求，社会运用现代口语的需要与语法翻译教学法教古典书面语之间的尖锐矛盾，是直接法产生的直接社会原因。语言学、心理学、教育学等科学理论的新发展，又给直接法的产生提供了理论基础。

19世纪下半叶，西欧各国的资本主义有了进一步发展。资本主义的产生和发展成了一种国际现象。资本主义在国际上迅速发展，彻底打破了各国封建时期闭关自守的藩篱，促使各国在经济、政治等方面都联系更为紧密，并互相依赖。资本家为了发展资本，首先，需要同其他国家做生意；其次，为了在竞争中占据优势地位，它们务必优先发展科学技术，并以最快的速度直接吸取他国的科技成果。据此，各个国家、各个阶层之间直接或间接的交往越来越频繁，而语言不通也就越来越成为各国、各阶层之间直接交往的障碍。在各种言语交际活动中，口头是最常用、最直接、最方便和最需要的一种交际形式。

社会使用现代语言的需要，尤其是口语，对英语教学提出了两项新要求。一是使用英语不只是过去少数封建贵族子弟的专利品，英语日益成为人们交往中的需求，不仅学校要普遍开设英语课程，而且社会需要开办更多能短期见效的现代英语训练班。二是口语应成为英语教学的主要目标，而以阅读和语法为主要目标的古典语法翻译法在这种新的社会需要发展口语面前就显得无能为力。

语法翻译法原本是教授欧洲贵族子弟学习古典语言——古希腊文、古拉丁文的一种古老方法。但古希腊文和古拉丁文已成了不能实际运用的“死语言”。后来，中小学普及，学校开设现代英语课（所谓的“活语言”），由于缺乏相应的英语教学法，也仍然只能沿用语法翻译法。由于“活语言”和“死语言”之间还存在一定的共同教学规律，特别是在培养阅读能力方面，因此语法翻译法在教学实践中还能取得一定的成效。此外，少数传统中学仍然开设古拉丁文、古希腊文课程，旨在发展教养目标，并将教养目标放在首位，而不追求实用目标。之后，普通学校逐步开设现代外语课程以替代古拉丁文、古希腊文课程，也继承了重视英语课程的教养目标。因此，语法翻译法基本上还能适应这种需要，直至今天，一些国家仍然还在采用语法翻译法。

不过，“活语言”毕竟不同于“死语言”。现代英语教学毕竟具有自身独特的教学规律，而教学古代语言的语法翻译法难以全面适应和反映现代语言教学的规律，在某些方面甚至背道而驰。例如，现代语言首先是一种有声的交际工具，特别是口头交际；说话是文字的基础；口语既是外语教学的重要目标之一，又是外语教学的一种重要手段。而语法翻译法既未把口语训练作为外语教学的一种主要教学手段，也未把掌握口语作为外语教学的主要目标。

19世纪下半叶，随着使用现代口语需要的进一步发展，语法翻译法的弱点更趋凸显，更难以适应新的社会发展要求，以致彻底改革语法翻译法势在必行。

社会迫切需要各种在不同程度上能掌握外语口头交际能力的人才。以口语为主要目标和手段的直接法就成了适应和满足这一需要的、应运而生的“新式法”。它的产生旨在从根本上克服语法翻译法的弱点。

19世纪末期，新方法的产生既有客观的必要性，也有现实的可能性。因为语言学、心理学、教育学等外语教学法的理论基础科学已有了极大发展，能为新方法的产生提供新的理论基础。

在改革时期以前，在教育学领域，作为传统古典教育教学思想的支柱——注入式教学，早已受到重大的冲击。当时，进步教育家都反对死记硬背。作为古典教育思想基础的烦琐哲学，也早已遭到批判。

到了19世纪80年代，西欧各国制定了一种满足现代社会需要的新教学法的各种条件都已经成熟，于是一场声势浩大的英语教学改革运动爆发了。这场运动首先在德国、法国等主要资本主义国家兴起，之后席卷西欧各国英语教学界，并波及世界各地，先后持续了半个世纪之久。

直接法产生后，受到许多国家教育当局的重视，一些国家曾把它当作法定的教学法。例如，德国、法国、俄国等国都曾一度用行政命令推行直接法。20世纪50年代末苏联英语教学改革初期，革新派也曾一度提出“新直接法”的口号。直至近年，一些国家当局仍把直接法作为法定的教学法（如瑞典等国）。

综上所述，直接法是继语法翻译法以后产生的最有影响的外语教学法流派之一。

（三）直接法的理论基础

迄今，在直接法文献中，尚未有一部全面阐述这一教学法的理论根据的权威著作。因此，这里介绍的只是本书作者根据分散在各家著作中的论点所做的整理、归纳和概括。现将直接法的一些重要教学法主张的语言学和心理学理论根据简述如下。

1. 语言学的理论基础

（1）两种语言不存在一对一的对应关系。

在任何两种语言中，许多词（特别是常用词）在语义、搭配、用法上，都不存在一对一的简单对应关系。因此，英语教学中翻译不应作为主要手段。语法翻译法把翻译作为主要教学手段的结果使学生表达时说（写）出的句子，不是错误百出，就是毫不地道。因此，应当用非翻译的各种直观手段，来代替翻译手段。

（2）外语词语与意义直接联系。

实际掌握英语的根本性标志是学生用英语进行口头（或书面）的表达和理解思想时，英语词语的声音或文字形象与这些形象所代表的语意、概念和判断等可直接相连，无须“心译”。也就是说，要做到英语形式与客观表象之间直接相连，进而不经母语形式这个“中介”翻译。只有这样，才能跟上正常言语交际的速度。英语课上大量使用母语和翻译的结果，使“心译”过程延长，养成学生依赖“翻译”这条拐棍的习惯。因此，直接法主张改用英语教英语，广泛采用各种外部直观和内部直观手段，使英语词语的声音最大限度地与它所代表的语义紧密联系，使英语形式与客观表象之间尽可能紧密结合以有利于促进“用外语思想”的能力和“语感”的早日养成，有利于早日排除母语形式中间环节——早日甩掉“心译”拐棍。

（3）语言是一种技能和习惯。

语言是一种技能和习惯（habits）。技能和习惯的养成，主要靠大量的重复练习和模仿。

（4）语言是一种技艺（art），而不是科学。

精通一项技艺，全在于刻苦多练。以学习游泳为例（因为游泳是一项技艺，而不是科学），学会游泳，主要在于多练习，在游泳中学会游泳，只知道游泳方法，并不能代替游泳这一技艺本身。学习语言也是如此，需要“通过说话来学习说话”“通过阅读来学习阅读”。学习英语，并不是单纯依靠语言理论知识。例如，语法翻译法主要靠语法来教英语，就未能把握住“英语是技艺”的本质。

（5）句子是言语交际的最小使用单位。

以交际为目的的英语教学应以句子为教学单位。单词只是语言的命名单位，而非交际单位。以交际为目的的英语教学，不应以单词为教学单位。有许多单词，特别是多义常用词的具体意义，只有在句子中才能得到确定，单词的用法也只有在句子中才能得到体现。学习句子，实际上就是学了组成这个句子的各个单词。学会句子，单词自然也就能学会。

语音、语调也都体现在作为交际单位的句子之中。通过句子学语音，更易学得地道、纯正和自然。

各种语言都有自己鲜明的民族特色，这种民族特色主要表现在语言的语音、词汇、语法结构上。但民族色彩的约定俗成性，即惯用性却更多、更集中地表现在句子之中。因此，以句子为单位来学英语，最易于把一种语言的民族特色学到手。

2. 心理学的理论基础

（1）单词在句子中记优于孤立地记。

“句单位教学”也可以从心理学方面获得论证。在意义上有联系的记忆要优于无联系的内容。因此，学习句子优于孤立地学习意义上毫无联系的单词。而且句子放在一定的上下文中来学，或放在一定的情景中来学更有利于记忆，更能使学生产生兴趣。因此，除了句单位教学外，还应编写内容有趣的课文。

（2）在口语基础上发展书面语。

从语言文字产生和发展的历史来看，人类先有口语，后有文字。文字符号是在口头语言产生的基础上，很久以后才产生的。口头语言是第一性的、根本的，而书面文字则是第二性的、派生的。前者无后者能独立存在，而后者则必须依赖前者，并以前者为基础才能存在。由此可见，英语教学也必须以口语为基础，从口语入手，在口语基础上发展书面语。只有这样，才能抓住学习英语的关键。

听说领先，符合心理学原理；难点分散，易于学习。口语、文字齐头并进，则难点集中，会挫伤学生学习的积极性。

从文字入手，先教字母，这就同时集中出现了五个难点，具体如下。

①要认识字母或词的印刷符号。

②要记住字母（或组成这个词的字母）的名称。

③要记住字母在这个词中所实际代表的音，并学会用听觉辨音。

④学会正确发出文字符号所代表的音。

⑤要学习字母的书写和单词拼写。

而听说领先，则把难点减少到两个，具体如下。

①学习听懂听到的英语词语。

②学习正确说出或口头复现听到的英语词语（当然，这里所说的英语词语，在学习初级阶段是很简单的）。

如果再把听和说的教学分为两个小阶段教学，则难点又从两个减少至一个。

一旦口头上能初步学会有限的英语材料，即循序渐进地攻克一两个难点以后，再转向学习文字。然后，再逐步解决各个难点，这样就能减轻学习压力。

（3）学习正确的语音语调。

语言是有声的。在口语交际中，语音是本质要素。正确的语音能保证口头交际畅通无阻，而错误的语音则会给口头交际设置重重障碍，甚至导致交际无法完成。因此，以培养口语能力为目标的英语教学，必须把语音教学放在十分重要的位置，学习正确的语音语调。这里的语音语调包括单音、语调、语速等，语音、语调都要合乎英语的标准和规范。而这一点恰巧是古典语法翻译法所疏忽的，而直接法则能实现。

（4）用英语教英语。

课堂教学需要运用英语进行教学。只有用英语教英语才能记忆，进而存储，这有记忆心理学的广泛依据。

（5）复习是防止遗忘的有效措施。

用英语教英语，必须最大限度地依靠和利用学生已学的英语语言材料，使其经常处于呈现和运用状态，加强记忆。因此，教师需开动脑筋，想方设法组织运用学生已学、有限的语言材料，使学生能经常运用这些语言材料以提高它们的复现率。复现率高的语言材料，既便于记忆，又易于在记忆中持久保留。

（6）联想是记忆的基础。

教师用英语教英语，往往都不是简单地、机械地重复学生已学的语言材料，而是将它们重新组合，用在新的上下文语境之中，使学生在大脑皮层中已建立和刚建立不久的痕迹处于频繁、多元的联系之中。同时，又由于教学中广泛采用各种直观手段，也就必然会引起学生众多的联想和猜想。联想越多，记得越牢，经过自己动脑筋猜想所得的结果，也更能长久保留在记忆之中。

（7）多种感官感知新材料。

参与学习新材料的感觉器官越多，学到这些新材料在记忆中保持的时间也就越长。用英语讲练英语，辅之以各种直观手段，充分发挥学生的听觉、视觉、言语动觉多种器官的作用，各种感觉器官联合行动，同时作用，极有利于记忆。

（四）直接法的基本原则

直接法的基本原理是“幼儿自然学语”论，是仿照幼儿自然学习母语的过程和方法来设计英语教学的基本过程和教学方法。

直接法专家观察到，幼儿学习母语，只需花较短时间就能学会，就能初步满足口头交际的需要，而且发音纯正，说话自然，学起来轻松愉快；而用古典语法翻译法教学生英语，虽然花费了很多时间和精力，但收效甚微，特别是口语教学。直接法专家认为，语法翻译法违反了幼儿学语的自然规律。于是，他们决定采用幼儿自然学语方法教英语，使英语教学“顺乎人类学语的自然规律”。

在“幼儿自然学语”论的基础上，派生出直接法的一系列主要教学原则。

1. 直接联系原则

幼儿学语，每学习一个新词语的同时，也学到了该词语所代表的事物或意义。语言形式与客观表象之间的联系是直接的，不存在诸如翻译之类的中间环节。教英语在方法上也需使每一个英语词语与它所代表的事物或意义直接联系，在英语形式和客观表象之间不应加进相应的母语形式，即利用翻译作为教学手段。

有翻译教学手段作为中介，英语形式和客观表象之间的联系便成为间接联系。间接联系是语法翻译法的一大特点。在直接法看来，间接联系或间接法是造成外语教学“少慢差费”的主要根源。因为，它助长了学生依赖“心译”中介的习惯，而实际的言语交际，特别是口头交际，英语语言形式总是与客观表象直接联系的。交际时如果有一方时时都需依靠“心译”，那么其所用的时间就增加一倍（无论是表达和理解都是如此），如此，就永远赶不上交际的正常速度。

在直接法看来，贯彻直接联系原则也是排除母语对掌握英语的干扰的有效手段，是使学生能学到地道外语的保证。因为，母语对掌握外语干扰主要是以逐词翻译教学手段为其通道的，贯彻直接联系原则，也就堵塞了这条通道，使学生直接从地道的英语中学到地道的英语，从而杜绝母语式的英语。

直接法还认为，贯彻该原则，有利于培养学生外语思维的能力和直接（不经过“心译”）进行口头交际的能力。

早期直接法极端派坚决反对母语进课堂，拒绝在一切情况下采用翻译。后期直接法对此做了重大修正，认为在以下四种情况下，可有控制地使用母语（包括翻译）。

（1）讲解用英语和其他直观手段难以讲清的新词语。

（2）讲解发音部位的方法。

（3）讲解某些语法规则。

（4）检查学生的理解情况。

尽管如此，后来的直接法专家仍坚持：在能用英语教得通的地方，尽量用英语，非不得已不用母语。

不过，必须指出的是：后来的直接法专家在母语（包括翻译）问题上所作出的让步都是在“讲”的阶段，而在“练”的阶段，仍寸步不让。他们认为练是教学成败的关键所在，单语练习是绝对的。

2. 句本位原则

幼儿学语，是整句整句地来学的，而不是先学了一个个孤立的单词和一条条孤立的语法规则，然后按语法规则拼凑单词表达思想的（后一做法是语法翻译法的一大特点），更不是先孤立地学会单音和字母才能学话的。因此，教英语也应当以句子为单位，整句学、整句用。

句子是口头交际的基本单位。多学习几个现成的句子，交际时就能脱口而出，少出差错，并能赶上交际的正常速度。

学生学了一定数量的句子后，就会按“类比”“替换”的方式构造新句子，以满足交际的需要。

这里需要加以说明的是，直接法提倡句本位原则，并不意味着可以不教单词和单音，而是主张不要孤立地教单词和语音规则，认为词和音都应放在句子中教。

3. 以模仿为主原则

幼儿学语，不是先学习语法规则，再在规则的指导下说话的。其是先听周围人说话，然后模仿着说，也就学会说话了。英语教学也应以模仿多练为主，语言理论在教学中应放在十分次要的地位。

这与古典语法翻译法的重语法规则，并将其置于教学的首位，形成强烈的对照。

4. 归纳途径教语法规则原则

幼儿学语，并非从学习语法规则开始。学习语法规则，是在其上学识字以后事。这时他已会说话，已实际掌握了使用母语的语法结构。学习语法的主要目标之一，是使学生今后在说话写作时的文句能更正确通顺。

由此得出教学法结论：学生先实际掌握语言材料，再从其所积累的感性语言材料中总结出语法规则，并用以指导以后的学习。反对在学生尚未接触任何感性语言材料之前教语法规则。

这与古典语法翻译法一味强调“语法规则先行”“演绎途径教语法”的观点背道而驰。幼儿学语，同时也学到母语的语法结构（而不是书本上的语法规则），这种结构是语言的基础或骨架。因此，直接法专家认为学习英语，需要关注英语语法结构的实际掌握，而不是死记语法规则。在优秀的直接法初级读本中，编者对语法结构做了精心安排，并在很多课文中，有意识地突出一两个要求学生重点掌握的语法结构。

5. 以口语为基础原则

幼儿学语，都从学说话开始。学识字和书写，是入学以后才接触的。先口头实际掌握语言，然后学习文字符号的识记和书写，这是学习语言的自然途径。幼儿学语几乎没有不成功的，至少口语如此。至于读写能力，也只需稍加努力，也都能学成。因此，口语是学习书面语的基础。

由此而得出的教学法结论是：学习英语也应从说话开始，而不是从文字入手。至于听说阶段究竟需要多长时间，则应视具体条件不同而定。直接法专家从未提出“一刀切”的主张。

有些直接法专家虽然也认同四会齐头并进，但入门阶段教学的重点仍放在口语上。

6. 以当代通用语言为基本教材原则

幼儿学语，学的都是当代社会通用的语言，特别是活生生的口语，而不是古典文学名著中文绉绉的、典雅的书面语言，也不是过时的语言。因此，直接法主张学习英语也应学习当代通用语言，即以所谓的“活语言”为基本材料，而反对语法翻译法以古典文学作品为基本教材。另外，学了当代通用语言立即就能用于日常口头交际之中，学用结合、学以致用，易于掌握。但直接法也并不排除在提高阶段学一点古典文学名著。

此外，这里还需要指出以下几点。

（1）直接法的各项教学原则是相互制约的，并同其基本原理构成一个比较完整的理论体系。每一条原则，只是反映直接法的一个侧面，而远不能代表直接法的全貌。

（2）直接法的教学法原则集中表现在外语教学的入门阶段和基础阶段。至于提高阶段，则已不像前两个阶段那么典型。

（3）直接法的基本原理——“幼儿自然学语”论并不是要求把外语教学过程完全还原成幼儿学习母语的自然过程，而只是根据幼儿学习母语的基本原理，在教师的指导下，通过课堂教学和课后复习、家庭作业和课外活动，用比较经济的时间，使学生实际掌握英语。总之，直接法指导下的英语教学过程，不是幼儿学母语这个自然过程的机械、简单的重复和翻版，而只是仿照幼儿自然学语原理。而幼儿学语的自然过程则是自发的、漫长的、无组织、无计划的非教学过程。

（4）直接法教学的基本组织形式仍是课堂教学，学生学习的主要依据仍是教科书。因此，认为跟外国人学说话或在所学英语国家的自然语言环境中学英语便是直接法，不能不说是对直接法的重大误解。

（5）为了贯彻和落实上述教学法理论、原理和原则，直接法专家创立了多种多样且行之有效的讲和练的方式。如果从历史来源上加以考察，现今英语教学法教科书里所介绍的种种讲练方式，除翻译和语法分析外，绝大部分是直接法专家所创，特别是在口语训练方面，直接法的贡献尤为突出。

（五）对直接法的评价

1. 直接法的优点

直接法在英语教学法历史上起着积极的促进作用。直接法的产生，使英语教学法科学进入“诸子百家”竞相争鸣的、学术思想空前活跃的新时期。

直接法的出现，给古典语法翻译法树立了一个对立面。直接法对古典语法翻译法弊端的抨击促使语法翻译法不断采取改进措施，这也推动了语法翻译法的进步和现代化。

直接法专家提出了一套与古典语法翻译法理念截然不同，甚至表面上看起来相互对立的原理和原则，使人们对英语教学的规律有了新的认识。直接法专家进行了大量研究，创立了一整套行之有效的具体的讲练方式，特别是口语练习体系。除了翻译和语法分析外，现代外语教学法中常用的各种非翻译练习方式（特别是各种直观方式），几乎都出自直接法专家之手。直接法专家始终在努力探求促使教学过程积极化的各种具体方式和手段，并取得了很多积极成果。直接法专家在教授活语言，特别是在培养口语能力方面，取得了显著成绩。

直接法专家的重语音教学，是推进理论语音学发展的动力之一。

就连某些一贯反对直接法的教学法专家，对直接法的历史功绩也不得不采取“承认主义”的态度。这里引用直接法反对派的一位著名代表人物的评语：“直接法专家的最大功绩在于他们为建立活用式掌握语言的教学法奠定了基础……他们的基本成就是：制定了语音教学法；同时，除了模仿外，还运用叙述、发展口语和巩固词汇的练习系统，加强语言教学中的感性成分，使教学过程积极化；最后，运用各种形式的直观。”现代语言学严格区分了“语言”（language）和“言语”（speech）两个基本概念。如果说，古典语法翻译法是把英语教学法的理论基础建立在语言上，那么直接法则把这一基础转移到言语上。

言语始终从运用英语进行的听、说、读、写言语活动入手，从学习言语的单位——句子开始，实际掌握英语，然后通过归纳，学习一些语言理论知识。也就是说，语言用以进一步指导今后的言语实践，即语言的实际使用，也就是言语。

如果说古典语法翻译法是一种传统法，是以后的自觉对比法、认知法等流派的本源，那么，直接法作为改革法，则开了口语法、情景法、听说法、视听法、功能法、自觉实践法等流派的先河。

2. 直接法存在的问题

（1）在英语教学中偏重经验、感性认识，而对人的自觉性估计不足。

（2）对母语在英语教学中的作用，只看到其消极面，而未见或未能充分估计其积极面，因而对它采取了极端否定的态度，一味排斥、不善于利用。这在早期直接法中最为明显。

（3）强调幼儿学习母语和已掌握母语的人之间学习英语的共同规律，而对两者之间的差别则未曾关注或未能充分估计，因此英语教学采用与幼儿学语基本相同的方式来解决二者的学语问题。

（4）在中小学英语教学的条件下，偏重实际掌握语言，而对发展智能方面则有所忽视。

（5）使用直接法培养的多数学生而言，实际掌握英语（特别是口语）虽有效果，但是文学修养浅薄，对许多语言现象知其然而不知其所以然。阅读时，遇到难度大、结构复杂的语句，由于不会分析理解，只能凭语感猜测，有时难免出错，而对内容是否正确理解，自己也没有很好的认识。

使用直接法需具备一定条件，方能发挥其优越性，其条件至少有三。

（1）教师需在一定程度上实际掌握英语，并领会直接法的精神实质，而不是表面形式。

（2）每个班级人数不能太多，以30人以内为宜，越少越好。

（3）课时充足，最好每天都能使学生有接触英语的机会。

直接法比较适合于以纯实用为目标的英语训练班。英语专业的基础阶段，特别是入门阶段也较为有效。

二、情景法

（一）情景法的概念

情景就是人们进行语言交际活动中的所有内部条件和外部条件的总和。换言之，就是使用语言形式进行信息交流的社会环境。语言学家弗斯认为，语言环境对语言来说是人类交际活动中不可或缺的。要想更好地掌握语言功能，必须创造真实的交际情景，让学生能够产生一种身临其境的感觉，同时增强学生的印象和兴趣。创建一个情景，不但可以有效地训练学生的思维能力和其他品质的共同发展，同时能为训练学生语言提供必不可少的条件。我们通过重新创造或再现教材的情景来帮助学生理解和使用语言，并在模拟真实或者更加接近真实的环境中来培养学生的语言运用能力。之所以情景的创设有助于学生对语言的运用，是因为具体的语言必须在一定情景下使用。

情景法又叫作视听法，是指在直接法和听说法的基础上，利用视听手段形成的教学法。这种方法以情景为中心，通过视听手段来培养学生的听说能力。

情景法强调耳、眼等器官以及大脑整体地去感知和认识英语材料，而英语材料的音、形、义和词、句、话也是作为整体让人感知的，因此，视听法又称为“视听整体结构法”。在教学过程中，教师可以再现不同的会话场景，通过语言、动作、神情及体态传递给学生，从而使整个教学充盈着一种和谐、融洽、振奋、饱满的情感气氛，以情激情，以情激趣，以情促知，以情育人。

（二）情景法产生的时代背景

自20世纪90年代开始，世界英语教学步入后教育时代，情景法作为一项优秀成果广为人知。目前，虽然这种教学方法在我国还没有单独成为一种系统的教学方法，但在情景中掌握语言知识，达到理解和表达，继而培养交际能力，已经成为英语教学中使用相当广泛的一种教学模式。情景在交际语言学中显得更占有优势，体现了现今所提出的新课程理念。

近年来，虽然我国外语教学的质量在不断提高，方法也在不断改进，但成果仍然不能令人满意，其中最重要的原因之一就是教学方法老套。即便是英语新教材要求以学生为中心，重点着眼于操练，但是多年以来，中学教师一直以自己为中心，实行语法为纲、翻译为方法的教学模式，形成了“一言堂”的教学习惯。这使如何实施创新教学，创造活力课堂成为一个新的课题。

在情景法中，教师充分运用直观教具、实际生活、肢体语言、英语录音材料、多媒体等进行情景创设，寓教于乐，让学生在教师创建的真实情景中充分享受学习英语的过程，从而提高教学效果。在教学过程中，教师有目的地引入和创设一些以形象为主体的具体场景，并带入一定的情感色彩，带给学生一定的态度体验，帮助学生理解以及运用知识和技能，发展学生的心理机能。捷克教育家夸美纽斯说：“一切知识都是从感官开始的。”情景法通过给学生展示具体真实的形象，让学生身临其境，从形象的感知达到抽象的理性思维和顿悟，从而激发学生的学习兴趣，并且能够自觉地进行学习活动。著名教育家陶行知先生说：“教学艺术就在于设法引起学生的兴趣，有了兴趣就肯用全部的精力去做事情。”可见，巧用情景教学法不失为一条在英语教学中激发学生学习兴趣的锦囊妙计。情景教学方法为了达到教学目的，通常在课堂上设置一些真实性和准真实性的情景来帮助学生学习和使用知识，为语言功能提供充足的实例，并使所教语言知识活泼化。正如布鲁姆所说：“成功的外语课堂教学应当在课内创设更多的情景，让学生有机会运用已学到的语言材料。”这种情景的生动性与形象性，不仅能够帮助学生将知识融入生动的情景中，更有助于学生理解所学内容，触景生情，激活思维，改变以往英语教学枯燥无味的局面，提高学生的学习兴趣和教学质量。

（三）情景法的理论基础

1. 心理学基础

从当代心理学角度来看，情景认知是情景法的理论基础之一。它认为，个体的情感对认识活动至少有动力、强化、调节三个方面的功能。动力功能是指情感对认识活动的增力或减力的效能，即健康的、积极的情感对认识活动起积极的发动和促进作用；消极不健康的情绪对认知活动的开始和进行起阻碍或抑制作用。情感的调节功能对认知活动具有组织和瓦解作用。而情景法就是要在教学过程中引起学生积极健康的情感体验，进而提高学生学习英语的积极性。

情景认知理论产生于20世纪80年代末，是继行为主义学习理论后的又一重要研究取向，是一种能提供有意义学习并将学习与真实情景相结合的重要学习理论。情景认知理论认为，所有的知识都和语言一样，源于真实的活动和情景，真实活动是学习者进行有目的学习的重要途径。对于中国学生而言，想学好英语更要把语言学习方式和生活相结合，促进学生语言交际能力的提高。为此，很多学者进行了情景认知理论和学科的整合研究，并且指出，教师在教学中要遵循一定的原则，从情境、内容、激励及评价四个方面进行整体设计英语教学环境。教师要设计出与学生日常实践相关的连贯性的、有意义、有目的的活动，促进学生利用所学的知识解决真实生活情境中的问题。

2. 教育学基础

学习是涉及教育学、心理学、哲学等领域的复杂系统，实践就是最直观的认知行为，是通过心理活动获取知识的过程。情景法就是通过给学生设置情景，展示鲜明具体的形象（包括直接形象和间接形象），使学生从形象的感知达到抽象理性的顿悟，激发学生的学习兴趣，使学习活动成为学生主动自觉的活动。

从教育学角度来看，情景法的理论基础是学生的认识规律，即通过感觉、知觉、记忆、思维、想象等形式反映客观生活的过程。教师根据教学目的、任务和学生的认识规律，指导学生有目的、有计划地学习文化知识和基本技能，培养道德品质、发展个性。

3. 语言学基础

从语言学角度来看，情景法的理论依据是语言习得理论、建构主义理论、语言情境论和系统语言学，即乔姆斯基的“语言习得机制”和克拉申的“第二语言习得理论假设”，维果斯基、皮亚杰、布鲁纳等人的“建构主义理论”，当代语言学家韩礼德的“系统语言学理论”。语言习得理论是乔姆斯基的“语言习得机制”

和克拉申的“第二语言习得理论假设”。乔姆斯基认为：人具有天生习得语言的本能，因为人脑中存在一个遗传的“语言习得机制”，对第二语言习得同样有效。克拉申语言习得理论主要是输入假说模式。

建构主义提倡情景教学，认为教学应该使学习在与现实情景相类似的情景中发生，以解决学生在现实生活中遇到的问题为目标。学习的内容要选择真实性任务，不能远离现实情景。在英语教学中，教师应该运用多种手段创造情景，有效地激发学生的学习积极性，使学生有兴趣学、会学习、主动学、轻松学。

语言情景理论是情景法的又一理论基础，是当代语言学家韩礼德的系统语言学。这个学说的中心思想是：如果要掌握一门语言，必须系统地从各种场合学习，缺少某种场合的语言经验，便不能在此种场合下准确地表达或描述。

（四）情景法的基本原则

1. 建立情景与外语间的直接联系

强调语言以情景为中心，与真实情景或设计的情景相结合，充分利用视听手段，让学生作出模仿行为，形成自动化习惯，创造出类似语言习得的学习过程，主要培养学生的听说能力。教师在教学时，可以培养学生一边看图像一边听声音，尽量不使用母语，这样可以使情景的意义与所学英语之间建立直接的联系。

2. 英语教学采用整体教学法，强调语言内容的连贯性

用情景法理解语言材料是以整体结构形式实现的，其方法是：首先听一段意思完整的对话，掌握它的语音、语调、节奏等整体结构，然后进行个别音素的训练。教学顺序是“对话—句子—单词—单音”。教学过程分为感知、理解、练习和活用四个步骤。

3. 日常生活情景对话是教学的中心

视听法是以小范围内2～3人日常生活情景对话为中心进行的教学。声音、图像再现，能让学生置身于现实、自然的情景中，从而有助于流利地用英语进行交流。教学以口语为基础，学生以掌握准确的语音和语调为目的。情景法强调听说领先、读写跟上的原则，在某一场合下一些常用的意思连贯的句子或句型，通过情景操练使学生掌握常用的生活用语，进而掌握正确的语音、语调和口语语感。

4. 视听并用，语言和情景紧密配合，以情景联系话语

视听法认为，音像结合，可以在情景的意义与所学英语之间建立起直接的联系，从而避免使用母语和书面语。学生看到情景和语言的配合，就能体会到学习英语的真实性，并觉得自己学到的语言是具有实用价值的。通过音像结合，不仅可以让学生看到一定的情景，还可以让学生看到说话时的姿势和表情等，因此学生对语言的感觉一定要比单独听或从书面学习更加深刻。因此，为了学生更容易地学好语言，在英语教学上教师应当利用各种手段创设与所学内容相符的情景画

面，让学生边练听说，边看画面，从而身临其境地学习英语。

5. 视听法的教学过程

视听法的教学过程包括四个步骤：感知、理解、练习和活用。

6. 应用情景教学法教学需要大量的准备工作

由于情景教学强调情景，所以教师需要准备大量的教具，为创设情景做准备。

（五）对情景教学法的评价

情景法是优缺点并存的一种在听说法的基础上发展起来的教授英语的方法。在听说法的理论基础上，情景法创设了具有自己特色的教学法。

1. 情景法的优点

（1）视听手段有利于学生对英语的理解。

在英语课堂教学中，因为受时空条件限制，模拟表演创设的情景往往无法像想象中那么完美，所以在这种情况下就可以运用录音、录像、投影幻灯等电化教学手段来移植情景，形象生动地将有关情景再现，做到声像结合、图文并茂，满足学生好奇、求趣、求新的学习心理。教师把学生要学的对话融入情景中，可以加深学生对语言的理解，调动学生学习的积极性，帮助学生在语言与表达对象之间建立联系，从而使学生更自觉、更有兴趣地进行英语交际活动。充分利用视听手段，把情景视觉与录音听觉相结合，使学生能同时观其形、听其声，调动左右脑的神经细胞，促进学生在所学的英语与实物之间建立直接的联系，能够提高学生学习英语的速度，从而培养英语思维的能力。学生一开始就能听到地道的英语，日积月累，有助于养成准确的语音和语调，以及遣词造句的习惯。学生在情景中深入了解角色，实践起来就会自觉主动，同时可以将自己的才华充分展露，在相互评价中体现自我，提高对英语的理解能力。

（2）有利于营造良好的语言环境。

学生的注意力是重中之重。为了最大限度地避免学生分散注意力，教师应多采取受学生欢迎的教学方法，努力把课教得形象生动。情景法就是有效的一种教学方法。它设法创设各种生动有趣、贴近学生生活的情景、画面，可以调动学生的学习积极性，使其在学习中集中注意力，让学生寓乐于学，寓学于乐，学有所乐，学有所得。汉语环境与英语学习之间的矛盾是目前英语教学中的主要矛盾之一。除了英语课堂中学生能够接触英语外，平时学生所听、所说、所读、所写大都是使用自己的母语——汉语。在教学过程中，虽然教师不能将真实生活情景搬入课堂，但能模拟真实情景，创设接近生活的真实语言环境，有利于学生理解和掌握对话内容。情景中创设的语境是语言赖以生存和发展的环境，也是语言交际所依赖的环境。只有通过语境，才能实现对语言功能及其意义的理解。情景法正是要想方设法利用各种手段为学生创设一种英语学习的语言环境，并且在相应的语言环境中完成教学内容，从而使学生理解语言变得容易。情景贴合学生的实际生活，让学生有身临其境的感觉，这大大激发了学生内在的表达欲望，从而使学生积极地参与对话活动，加深了其对对话内容的理解，便于记忆，教师的教学效率和学生的交际能力也可以得到大大提高。因此，营造良好的语言环境，能使学生尽可能多地接触英语，有利于增强学生的语感，有利于提高学生读、听、说、写的能力以及记忆效果和教学效率，同时也能使教师的教学工作顺利地开展，并达到预期的效果。

（3）有利于学生获得感性材料。

情景法的基本要求是充分调动学生的各个感官去感知学习的对象，使学生能看到、听到，甚至摸到它们。作为一门外语而被学习的英语，更需要学生利用身体的感官全方位地感知它。美国应用语言学家克拉申认为，习得是在可理解的语言输入的基础上形成的；输入之所以能够被理解，是因为有语境的帮助。由此可以看出，克拉申强调在英语习得的问题上，外部语言环境是重点。在英语的学习过程中，教师的主导作用就体现在为这两者架设一座行之有效的桥梁，而这座桥梁就是语言环境，然而，情景法无疑就是塑造良好语言环境的手段。正如克拉申所提出的，只有大量的语言学习的输入才能使习得者在丰富的语言环境中得到熏陶和渲染。

在情景教学过程中，教师要尽可能地让学生运用各种感官去感知学习内容，如通过展示实物、图片、放映幻灯片、教学电影等，帮助学生获得大量的信息和感性材料，这可以把课文内容与实际情景、事物联系起来，从而使学生加深学习内容的印象，形成正确而深刻的概念。

（4）有利于培养学生运用英语的思维能力和口语能力。

人的情感是在一定的情景和环境下才产生的。因此，当教师创造一个特定的能使学生产生共鸣的学习环境时，学生才能学习特定的语言。幼儿园、小学英语教师，可以尝试利用情景和设置情景进行英语教学。比如，带一些学习用品、玩具之类的实物，用实物设置情景，也可以带一些卡片，画一些简笔画，进行直观的情景教学；做出一些表情，借助录像机等多种媒体进行教学，创造一些情景，营造出活泼的氛围，把课堂变成一个大舞台，激发学生的求知欲，让学生在锻炼和实践中对英语产生浓厚的兴趣，使学生所学的英语达到交际化目的。这时，我们所看到的学生一个个精神饱满、兴趣盎然，他们的创新思维也被开发。学生尽情发挥想象深入角色，通过角色表演用英语表达自己的情感，在交往中既拓展了思维，又提高了创新能力。情景教学将生活引进课堂，又促使教学在生活中得到延伸。

（5）有利于调动学生的非智力因素。

任何教学方法，都是为了调动学生的学习积极性和主动性。因为兴趣、注意力、心理因素等非智力因素是语言学习者在学习语言过程中不可缺少的补充，它们起着非常重要的作用。对于学习语言来说，环境、兴趣、亲情等非智力因素不可或缺。情景教学正是利用学生在学习中的这些非智力因素，将视、听、说融为一体，把学生的注意力、兴趣引到学习对象上，使学生对学习对象获得深刻、完整的理解，并易于巩固。情景法让学生在日常生活的情景中直接感知语言，在交流中学习和学得词汇、语音、语法等，培养学生灵活运用语言的能力。其中，口语教学的最重要手段之一就是对话，不但有利于培养学生的口语能力，还能使课堂教学变得更加生动、活泼，这种生动真实的教学能让学生把所学的外语直接运用于日常生活中。

（6）有利于培养学生自主学习的能力。

培养学生自主学习是以“学生为中心”的教学要求，在模拟的或实际的交际场合中，学生作为练习的主体，从而使想象力和创造力有了自由发挥的空间，他们运用英语自由表达自己的见解，抒发自己的情感，而教师只是起从旁指导“解惑”的作用。因此，教师应充分理解“自主学习”的含义，给学生创造一个良好的英语环境，培养学生的观察记忆，发散思维，发挥想象和创新精神，激发学生对英语的热情和兴趣，使学生每天看英语、说英语，为学习自主学习英语奠定良好的基础。

（7）有利于课外活动形式的多样化。

仅仅依靠课堂上学习英语是远远不够的，所以要根据不同班级、层次或者不同水平、爱好的学生，展开形式多样的课外活动。分班或者在同年级甚至全校范围内去组织英语游戏、朗诵会、讲演比赛，也可以开演唱会，进行作文比赛、听力比赛等。其目的是培养学生学习英语的兴趣，活跃学生课外生活，课内外结合巩固所学的知识，营造英语学习的气氛，让课内课外相得益彰。

2.情景法的缺点

情景法自身存在一定的缺点，主要体现在以下三个方面。

（1）情景法强调的是整体结构感知和综合训练，因此在学生理解和运用外语时忽视了对语言知识的讲解和分析。

（2）这种教学法排斥母语，过于强调视觉直观的作用，忽略了母语的中介作用。

（3）对于交际能力培养不足，过于重视语言形式。因为设计情景通常是虚构的，以这种情景为线索来选择和安排语言材料并不能完全地满足学生在现实言语交际的实际需要。实践证明，创设有效的教学情景，对激发学生的学习兴趣，培养英语表达能力都有显著效果，而且英语课堂教学效率也有显著提高。英语教学是语言教学，而语言需要有情感交流作支撑，交流则需要在一定的情景中。在英语教学中，教师要让学生愉快地融入英语环境，创建一种开放、和谐、积极互动的语言活动氛围，努力产生浸润性的效果，让学生在不知不觉中吸取和操练，不断提高英语口语能力，增强语感和提高整体水平。

国内学术界对英语情景教学的研究较为深入。自20世纪90年代，世界英语教学进入后教育时代，情景法受到学者的广泛关注。在我国，虽然目前情景教学还没有单独作为一种系统的教学法，但在情景中理解和掌握语言知识，培养交际能力，已经成为英语教学中使用相当广泛的一种教学模式，而情景在交际语言学中的优势更为显著。

现代英语教学认为：英语教学是教和学的结合，是教师的主导作用和学生的学习积极性相互合作的过程。教师不但要熟悉教学内容，明确教学目的，掌握好教学方法，更要了解不同情况下的学生的思想状况，结合这些情况培养学生的学习积极性，以最有效的方式尽快提升学生的学习兴趣，特别是对初级的英语学习者来说，更应采取一些情景对话等手段来提高他们的学习兴趣和注意力。在课堂中，要求学生生硬地背诵句型或课文是没有用的，一定要重复加深对句子结构中语法规则的印象和理解，使学生正确、流利地模仿和使用英语语言。

综上所述，情景法在英语教学中的作用是非常重要的。它善于调动学生的非智力因素，能够使学生在良好的语言环境中获得感性材料。随着经济的不断发展，越来越多的国家要求人才“能用英语交流信息”。情景法在英语教学中有着不可替代的优势。我们广大英语教师应充分认识到情景法的优越性，并努力在教学实践中加以应用，为国家培养出更多优秀的英语人才。

第二节　听说法与认知法

一、听说法

（一）听说法的概念

20世纪40年代，美国结构主义语言学家一方面研究本国人学习外语的问题，另一方面又研究外国人学习英语的问题。教学法专家在总结20世纪40年代以来美国的外语教学时，提出了各种教学法名称。从事美国人学习外语研究的学者多半将他们的教学法称为听说法，从事外国人学习英语研究的学者多半将他们的教学法称为口语法（oral approach）。教学法专家们和语言教师从不同的角度研究听说法，因而给听说法起了一些别名。根据以结构主义语言学为听说法的理论基础，定名为结构法（structural approach）；由于把研究语言的方法或把语言学的理论应用到外语教学上，因此又叫语言学法（linguistic method）；根据英语教学以句型盘练为中心，定名为句型法（pattern method）；由于《军队专门训练方案》，陆军语言学校采用听说法，又名军队教学法（army method）。

上述名称尽管不同，但实质相同，都以结构主义语言学为基础研究英语教学问题。他们对英语教学原理、原则的看法基本一致，都把听说放在首位，主张先用耳听，后用嘴说（audio-oral），经过反复口头操练，最终能达到自动化运用所学语言材料，将听到的英语能用口头表达。因此，有的教学法专家称此为耳口法（audio-oral approach）。

听说法也好，口语法也好，以及其他一些名称也罢，均不是指一般的具体方法（method），而是达到教学目标的途径（approach）。这里所谓的口语，是指让学生通过口头操练最终达到掌握口语的目标。口语既是教学目标，又是教学手段。弗里斯在《关于口语法》（*On the Oral Approach*）一文中指出，method是指教学方式、方法和教学技巧，而approach则是指达到教学目标的途径、方法（path或road）和理论（theory）。由此可见，听说法或口语法是一种旨在掌握口语的教学法体系。采用听说法进行教学，要求从大纲、教材的编写到教学方法、技巧的运用都必须遵循听说法的原理和原则，也就是说，要根据这种教学法的途径、方法和理论来指导英语教学的全过程。

（二）听说法产生的时代背景

1.听说法的起源

听说法产生于美国。它的主要标志有以下四点。

（1）不重视外语。在教学制度中无论是对中学，还是对大学都未提出明确的外语教学目标与要求。中学生很少学习外语，即使有的学生学习外语，学习时间也不超过两年；大学虽然开设外语课，学习时间也不超过三年。

（2）开设的语种少。在中学开设的语种局限于拉丁语、西班牙语和法语；在大学除上述三种语言外，还开设德语、希腊语，少数学校开设意大利语。

（3）外语教学的目标局限于培养阅读能力，忽视培养口语能力。1929年以科尔曼为首的十二人委员会提出了《美国现代外语教学的报告》，其主要论点是：根据美国现实条件，外语教学的目标只能是阅读。这个报告长期影响着美国的外语教学。

（4）采用语法翻译法。无论是教古语言，还是教现代语言都采用语法翻译法。教师把大部分时间花在讲解语法和练习把外语译成母语上。

上述四个方面集中表现的是美国外语人才数量少、质量低，缺乏真正掌握外语的人才。

当时的外语教学有以下两个特点。

（1）集中教学。集中教学（intensive course）具有速成性，学习的时间短，多则一年，少则半年乃至3个月。在学习期间很少学习别的课程，绝大部分时间学习外语。为了强化外语教学，每周上6天课，每天不少于5课时。为了增加练习机会，小班上课，每班8～10人。由使用所学外语的“当地人”（informant）担任外语教师。

（2）采用听说法。把结构主义语言学理论付诸教学实践，积累了教学经验，使听说法初具雏形。第二次世界大战后，美国一些研究语言机构、学校继续采用集中教学和听说法进行外语教学。在这方面作出突出成绩的有两所机构。一是美国国务院外事学院。该院在改进和完善战时集中教学和听说法的基础上短时间内培养了大批懂外语的外事人员。二是陆军语言学校。该校有450名教师采用战时外语教学方案对2000多名学生进行了28种外语的教学，并取得良好效果。试验把战时外语教学运用到高等学校教学的是康内大学。该校有14位教师从事14种外语教学，均取得了较好的成绩。在上述实践经验的基础上，一些语言学学术团体和语言教师举行会议研究如何把战时外语教学的理论应用到中学、高等学校的正规外语教学之中。

2. 听说法的发展

20世纪40年代至50年代，美国结构语言学家对美国语言教学进行了一场改革。

1956年，现代语言学会外语方案指导委员会发表了《外语教学九点方针》。方案或报告的共同内容：提出将战时语言教学原则运用于学校语言教学之中，即把描写语言学的理论运用于学校正规语言教学之中，强调对广大外语教师进行“语言分析和把它运用于语言教学的训练”。通过上述一系列会议和讨论，大家认识到非军事学校外语教学不应采用语法翻译法，而改用战时外语教学的方案以改革一般学校的外语教学。于是，美国一般学校也广泛采用听说法，听说法理论和实践均有很大发展，在国内外享有盛名。

结构主义语言学家不仅参加美国外语教学新方案的制订和实施，同时也参与在美国将英语作为外语教学的研究。其代表人物弗里斯（C. C. Fries）不仅是语言学家，也是外语教学法专家。1941年，他在密歇根大学创办了英语研究所（并任第一任所长），专门研究英语作为外语教学问题。他根据结构主义语言学理论批判了语法翻译法，倡导了口语法（oral approach）。英语研究所开办各种短期英语学习班，用口语法为拉丁美洲培养了大批掌握英语的人才。弗里斯直接领导该所的英语教学工作，并与其他教师一起编写大量的教材和教学参考书，为推广口语法作出了积极的贡献。

（三）听说法的理论基础

听说法的理论基础是美国结构主义语言学，也称描写语言学和行为主义心理学。

1. 语言学的理论基础

结构主义语言学在描写、分析活语言，如调查无文字的印第安语和研究外语教学理论方面做了大量的工作。以布龙菲尔德为首的结构主义语言学家对创建美国新的外语教学法——听说法作出了重要贡献。布龙菲尔德的《语言论》（*Language*）至今仍然是结构主义语言学的经典著作，也是听说法的语言学理论基础。

美国结构主义语言学家最初研究无文字的印第安人的口头语言。他们的研究方法与传统语言学研究方法有着根本的不同。他们如实地记录了印第安人口头讲的话，然后进行客观描写和分析。因此，这也被结构主义语言学家称为描写语言学。之后，结构主义语言学家用此方法对其他有文字的活语言进行描写与分析。他们发现：使用该种语言的人口头讲的话与该种语言的传统语法在有些方面不一致。有些口头常讲的话语，却受到传统语法的谴责。描写语言学家认为这种谴责是不合理的。在他们看来，口语是活的语言，学习语言主要学习口语。学习口语就是学习使用该语言的“当地人”所说的话，而不是语言学家在书本上规定的应该怎样说的话。编写口语教材的依据是使用该种语言的“当地人”所说的话，而担任外语教师的也应当是使用该种语言的“当地人”。由于描写语言学家以口头讲的话作为语言研究的依据，因此，他们在描写、分析某种语言时，重视该种语言的事实，而不像传统语言学那样不顾该种语言的事实，用希腊语、拉丁语的语法生硬地解释该种语言的语法。基于上述理解，结构主义语言学家认为，各种语言是不同的，每种语言都有自己的语言结构特征，不存在以拉丁语语法为模式的普遍语法。当然，他们也并不否认来自同一语系的语言有共同之处。为了深入研究语言，结构主义语言学家主张对各种语言结构（无论是否有亲缘关系）进行对比描写和分析。因此，结构主义语言学又发展成为对比描写语言学。

2. 心理学的理论基础

行为主义是结构主义语言学的心理学理论基础，也是听说法的心理学理论基础。行为主义心理学的创始人——华生（J. B. Watson）研究动物和人的心理。行为主义心理学反对过去心理学界用主观方法，主张用客观的观察方法研究人的心理。华生根据观察、分析动物和人的心理结果，认为人和动物的行为有一个共同因素：刺激和反应。于是，他把一切心理学问题及其解决都纳入刺激和反应的规范之中。比如，他不用过去心理学中感觉的概念，而称此为反应，即视的反应和听的反应。于是，华生提出了著名的行为主义心理学的公式：刺激—反应（S-R，stimulus-response）。

斯金纳（B. F. Skinner）不仅继承了华生的行为主义心理学理论，还把它发展成为新行为主义心理学。倡导听说法的结构主义语言学家又以新行为主义心理学作为其研究语言学的心理学理论基础。斯金纳建立了观察鸽子行为的实验箱，把鸽子放入箱子内，当饥饿的鸽子啄红灯窗口后，就有食物（米粒）流出供其食用。

斯金纳称此为操作性条件反射。鸽子啄红灯窗口是操作性行为，行为的结果是流出食物。食物对鸽子是一种刺激。斯金纳把重点放在操作行为上，行为经过多次反复使鸽子形成获取食物的本领（习惯）。据此，斯金纳把动物和人类的学习看成是操作，而操作条件作用的规律是强化。由此，他把教学程序归结为：刺激—反应—强化。在教学中只要采取积极强化措施就能使某种行为形成习惯。

结构主义语言学家接受了斯金纳新行为主义心理学的观点，并用此观点解释人的语言行为。结构主义语言学家认为，语言是高度结构化的体系，但人们进行言语活动时只知道说什么，并不知道为什么这样说。人们只意识到说话的内容，并未意识到自己话语中的语言结构（语音、词汇、语法），由于掌握语言结构要求达到高度自动化的程度，说话时都能不自觉地加以运用。据此，学习外语也应让学生学会不自觉地运用所学外语语言结构，能把所学外语语音、词汇、语法变成新的语言习惯。而新习惯的形成，也像学习母语那样，需要持久模仿、反复操练、大量实践。

（四）听说法的基本原则

根据结构主义语言学和行为主义心理学的理论可把结构主义语言学家提出的听说法基本教学原则归纳为以下几点。

1. 听说领先

语言，首先是有声的，文字只不过是记录说话的符号。口语能体现语言的交际功能，在言语活动过程中由于有语调、节奏、重音等语言手段，所以交际双方更能充分交流思想。这些语言手段恰恰是书面语所没有的。听说是一切言语活动的基础，读写是在听说基础上派生出来的。所以，口语是第一性的，文字是第二性的。听说训练成功，就有利于读写能力的培养。因此，英语教学应把口语摆在第一位，把读写摆在第二位，即以听说为主、读写为辅。在学习语言的初级阶段尤应如此。在英语教学中要让学生通过听说学会听说，为此，应当把课堂教学的大部分时间放在听说练习上。在英语教学的入门阶段要先进行一个时期的专门听说训练，然后再接触文字。入门阶段以后，教课文的句型、对话时，也需先从听说入手，然后教读写。早期的听说法是听说遥遥领先，读写迟迟跟不上（比如进行半年乃至一年听说训练，之后才接触文字），因而听说与读写相互脱节。现代听说法在这方面有所改进，虽然强调听说领先，但在学生打下一定的听说基础以后，就适时地进行读写教学，使读写促进听说。

2. 反复实践，形成习惯

结构主义语言学家认为，语言是一套习惯的体系，这正如赫克特所说：“语言是习惯的综合体系。”（A language is a complex system habits.）学习语言就是养成一种习惯。语言习惯习得的过程犹如动物的行为一样。学习母语由于在日常生活中反复模仿、记忆、操练，语音、词汇、语法结构达到脱口而出的程度，形成了自动化的习惯。学习英语是培养一套新的语言习惯。英语习得与学习母语一样，要靠大量练习，需凭反复实践。综上所述，语言习得不是学习语言知识的问题，而是实践掌握的问题。在教学中要让学生把大部分时间用在模仿、记忆、重复、交谈等实践练习上。反之，把宝贵的时间花在讲解、谈论英语知识上，只能是浪费时间，事倍功半。正如布龙菲尔德所说："学习语言就是实践，再实践，其他方法是没有用处的。"

后期的听说法并非完全否定语言知识对英语学习的促进作用，但他们主张语言知识要在操练句型的基础上通过归纳的途径掌握。

3. 以句型为中心

结构主义语言学家对语言进行描写，发现语言现象虽然庞杂，但都是由不同层次的结构组成的，而句型却是语言的基本结构。所谓句型，通俗地说，就是从无数句子中归纳出一定数量的句子模式。句型不仅具有结构意义，还具有词汇意义和社会文化意义（弗里斯把人们说某一句话的实际情景称为社会文化意义）。句型是语言教学的基础，也是整个英语教学的中心部分。无论是语言材料的安排，抑或是语言技能的培养都需围绕句型这个中心进行教学。人们可通过操练句型来掌握英语，因此，在英语教学中要突出句型操练，要让学生通过反复操练句型实现自动化地运用每一个句型。

4. 排斥或限制母语

结构主义语言学家认为，各种语言都是不同的。一种语言的词义很难用另一种语言的词汇确切地表达出来。因此，他们主张用直观手段、情景，借助上下文和所学英语直接释义，反对借助翻译手段讲解词义。在他们看来，翻译是一种运用两种语言的特殊技能。培养学生翻译能力不是初学英语阶段的教学任务，也远非初学者力所能及，只有到了学习的较高阶段，学生对母语和英语都有较深理解的时候，才能提出培养翻译能力的任务。

翻译是一种特殊的心理活动。在翻译过程中，学生头脑里总是和两种语言打交道。翻译是一项复杂的脑力活动，实际上是学生用两种语言进行思维活动。听说法既然把培养口语能力作为英语教学的首要目标，这就要求学生反应快，用英语进行思维，而利用母语或翻译作为教学手段，会妨碍学生在英语和思维之间建立直接联系，减慢学习英语的进程，对掌握英语口语不利。因此，听说法主张在英语教学中排斥母语，不用翻译手段。

应当指出，结构主义语言学家对母语在外语教学中所起的作用的看法并非一致，初期或极端的听说法排斥母语、否定翻译，后期听说法则主张对母语要有限制地加以运用，在不得已的情况下可把翻译当作释义和检查理解的手段。

5. 对比语言结构，确定教学难点

弗里斯指出，新方法的决定性特点在于对语言进行科学的对比分析。语言结构的对比分析有两层意思：一是指母语与所学英语结构的对比分析；二是指英语结构内部的对比分析。初学英语的学生总是用母语语言结构代替所学英语语言结构。因此，听说法主张英语教学必须注意母语与所学英语结构之间的对比分析，在分析基础上找出两种不同的语言结构，这就是学生学习英语的难点。英语教学要把主要力量放在攻克难点上。无论是编写教材和安排练习，还是运用教学方法和方式，都要充分考虑各民族学习一种英语的特点和难点，使英语教学具有针对性。

6. 及时纠正错误，培养正确的语言习惯

听说法认为，学习英语是掌握一种新的语言习惯，而习惯的形成主要靠正确的模仿和大量的操练。即教师对学生进行正确的刺激，学生对刺激作出正确的反应。否则，一旦形成错误习惯，就难以纠正。因此，听说法主张学生从学习英语的第一天起，无论是学习语音、词汇，还是学习句型，都要求学生确切理解、准确模仿、正确表达（production），不放过任何性质的错误，发现错误及时纠正，以便学生养成正确运用英语的习惯。

7. 广泛利用现代化教学技术手段

随着科学技术的发展，听说法主张在英语教学中广泛利用电影、电视、幻灯片、录音机等现代化技术手段。听说法在坚持自身教学理论、原则的基础上将上述教学技术手段纳入自己的教学法体系之中，并加以有效运用。听说法在利用现代化教学技术手段方面根据“刺激—反应—强化”这个过程制定出完整的电化教学体系。

（五）对听说法的评价

20世纪30年代末40年代初，各国交往日益频繁，特别是第二次世界大战爆发后，美国军队亟须掌握外语口语的人才。为适应这个社会发展的需求，听说法应运而生。可见，听说法的产生并非偶然，它是历史的产物。

1. 听说法的优点

听说法的历史功绩体现在培养了大批掌握外语口语的人才，满足了当时社会的需要。听说法在教学实践中取得了良好效果。比如，战时美国军队开办了27种外语短训班，其中日语教学效果最好。对欧美人来说，日语是最难学的外语之一。因为，日语除语法复杂难以掌握之外，还要学会2000多个常用日语中的汉字。既然最难学的日语用听说法都能获取良好的教学效果，那么学习其他外语则更容易见效。

听说法的产生在外语教学发展史上也是一件大事，它从理论和实践两个方面促进了外语教学法的发展。在理论方面，听说法把结构主义语言学理论应用于外语教学中，为教学法奠定了语言学理论基础，从而使外语教学法发展到了一个新的历史阶段。在实践方面，听说法与传统教学法相比有很大改进，它克服了翻译法重理论、轻实践，重读写、轻听说的弊端。它在教学法方面的成就主要表现在下列五个方面。

（1）强调外语教学的实践性，重视听说训练。

（2）建立了一套培养语言习惯的练习体系。

（3）把句型作为外语教学的中心。

（4）广泛利用对比方法，在对比分析母语与所学外语的基础上找出学习外语的难点，并在教学中有针对性地加以解决。

（5）广泛利用现代化教学技术手段。

2. 听说法存在的问题

（1）强调机械性操练。

听说法产生于20世纪40年代的美国，当时美国流行的行为主义心理学理论对听说法有很大影响。他们把人和动物等量齐观，把外语学习看成为如同训练动物“刺激—反应”养成习惯的过程。这样，他们便否认了意识的能动作用和智力在外语学习中的作用。在这种理论指导下听说法过分重视机械性训练，忽视掌握语言基础知识和活用语言能力的培养，因而不利于学生实践掌握外语。比如，有些学生能把句型、对话背得滚瓜烂熟，但在交际活动中不会活用，或用得不恰当，甚至出错。

（2）重语言、结构形式，轻语言内容、意义。

听说法另一个明显的缺点是过分重视语言、结构形式，忽视语言的内容与意义。在这点上它和传统法没有什么本质上的区别。传统法以语法为纲，听说法以句型为纲，这两个纲实际都是以语言形式为纲。根据这个纲，语言材料的选择与安排多半从语言结构形式出发，不太考虑其内容和意义。比如，为了教一个句型而把一些在意义上缺乏联系的句子编排在一起，为操练句型而编写的课文和对话多半是缺乏中心内容的一些句子的堆砌。这种对话和课文中的语言很不自然、不真实，缺失内在逻辑的联系。这个缺点在教学中产生的后果是学生能自动化地说出句型，但却不善于在特定的情境进行交际活动。

二、认知法

（一）认知法的概念

认知这个术语来自学习心理学。若想了解认知法的确切含义，需要对认知心理学作些必要的解释。学习理论最初分为两大派：一派是联结说，另一派是领悟说或称为格式塔（gestalt）。到20世纪60年代，前者发展成行为主义，后者发展成认知（cognitive）学习理论。认知学习理论是作为“刺激—反应”行为主义学习理论对立面而出现的。“认知”一词最早是承认父子关系的法律用语，后来又用于哲学，表示“认识”的意思。它用于心理学意义却完全不同，具有独特的含义。心理学的认知概念就是“知道”的意思，而“知道”则有感觉、知觉、记忆、想象的意思，构成概念、判断、推理等意义。

认知心理学研究的问题有：知识的性质是什么，知识是如何获得的，知识是怎样运用于创造性活动的等。与上述问题有关的理论称为认知学习理论。

认知心理学家重视感知、理解、逻辑思维等智力活动在获得知识中的积极作用，试图把认知心理学的理论用于外语教学，因而称为认知法。

认知法也叫“认知符号”法（cognitive-code approach）。这种教学法是关于在外语教学中发挥学生智力作用，重视对语言规则的理解，着眼于培养实际而又全面地运用语言能力的一种外语教学法体系或学习理论，因而也称为“认知—符号”学习理论（cognitive-code learning theory）。

（二）认知法产生的时代背景

20世纪60年代，科学飞速发展，资本主义国家的竞争除在军事、政治、经济领域渗透外，已深入科技领域。发展本国的科学技术，开展国际文化交流需要高水平的外语人才。当时盛行的以培养口语能力为主的听说法已不适应这种形势的发展，时代要求探索新的外语教学法。

认知法是听说法在理论和实践方面受到抨击和挑战之际出现的。20世纪60年代初，听说法享有盛誉，蜚声世界外语教学界。但教学实践证明，听说法也存在很多缺点，如重实践，轻理论；重口语，轻书面语；重机械训练，轻灵活运用等。到20世纪60年代中叶，听说法开始走下坡路，要求用新方法代替听说法的呼声震响世界外语教学界。认知法是针对听说法的缺陷提出来的，认知法企图用“认知—符号”学习理论代替听说法的“刺激—反应”学习理论。

（三）认知法的理论基础

20世纪60年代，美国教育学、心理学、语言学等学科都有很大的发展，各种学派相继出现。这些基础理论学科的发展必然推动应用学科的发展。作为应用学科——外语教学法的一个新流派，认知法自然从上述学科中吸取对自己有益的理论。由此可见，认知法的出现并不是偶然的，是有其坚实的理论基础的。

20世纪50年代末至60年代初，美国著名心理学家布鲁纳（J. S. Bruner）受美国政府委托负责领导美国教育教学改革运动。他的“基本结构”理论和“发现法”对外语教学颇有影响。布鲁纳在《课程论》《教学论》等著作中提出，在教学过程中要让学生掌握基本结构（概念、基本原理、规则）。他指出，无论我们选什么学科，务必使学生理解学科的基本结构。布鲁纳认为，掌握基本结构对教学有下列几点好处。

（1）使学生更易理解本学科的内容。

（2）有助于将所学知识长期保持在记忆中。

（3）有助于迁移。

（4）促进各学科的学习。

布鲁纳等教育家提出教学要“以学习者为中心”的理论，根据这一理论，在教学过程中要让学生充分发挥积极性和主动性。在课堂教学中主要是学生活动，教师处于从旁指导的地位。规则、原理不应由教师灌输给学生，而应在教师引导下由学生通过对所学对象的观察、分析、归纳等逻辑思维活动自己发现，即所谓“发现学习”（discovery learning)。“发现学习”能激发学生学习兴趣和强烈的学习动机，培养学生独立分析和解决问题的能力。

语言是一种习惯体系，还是一种受规则支配的体系？把学习语言看成是“刺激—反应”的过程，还是看成以规则为基础的创造过程？由于对上述问题看法的不同，外语教学分成不同的两大学派。前者是以经验主义为基础的听说习惯理论，后者是以理性主义为基础的认知学习理论。

德国著名语言学家洪堡特和美国著名语言学家乔姆斯基认为，语言是受规则支配的体系。人类学习语言绝不是单纯模仿、记忆的过程，而是创造性活用的过程。人类（即使是幼儿）学习语言最主要的不是模仿，而是掌握规则，主要是语法规则。这种规则能推导、转换、生成句子。人类借助这些有限的规则能听懂从来没有接触过的句子，说出从未学过的话语。因此，无论是学习本族语，还是学习外语都需要教会学生掌握语言规则。不管学生发音多么好，词汇掌握多么大，如果不能在有限的规则支配下产生和理解无限的句子，那就永远不能学会语言。

掌握规则的途径：一是发现（discovery）规则，二是创造性活用（creativity）规则。发现规则虽然是基础，但更重要的是培养学生具有创造性地应用规则的能力。因为言语是受规则支配的一种创造性活动（rule-governed creativity），教师的作用在于给学生创造活用语言规则的机会和情景，让学生用已学的规则触景生情地说出想要说出的话语。

认知心理学家奥苏贝尔（D.P.Ausubel）则认为，学习有两种：一种是机械性学习；另一种是有意义学习（meaningful learning)。机械性学习是一种在意义上无联系的孤立学习。这种学习的特点是因学生对所学知识缺乏理解，单靠死记硬背记忆知识。而有意义学习则是认知学习。它的特点是对所学学科的基本概念和规则的理解，了解它们内在的联系。奥苏贝尔为了形象地说明这两种学习理论，他把认知结构比喻为一个建筑系统。机械地死记硬背地学习好比孤立地砌砖，有意义的学习好比建筑系统中的“砖群”。他认为，记忆的秘密在于和我们的记忆对象建立多方面的联系。在其他一切条件相同的情况下，记忆效果取决于建立联系系统。新学的知识和头脑中已存的知识建立的联系越多，记忆效果就越好。机械地死记硬背与有意义学习的区别不在于记忆的开始阶段，而在于记忆保持时间的长短。比如，记电话号码多数是死记硬背。人们能够很快地记忆一个电话号码，但由于孤立地死记硬背，再加上受干扰因素的影响打完电话后很快就会忘记。然而，如果把电话号码放在结构中和区（局）、街道的编号联系起来，不但记得快，还能长时间保持在记忆中。奥苏贝尔的上述学习理论对第二语言学习的指导意义在于如下几点。

（1）学习外语主要靠有意义的学习，要多让学生进行有意义的交际活动。

（2）无意义的模仿记忆、过多的死记硬背不适于学习外语。机械的模仿记忆是一种“刻印”式的学习，短时期内有效，时间一长就无效。

（3）外语教学应把精力放在有意义的操练和交际活动方面。

卡鲁尔认为，第二语言是知识的体系，外语学习主要通过对所学外语的语音、词汇、语法的分析理解和掌握语言结构。而运用语言能力将会随着语言在有意义情景中的使用而获得发展。

卡鲁尔认为，“认知一符号”学习理论与听说习惯学习理论不同之处还在于如何学习第二语言的句型。听说习惯学习理论主张通过模仿、记忆、反复操练学习句型，而“认知一符号”学习理论主张学习句型要先理解句子结构，在理解句子结构的基础上进行操练。一位进行认知法实验的教师甚至说，无论句型操练怎样精细，运用得如何熟练，如果对语言内部结构理解不透，那么句型操练的价值是极有限的。日本一位信奉认知法的教师通过自己的实践发现，理解的语言材料重复五回比不理解的语言材料重复十回收效要大。逻辑记忆力强的青年人包括中学生、大学生不同于机械记忆力发达的幼儿。因而，对中学生进行外语教学需充分发挥他们的逻辑记忆力和推理能力。

（四）认知法的基本原则

1. 注重培养学生的语言能力

表面上，认知法的教学目的与直接法和听说法一样，都是为了使学生的语言能力接近于本族语学习者的水平。但是，认知法主要表现在听、说、读、写四种技能之中，它所指的“语言能力”是转换生成语法理论中主张的内化语法规则的能力，而直接法和听说法注重培养学生口语表达的能力。

2. 注重培养学生的创造性思维

认知法的一个重要特点是反对机械模仿，注重培养学生的创造性思维，鼓励外语学习中的创新精神。为此，认知法要求让学生明确每一堂课，甚至每一练习的教学目的，使学生能在明确教学目标的基础上创造性地学习，无论是学习语言知识还是技能训练都强调对内容的理解。

3. 注重学生的认知活动

认知法明确指出，外语教学应以学生的认知活动为主，教师不是课堂的中心。运用直接法和听说法的教师经常主观设计各种教学环节和授课方式，认知法却要求教师在备课时应结合学生的认知特点，根据学生的认知能力进行教学。

4. 注重语法教学

认知法的教学重视语法，必要时可用母语进行教学。它不同于语法翻译法大量使用的演绎法，认知心理学强调教学必须遵循学生的认知，注重掌握知识的认识过程。然而，认知法的语法教学又与语法翻译法不同，它要求通过有意义的练习以达到此目的。

5. 适当地使用学生的本族语

在外语学习的初级阶段，学生的本族语使用得多一些，允许必要、适当地翻译。这样，通过对比确定两种语言的难点和重点，用学生的母语解释一些难以理解及接受有困难的内容来帮助学习。

6. 分析学生出现的错误

教师要正确对待学生出现的错误，分析出现的各种错误，对影响交际的错误加以纠正，忽略一些小的错误，更不要指责学生。过多地纠正或指责容易使学生产生羞愧、怕出错的心理，甚至丧失学习的兴趣。

（五）对认知法的评价

在外语教学法的历史发展过程中始终存在翻译法与直接法两大派别的斗争。到20世纪60年代，这两大派发展成为认知法（作为翻译法的现代形式）与听说法（作为直接法的现代形式）的斗争。听说法与认知法是对立的两种外语教学法体系。这主要表现在以下方面。

听说法主张以下观点。

（1）语言是一套习惯。

（2）重视句型学习与反复操练，重视背诵、模仿和记忆。

（3）从声音到文字，保持学习语言的自然顺序。

（4）排斥母语，采用直接授意的方法。

（5）依靠类推进行学习。

认知法主张以下观点。

（1）语言是受规则支配的创造性活动。

（2）重视对语言规则，特别重视对语法规则的讲解，主张在理解规则基础上进行语言活动。

（3）在学习声音的同时学习文字，四种语言技能从学习外语开始就同时进行训练。

（4）必要时可使用母语。

（5）依靠分析进行学习。

认知法作为听说法的对立面而产生，因而它一出现就受到外语教学法专家和广大教师的重视。认知法经历了曲折的过程，它的出现也必然会遇到一些阻力，赞成者有之，反对者也有之。反对者认为认知法是传统翻译法的翻版，是旧调重弹。由于教学法的试验受诸多因素制约，因此结果不尽一致。单纯地从各自的试验效果来看，很难说孰优孰劣。

翻译法与直接法自产生之日起，长期争论，长期共存。由于时代的需要，教学目标的不断变化，邻近科学发展成果的影响时而流行这一派，时而流行那一派。有的教学法专家形象地比喻这两种方法就像钟摆似的不是摆向左边，就是摆向右边。

直接法也好，翻译法也罢，都不是停滞不前的，每一学派都在吸取当代科学成果和总结实践经验中不断向前发展。认知法来源于翻译法，但不是翻译法的机械重复，而是它的发展和提高。虽然认知法与翻译法基本相同，但认知法克服了翻译法的极端化、片面性，吸取当代语言学、心理学的最新科学成就，使外语教学法更加科学化。因而，认知法被称为“一种经过改革的现代语法翻译法”。

认知法的出现是历史的必然，它的产生有其社会根源和科学基础。这些问题我们在前面已叙述。值得注意的是：提出认知法，倡导认知法，从理论上阐述认知法的几乎都是心理学家，以往的教学法都忽略对学习者心理的研究，正因为认知法的倡导者是心理学家，所以认知法才把外语教学法建立在心理学理论——主要是认知学习理论基础之上，从而使外语教学法走上健康的发展道路。

认知学习理论，即认知心理学是当代心理学的一个重要学派。它吸取了大脑生理学、信息论、语言学的最新科学成果。认知心理学作为认知法的理论基础，无疑使外语教学法建立在更加科学的基础之上。从心理学（其中包括教育心理学、语言心理学、掌握外语心理学）理论论述外语教学问题，这是认知法对外语教学法的最大贡献。

应当指出，作为认知法的理论基础的一些科学尚处在形成和发展阶段，如何把认知心理学和语言学转换生成语法理论应用到外语教学实践中去还需不断探索。因而，认知法作为一个新的独立的外语教学法体系还不够完善，既需从理论上加以论证，又需从实践上加以充实。有的教学法专家认为，认知法与听说法各有优缺点，不应互相排斥，应当取长补短。这两种方法不是势不两立的，而是共存的。其中一种方法往往以自己的教学法为基础，取对方之长，补自己之短，从而发扬自己的优势。认知法出现后，并没有使听说法退出外语教学舞台，相比之下，两种方法都有可取之处，如听说法强调句型操练、培养语言习惯，认知法强调理解，主张有意义地学习和操练。

总之，在教学法的运用和选择上要避免片面性、绝对化、极端化的做法。比如，听说法纠正了语法翻译法重视语言知识，轻视言语实践能力的缺点，有可能走向重实践、轻理论的另一个极端，在提倡认知法时要切忌再犯翻译法的老毛病。认知法虽然产生于美国，但多半用于教美国人学外语，如西班牙语、德语、法语等。英国、美国人在国外或国内教外国人学英语时，基本上不用认知法，还是用听说法或功能法。

第三章　英语教学的内容

第一节　语言知识教学

一、语音教学

《大学英语课程教学要求》对非英语专业学生在语音方面达到的目标并未作出很细致的规定，只是在口语表达能力中笼统地提到“语音、语调基本正确”。实际上，在《全日制义务教育普通高级中学英语课程标准》中，二级的标准是“语音清楚，语调自然”，五级的标准是“了解英语语音包括发音、重音、连读、语调、节奏等内容；在日常生活会话中做到语音、语调基本正确、自然、流畅；根据重音和语调的变化理解和表达不同的意图和态度”，八级的标准是“在实际交际中逐步做到语音、语调自然、得体、流畅；根据语音、语调了解和表达隐含的意图和态度；了解诗歌中的节奏和韵律”。

按照此要求，对于语音、语调的训练应该在中学阶段完成，在大学阶段不必再包括此方面的训练。而在实际中，绝大多数学校的新生达不到这个要求，需要花一定时间进行基本发音和语调的教学。

（一）语音教学的内容

英语语音教学一般包括整个英语语音系统，即发音知识、单音教学、语流教学等方面。

1. 发音知识

发音知识主要是有关发音与发音器官间的关系的知识，如口型、唇形、舌位、唇和舌的运动轨迹、肌肉的紧张或松弛状态、气流的通道、口腔、腭、声带的振动、声音的长度等。适度地教授学生英语发音知识，有助于帮助学生建立起对英语语音系统的管理性认识，为之后的学习打下基础。

2. 单音教学

单音教学主要是指元音和辅音的教学。元音教学要区分前元音与后元音、单元音与双元音、短元音与长元音等；辅音又包括清辅音、浊辅音、鼻辅音、摩擦音、爆破音等。

字母教学通常与音标教学相结合，英语字母与音标容易混淆。因此，它们之间的区分和比较尤显重要。要特别注意区分英语字母表、字母的名称、字母的读音、元音字母表、辅音字母表、字母拼读；音标包括元音分类表、辅音分类表、重音、次重音等。

音标是记录音素的书面符号，看到音标就可以联想起某个相应的音。它的作用相当于对声音的提示。为了方便英语发音教学，现在我国的英语课本和英汉词典多采用了国际音标，用48个音标注英语的48个音素，一个音素用一个音标表示，这样，语音教学就方便多了。英语中很多单词的拼读不规则，学生在遇到新单词时，可以在字典上查到音标，然后读出该词正确的音。当听到一个生单词时，可以用音标迅速记下它的发音，以便之后的查询。音标还可以用来教授语音的其他技巧，如连读、失爆、弱读等，通过视觉和听觉两个渠道的沟通加深加速对语音的把握。对于基本缺少语言环境的英语教学来说，音标教学应该得到应有的重视。

音标教学主要分为元音教学和辅音教学。元音教学首先强调舌位，有意识地感受音所发部位的前、中、后，高、中、低之分。口腔内不足方寸之地要发出20个元音，舌位稍有变化就会变成另一个音，这就要求我们明确不同舌位要发的不同的音。以元音中最难区分的［iː］和［i］为例。初学者常常误以为这两个音是长短之分，其实首先是舌位高低之分，其高低相差不过一毫米。因此要特别仔细地体会舌位的变化。舌头是有弹性的、能伸缩的，要充分利用舌头高、低、伸、缩时在口腔中的不同定位，发好单元音。舌头还是可移动的，利用舌头在发音过程中的移动，发好双元音。其次要强调唇形。教元音时，可以利用口型图、口腔活动模型等，以加强直观效果。教师可一面指图或模型，一面发音，也可利用教具，让学生发音。英语元音字母和元音音素数目差别较大，在教元音时，应把二者结合起来。这样，就需要在单词中教单音，并配合以基本读音规则。读音规则的教学开始时对音节、开音节、闭音节等名词术语不用特别强调，而以读音模式显示读音规则。

在辅音教学时首先要强调声带的振动与否，这是区分清浊辅音的关键。辅音的清浊对语义的影响很大。

学生可以用手去感觉浊辅音发音时喉部产生的声带频振现象，浊音与清音应一起练习。要注意：辅音除了摩擦音和鼻辅音以外，都不能延续。辅音本来就不能单独存在，所以辅音练习应以音节为基本单位。

3. 语流教学

语流教学包括重音教学、节奏教学和语调教学等。重音中的单词重音和句子重音都很重要。重音教学的受重视程度远不如音素教学，很多教师认为重音上出现问题对教学不会有太大的影响。可是，很多学生在读单词时常常出现音对而重音位置不对的现象。其实重音和音素一样，同样影响着语义。因此，在教单词时一定要强调重音，把这一属性作为单词的一部分。

（1）句子的重音教学。

用英语交流时，我们要注意句子中哪些词要重读，哪词不重读。重读的词用以给听者传达信息，不重读的词把这些信息连在一起。我们在用英语交流时，如果每个单词都重读会使听者听不懂我们要表达的意思。除此之外，这样的表达会让对方觉得我们可能生气了，或不太耐烦，或不友好（他们在生气不耐烦的时候才会把每个词都重读）。因此，句子中太多重音是中学生英语语音教学中需要注意的问题。

（2）句子的节奏教学。

节奏教学首先要与重音和停顿联系起来。“掌握英语的节奏，也就是掌握英语的音节所具有的不同长度，懂得英语的音节为什么有长度差别。”我们要知道：在汉语里一句话字数多，用的时间就长，而英语一句话所用的时间是由重音的数目决定的。两个重音之间叫重音间距，这之间不管多少词，所用的时间大致都是一样的。在节奏教学中，教师可以通过打拍子进行练习，像唱歌一样，一拍里不管有多少个字，都要在一拍的时间里说完。

（3）句子的语调教学。

语调是说话音调的上升或下降，即声音的抑扬顿挫或高低起伏。不同语调的话语有不同的含义，所以说话时采用不同的语调就会产生不同的效果。升调表示不肯定的语气和不完整的意思。降调表示肯定的语气和完整的意思。英语句子一般有升调和降调两种基本语调，音也有四种高低不同的程度：特强音、强音、中音和弱音。升和降一般用箭头表示。升调用于一般疑问句中，降调用于陈述句、特殊疑问句和感叹句中。由于汉语的调落在每个单字上，所以句子的调并不严格。一般来讲，汉语不管什么句式，降调使用得比较多，从而导致学生在学习英语时习惯降调，因而语流会显得平淡、呆板和无味。针对这种情况我们应把它作为重点项目进行训练。掌握好语调应用技巧，一方面可使说话人的语音更优美，另一方面也有助于更有效地表达说话人的情感、态度和目的。

英语语音教学的内容不同于英语语法和词汇教学，它有着“显而易见”的特点。由于语音“显而易见”的特点，学生的语音学得如何，只有通过学生用英语说话才能进行判断，这就为语音教学的评估带来了很大的困难。我国的学生英语语音发音普遍生硬难听、缺乏美感，这一点与我国英语教学评估体系中缺少语音评估有着直接的关系，尤其是在全国高考体系中并没有英语语音的评估，这对中国英语语音教学特别不利。要推动我国英语语音教学的发展，首先要对语音评估系统进行彻底的改革。

（二）语音教学的方法

大学英语的授课方式往往是以大班教学为主，这就对教师的教学手段提出了挑战。笔者认为可从以下方面着手进行改善。

1. 将语音语调融入大学英语教学的全过程

在学生刚入大学的第一学期，就对学生的语音语调进行系统的介绍和学习。由于大学英语的周课时往往为四个课时，课时量太少，因此教师可以通过课堂课外的模式将语音语调知识分割为若干部分，分次分批地教授学生。教师在课堂上利用较少的时间对学生进行指导并安排巩固任务，使学生系统地掌握并巩固语音语调的相关知识，随时将语音训练融入课堂教学中。

2. 灵活运用多媒体教学

结合当前对听说能力目标的要求，尽可能多地让学生接触真实自然的语言材料来习惯英语的语音语调。教师可以运用多媒体教学手段，增加有趣的电影对白、绕口令、英文歌曲等，使学生在教师的指导下进行课堂和课后的模仿，由教师进行模仿检查。同时，可以辅以英汉语音比较教学，使学生通过已有的母语知识更好地掌握英语语音。

3. 开设英语语音选修课

为了解决学生学习水平参差不齐的问题，学校可开设不同等级的语音选修课。本课程是在学生已有的英语知识和能力以及学生已有的英语口语能力基础上开设的，课程的主要内容通常是基于发音基本方法和规则的讲解以及大量的模仿和练习。因此，它是一种补偿性的课程，在有限的教学时间中，不可能也没有必要做到面面俱到，要针对学生英语语音方面的弱点来组织教学。

4. 努力培养学生的自主学习能力

因为教师在有限的课堂时间内给予的相关指导并不能替代学生的实际操作和训练，所以必须培养学生的自主学习能力，有效利用已有的网络自主学习平台，建立合作学习机制，使学生能在课后配合听说训练有意识地、主动地开展语音语调训练。

5. 教师应当努力提高自身的语音语调水平

提倡终身学习，不断充实自己，提高判断能力，这样才能保证取得良好的教学效果，才能很好地带领学生取得进步。

二、词汇教学

《大学英语课程教学要求》对词汇量的要求：一般要求的英语能力推荐词汇量应达到4795个单词和700个词组（包括中学应掌握的词汇）。其中，2000个单词为积极词汇，即要求学生能够在认知的基础上从口头和书面表达两个方面熟练运用的词汇；较高要求的英语能力词汇量应达到6395个单词和1200个词组（包括中学、一般要求应掌握的词汇），其中2200个单词（包括一般要求应该掌握的积极词汇）为积极词汇；更高要求的英语能力词汇量应达到7675个单词和1870个词组（包括中学、一般要求和较高要求应该掌握的词汇，但不包括专业词汇），其中2360个单词为积极词汇（包括一般要求和较高要求应该掌握的积极词汇）。

（一）词汇教学中存在的问题

我国传统英语教学是把语言教学分为语法教学和词汇教学。课堂上，教师花费了大量的时间讲解词汇；课下，学生把大部分时间用在背单词上。虽然这种方法不被当今教学法接受，但大多数学生还是延续了“学英语就是背单词”的习惯。可是为什么多数语言研究者还是说学生的词汇量不够呢？问题主要体现以下两个方面。

1. 教师方面

首先，教师在词汇教学中存在错误的观念和做法，认为学习和记忆词汇是学生自己的事，在讲解课文时，多重视句子和篇章的讲解，即便是花费课堂时间讲授单词，也只是停留在单词读音、基本用法等表层，对词源缺乏系统地介绍，也没有比较其文化内涵同母语的区别。教师没有帮助学生逐渐形成适合自己的行之有效的单词记忆方法。教学实践证明，教师要在语境中教学，这样才不会使学生觉得单词只是一连串毫无联系的符号，学起来枯燥无味又很难记住，从而使学生产生厌学情绪。其次，教师在讲解词汇的同时要重视文化教学。因为文化辨析是词汇教学的一个重要组成部分。英汉两种语言反映着两种不同的文化内涵，有同又有异。因此，缺乏文化对比则会直接影响语言的习得，甚至会造成理解上的误导。

2. 学生方面

当代大学生都认识到了词汇学习的重要性，也很重视词汇的学习，于是就花大量的时间去背词汇。然而，由于方法不当，效果却不尽如人意。笔者经常遇到一些学生抱怨词汇学习往往事倍功半，有的甚至在英语词汇记忆所花的时间比学习自己的专业所花的时间还多，每天死记硬背所学的词汇，如果记忆失败就统统归咎于自己的记忆力差或自己努力不够。再者，学生在记忆单词时往往只单纯地背诵词汇表，不留意单词出现的上下文。他们只记住单词的一个或两个中文意思，不知道其固定搭配、习语和常用表达，结果导致只能读懂文章，而在写作或口语中不知用哪个词更准确。要知道，词汇表或者词典上对单词、短语的解释是死的，语言的运用却是活的，机械记忆会造成很大的误解。词典不是最重要的，关键在于语境。可以说，单词本身没有多少实际意义，机械记忆的单词量再大，也不能真正提高外语水平，所以学生要掌握行之有效的词汇习得策略。比如，不要只停留在对词汇读音、拼写的掌握和基本意义的理解上，要能够准确地把握语境，深入地体会和理解词的关联意义，即内涵意义、文体意义、情感意义和搭配意义。也不要死记硬背词汇表，要能向词汇知识的深度发展，从而彻底解决“背—忘—背—忘”的过程，保持学习热情。

（二）词汇教学的方法

根据词汇习得和词汇教学研究的成果，结合二语习得的理论，我们提出下面一些词汇教学可操作性的策略供教师们参考。当然，作为教学一线的教师还可以根据相关理论和自己的教学实际与经验提出更符合实际词汇教学的策略。

1. 使用直接法和间接法学习词汇

在英语词汇学习中，良好的学习策略有助于学生形成积极的学习态度，也能把学生的积极性转化为独立获取更多词汇的能力。在二语词汇习得领域，研究者把词汇学习方式分为直接学习和间接学习，或称作有意识学习和伴随学习。

直接学习是学习者做一些能将其注意力集中在词汇上的活动和练习，根据不同的任务完成相应的词汇练习。直接学习不仅要求学生掌握这些词的意义，还要掌握这些词的更深层次的含义，如单词的意义、词法、句法及搭配知识。通过练习，学习者的词汇习得经历了从认知到运用的缓慢发展过程，不仅认识了这个单词，还能准确灵活地使用它。间接的词汇教学就是通过读、听、说等教学活动，间接地扩大学习者的词汇量。要使学习者获得准确理解和使用词汇的能力，教师要教会学生在交际过程中学习词汇，即通过间接的方法学习词汇。特别是随着学生英语水平的不断提高，其对词汇的猜测能力及间接学习能力也在不断提高，比如通过阅读、看电影等也能间接习得词汇。但这种学习方式只适合高频词汇的习得。

对于词汇的习得而言，这两种方式应是互相结合，学习者应该注重和强化词汇信息的输入。当今的语言输入途径有很多，除了书本以外，还有电影、电视、电脑、网络等媒体。这些现代技术手段不仅增强了学习者学习的主动性和教学内容的针对性，还极大地改进了教学方式、教学手段和教学方法，对词汇学习产生积极影响。

2. 利用语言输出活动学习词汇

在说和写的过程中，特别是在聚焦意义语言输出的交际活动中巩固所学的词汇。说和写都是语言输出活动。根据斯温纳的语言输出假设，语言产生（语言输出或称说和写）在某种情况下构成二语（外语）学习的过程，有促进二语（外语）习得的作用。通过说和写，我们不但能练习词汇的发音、拼写及使用时要注意的规律，同时也会注意到我们是否能正确使用词汇，使用时会出现哪些问题，词汇的哪些问题我们还未能掌握（语言输出的两个功能，即练习功能和对语言形式注意的功能）。明确聚焦意义的说和写对词汇习得的作用，我们应在课堂教学或课外练习中多让学生练习说和写。说和写的形式已在相关章节中有具体的论述，这里不再赘述。我们想要强调的是，可在说和写的任务中要求学生使用某些词汇、短语、固定搭配和一定的句式，以使他们更注意词汇的形式、意义和用法。

3. 培养学生词汇学习的策略

在语言学习的过程中，来培养学生学习词汇的策略。不管我们是使用间接的方法还是直接的方法学习词汇，即附带学习或有意学习词汇，我们都要使用一定的学习策略，从这个意义上来说，词汇学习策略的培养直接影响到词汇学习的效果。在培养学生的词汇学习策略时要懂得策略本身并无好和坏之分，只要在一定的情景下使用恰当，都是好的策略。

4. 使用词块法学习词汇

利用合成词、派生词等总结和记忆单词。能根据所学的词汇构成方法和特点来猜测、判断和记忆单词，这样可以使单词的记忆更加轻松。因此，在词汇教学中，教师应该注意帮助学生提高自我探究、自我发现、自我总结的能力，训练学生的单词记忆能力。

三、语法教学

语法是语言的框架，是赋予语言以结构形式，是对语言存在的规律性和不规律性的概括描述，是词形变化规则和用词造句规则的总和。语法教学会高效率地帮助语言学习者清楚地了解目标语言的语法规则和句子结构，规范语言的实际运用，并使之富有逻辑性。我们学习语言时，无时不受语法规则的支配。因此，具备扎实的语法知识，可以更快更准地进行各项语言实践活动。

在大学语法教学过程中，因为很多语法知识是学生在中学阶段就已经获得的，所以，冗余重述是毫无意义的，学生必然会出现被动、消极的学习态度。这就要求教师在教学中应当根据学生的具体情况采用灵活多样的教学方法，激发他们的学习积极主动性，使他们对英语语法形成全面、系统的认识，并能对语法现象作出正确、合理的分析，最终提高他们的英语学习水平和实际运用能力。

（一）语法教学的原则

语法教学应该在一定的原则指导下进行。以学生为中心，采取灵活多样的教学方法，精讲多练，使学生不但能够在具体使用语言过程中全面系统地掌握语法知识，而且能够提高语言的综合运用能力，同时又培养了交际能力。那么，英语语法教学究竟应该遵循什么教学原则呢？

1. 英汉对比原则

我国的学生学习英语语法必然会受到汉语的影响，而英语语法和汉语语法有着很大的区别，概括地说，英语多长句，汉语多短句；英语重结构，汉语重语义。所以，英语语法教学必须注意这一事实，使用对比的方法，使学生对汉语和英语之间的差异产生敏感性，以加强汉语对英语学习的正迁移作用，从而加速学生英语学习的进程，提高英语学习的效率。

2. 循序渐进原则

无论何种教学的开展，我们都要遵循循序渐进原则，因为它符合我们认识事物和接受事物的规律。所以，在英语语法教学中，教师也应充分了解和掌握中学语法，在进行语法教学设计时，要根据不同水平的学生的不同教学要求，确定不同的教学内容，采取不同的教学措施。

3. 交际性原则

语言是为交际服务的，真正的语言能力是在交际活动中培养出来的，因此在语法教学中应体现出交际的部分。语法不应该在孤立的句子中进行，而应是在真实的交际活动之中再现。教师在教学过程中，应以教学内容为中心，模拟真实情境，让学生在贴近生活实践的语言材料中感知、理解和学习语言，在语言交际实践中，熟悉语言结构，发展言语技能，培养交际能力。

4. 实用性原则

实用性原则是指语法教学应以服务于实际应用为出发点，不求面面俱到，但应突出重点。这就要求教师在语法教学过程中详略得当，有主有次，对于如定语从句、语态、虚拟语气等常用语法应结合课文和练习进行系统讲解与反复操练。

5. 多样性原则

语法教学要改变其在学生心目中的形象，其方法就是要注意变化性。变化性包括活动的变化性、话题的变化性、课堂组织的变化性、评价的变化性以及教师指令的变化性。这样可以激发学生的学习兴趣，使原本枯燥的语法变得生动有趣。

（二）把语法知识贯穿在教学活动中

语法教学是非常有必要的，但并不是说一定要专门给学生开设语法课程，而是把语法教学融入整个英语教学之中。所以，语法作为英语的一部分，可以与听、说、读、写、译能力的培养相结合，我们可以根据英语各方面技能训练的方式来强化我们英语语法的学习。

现代语法教学不是强调反复地机械操练，而是强调引导学生对某一类语法结构的理解和运用，因此利用已有的教学资源，将语法教学与读、写、听、说教学结合起来是完全可行的。但在设计教学活动时，教师要清楚学生在中学学过哪些语法内容，学习的深度和难度如何，哪些内容需要深化，哪些内容需要补充。比如对于虚拟语气的使用，学生在中学时已经有所接触，也比较熟悉虚拟语气中的动词变化规则，那么在大学语法教学中教授虚拟语气，就不能只停留在形式层面，而是要上升到语用层面：使用虚拟语气向别人提出建议时可以使语气委婉，比使用祈使语气的效果要好。

教师也可以围绕某些语法形式，设计一些口语活动，进行一些联系社会现实的交际活动，从而培养学生在真实的语言环境中运用语言的综合能力。运用诸如角色表演、辩论、演讲、自由讨论等活动方式，让语法知识转化成灵活的口语形式。教师也可以给出一个特定的情景和相关表达，让学生编出故事。运用所学的语法规则进行自由表达，这种教学方法不仅可以活跃课堂学习气氛，调动学生学习的积极性，而且有助于提高教学质量和学习效率。

第二节　英语技能教学

一、听说教学

无论在什么样的场合都能流利而自信地表达自己的思想是人类的基本需求，也是教学的主要目的。听说是一种非常有效的学习工具，是所有其他能力发展的基础，也是学习的基础。通过听说，学生可以学习概念、扩充词汇、理解语言结构。教学的有效性在很大程度上依赖于学生的口头和笔头表达能力。没有一定的听说能力，学生则难以适应课堂教学。培养一定的听说能力是教学的最基本要求，但听说能力的培养一直以来被忽视。随着交际教学的推广，听说教学也越来越受重视，对于听说教学的研究也越来越多，本节将重点介绍有助于听说教学有效开展的教学策略。

（一）大学英语听力教学的现状

1. 大学生英语听力现状

我们发现，学生存在的听力问题可以分为三种：第一种是“听不清”，即对单词的发音、英语的语调特征、说话速度不熟悉，造成不能有效地获取信息；第二种是“听得清却听不懂”，这是对于英语的句法结构、文体特征、篇章逻辑不了解和缺乏听力技巧造成的障碍；第三种是“听懂了却无法理解”，这是由于学生的知识结构、文化背景与所听材料的差距过大的。那么，造成学生听力理解困难的因素就可以总结为词汇障碍、语音障碍、语义障碍、听力障碍、心理障碍、文化悟力障碍。因此，听力教学的内容既应该包括语言知识，也应该包括文化知识，还应培养学生对听力策略的掌握与运用。

2. 听力教学存在的问题

（1）缺乏合理的班额规划。

目前，在大班额条件下大学英语听力课程的教学效果并不理想，这主要是由两方面原因造成的。第一，班级人数太多。一般情况下，大学英语听力课每个班级的学生人数过多，会使大学英语听力教学面临极大的挑战和困难。第二，学生的听力水平参差不齐。有些学生听力基础差，没有掌握正确的学习方法；有些学生的语音语调存在很大问题，因而很难听懂正常语速的听力材料甚至已经学过的常用词。因此，教学效果不理想，教学质量不高。面对这种情况，教师应该主动探索有效的分层教学方法，提高大班额条件下大学英语听力教学的质量。

（2）缺乏恰当的正误反馈。

在大学英语的听力课堂上，很多教师的做法是提出问题、全班听、个体回答，并立即给出关于正误的反馈。这样的即时反馈往往无法树立学生的自信，相反还会打击学习者的自信。所以，教师在学生练习听力过程中要对学生所做的每一次尝试都给予肯定，多鼓励和赞扬，巧妙地给出答案，增加他们听力的机会。

（3）缺乏适当的课堂活动。

大多数教师在听力课上拘泥于“听听录音、对对答案、教师解释”的授课模式，没有设计课堂活动。其实，听力课堂的教学活动往往可以根据单个的听力任务来制定。而很多听力课堂仅有讲解新单词这样一个听前活动，听后活动又只有关于听力练习答案正误的反馈。

（4）缺乏正确的听前指导。

有些教师把听力教学当作考试训练，不给学生做相应的指导，就直接播放教材中的听力任务，对于听力教学中的生词也不做说明，而学生在对话题不熟悉、没有相关的背景知识做铺垫的情况下，就会在听力教学中产生挫败感。所以，教师要适度把握听前的引导，识别焦虑并注意提供积极的课堂经历。

（5）缺乏良好的听力策略。

听力课堂上应该要进行听力策略的指导，这样可以改善学生的表现。教师应该具有创造一种元认知策略的意识，并培养学生关于此种策略的习得，尤其是培养学生听录音以获得信息并完成一项理解任务的能力。

（二）大学英语口语教学的现状

1. 应试教育的负面影响

我国英语教学一贯是以教师为主导，以语言知识为中心，以阅读为主要的学习途径，以词汇量为目标，这仿佛已经形成了一种根深蒂固的英语学习文化。所以大多数学生在进入大学前很少接受过系统的听、说训练，英语口语水平很差，这导致多数学生在课堂活动中不愿张口，而把注意力过多地集中在做题技巧上，以应对课程考试以及四、六级考试。

2. 教学理念与教学模式陈旧

尽管教学要求规定要加强听、说能力的培养，提高学生综合应用英语能力，但是相当多的大学英语教师在教学中仍然把重点放在知识传授与阅读能力的培养上，热衷于讲解词汇和语法，不重视口语训练。虽然随着大学英语的教学改革，英语教学的重心已由传统的以“教师为中心”转向以“学生为中心”，但在英语教学中部分教师一味强调自主性学习，把教师的作用看得很低，尤其在口语课堂上，为了强调以“学生为中心”，有些教师就把口语课变成了英语角，任由学生自己讨论，或让学生作报告演示。这样忽视了教师是课堂教学的设计者、控制者与参与者的角色，教学效果并不佳。由此可见，不当的教学理念和教学模式也是制约大学生口语能力发展的重要因素之一。

3. 情感因素的不良影响

通过调查发现，越来越多的学生已经意识到自己在听、说能力方面的不足，同时也感受到了各级各类英语考试和就业形势对自己这方面能力的严格要求，因此他们对于教学中加强听、说教学相当渴望。但不少大学生虽然已经认识到英语口语交际能力的重要性，由于缺乏自信而不愿开口，怕说错，怕受到老师的责备和同学的嘲笑。这种缺乏自信甚至恐惧的心理也阻碍了口语交际能力的提高。

4. 课时有限，师资缺乏

大学英语教材内容繁多，包括精读、泛读、听力和快读等。教学内容多与课时不足的矛盾很难解决，不少学校的精读课和听力课都无法保证，又如何进行口语训练，培养学生口头交际的能力呢？再者，现在大多数高校的大学英语教学班为45人，有的多达60人及以上，学生拥挤一堂听老师讲单词、语法、分析文章、做练习题，很少能够得到自己锻炼的机会，即使教师在课堂上留出部分时间用于口头训练，但时间有限也无法保证每个学生都有开口的机会。久而久之，导致学生由不能张口到不愿张口最终张不开口，从而丧失了学习英语的自信心。

（三）大学英语听说教学改革实践

如何提高学生的听说能力成为大学英语教师面临的首要问题，那么该如何通过教学活动有效提高学生的听说能力呢？通过多年的实践和探索得出，在明确学生主体地位、教师主导地位的前提下，要发掘一切可以利用的方法、手段服务于大学英语听说教学，才能切实提高教学效率和质量。

1. 教师主导地位的实现

（1）明确要求，激发内因，提升学生学习的主动性。

大学英语第一课：定位（orientation）。教师先对学生提出诸如“Do you like English? How did you learn English in High School? What do you suppose college English will be in the following two years?”等问题。并随后通过调查，逐步了解学生。学生总体认为自身听说能力薄弱，同时迫切希望通过大学阶段的英语学习提高听说能力。教师因势利导，指出大学英语与中学英语学习的方式不同，从而适时提出大学英语重在学生个人自主学习，而非教师的传授。这样做到统一认识，增进共识，树立发展目标，协同进步。

（2）采取多种形式，创造学生开口的机会。

①从模仿入手。选用语感、节奏感强的素材，让学生从听熟语音、语调入手到跟读，直至大声朗读，甚至背诵。比如，其中有极强震撼力的语句“I must do it！ I can do it！ I will do it！ I will succeed!”既能引发学生共鸣，同时也提升其自信心。

②看图说话。借鉴北京市英语口语等级证书考试，公共英语考试及四、六级考试的口试部分，设计图片，训练学生看图说话。首先是师生一起寻找图片上的文字信息，从而明确图片所要传达的主要内容。其次是指导学生如何观察图片，分析图片上的人物、事物，找到彼此关联。最后是要求学生寻找合适的句型、词汇，进而用英语准确表达出来。这实际上是对学生综合能力的考查，不仅仅是语言层面的学习。

③利用所学单词、句型，结合个人实际，两人或多人合作创造对话，共同练习。学会的前提是会应用，不受课型的限制，鼓励学生多练习所学句型，可以自设情景，最好能切合学生实际，同学之间合作，开展脑力激荡，巩固所学。

④口述日记的形式。尤其是在节日或假期之后，第一次上英语的时候，要学生口头叙述假期中发生的事情。这样学生有实感，并且感觉还很新鲜，有话可说，比较愿意与大家分享。

⑤复述视频材料。《新世纪大学英语系列教材视听说教程》特色部分即情景喜剧《城市生活》（*City Living*），讲的是来自六个不同国家的六个年轻人在美国纽约的生活情景，人物性格和个性特征鲜明，情节生动、有趣，语言幽默，故事引人入胜。原书只设计了猜情节、判断正误及听写填空练习，结合四级机考的新形势，提出要学生口头做英文概要（summary）。即看完视频后，概述内容。要求复述概要时能回答诸如“Who，What，Where，When，Why，How”等问题，不仅考查是否看得懂，还考查是否说得明白。

（3）调动一切因素，服务听说教学。

①结合学生特点，与学生找共同话题，发掘有效措施建立新型的师生关系。即改变传统意义上单纯的授课者和听讲者的角色，要与学生交朋友。由于年龄上的差距，难免有所谓的“代沟”。要尝试与学生找到共同的话题，多跟踪最新的资

讯、新闻，了解学生的兴趣、爱好。同时多读有益的书籍、杂志，比如《大学生》《新东方英语》等。这样不仅能使教师更进一步了解当代大学生的学习、生活状况，还可以从中发现彼此感兴趣的话题，开展深入的讨论，甚至引发辩论。

②拓宽学生视野，贴合题目主题。通过对以往考题内容加以分析，发现题目编写者的关注点与偏好，比如近些年对环保问题的关注；还有由于出题者都为英语语言学方面的专家，对语言学的内容也常有涉及，比如关于乔姆斯基的听力短文。适当增加热点及时事类、语言学、教育学甚至心理学方面的听力材料，进行课堂讨论等口语演练，从而拓宽学生视野，同时有助于提升备考自信心。

2. 学生主体地位的体现

（1）明确自身语言状况，找出解决对策。

学生以往会认定自己英语听说能力很差，因缺乏自信而羞于开口。由于他们对自己的语言面貌并不是十分了解，对究竟什么地方差，自己说出来的英语究竟是什么样的，不能做到心中有数。鼓励学生利用现代录音手段，自己录音，自己听，从而勇于正视自己，发现问题，进而解决问题。其实主要的问题是语音不过关，自己说不准，自然听得就吃力，最终影响到听力理解。尽管在中学阶段都至少学了六年英语，但很多学生的语言基本功并不扎实，还需要下大工夫提高自身语言水平。

（2）培养良好的学习习惯。

每天都要确定一定的英语听说时间，可以自我管理，也可以小组协同管理，甚至全班同一时间、同一场所共同学习。在小组课外学习的基础上，开展晨读，引入竞争机制。一日之计在于晨，抓好早起的有效时机，让学生提早进入学习状态，并且在大一新生中开展，从而延续中学的作息制度，易于接受，并利于管理。

（3）建立课堂演示制度。

进一步给学生提供展示的机会，让他们面对全班同学，真正做到自主：从一开始的准备选题，到之后的寻找素材，再到整合素材、取舍素材，到最后的呈现，完全由学生自己决定、自己做主。这也是一个张扬个性、表达自我的舞台。

（4）强化课外自主学习，挖掘学生潜力，增强课堂教学效果。

学生自主能力的培养应遵循循序渐进、自上而下的原则。由教师根据入学成绩及课堂表现，指定4～5个学生组成学习小组（教师根据情况随时作出调整）。由一人做组长，在课上分工合作。比如，讨论时，大致确定由谁整理、整合资料，由谁主讲，由谁记录，等等。课下共同学习，互相考查，彼此激励，形成机制，提高学习效率，提升自主学习能力，同时激发各自潜力，共同进步。

（5）开展网络自主学习。

能否有效利用网络也是考核学生学习有效性的手段。向学生推荐英语学习网站，同学之间互相推荐。当然，最简单的莫过于网上听力素材的获取，比如VOA

Special English，BBC和CNN。还可以找外国朋友进行网上聊天或网上互动游戏。有些网站有训练听力的音频或视频材料，却缺少英语听力原文，可以要求自己边听边写，或者几个同学打擂台，听写并记录原文，从中找出最为精确的记录者。当然，学生在校期间，比较直接并便捷的方式是登录英语学习平台，欣赏最新的英语电影、电视剧和科教纪录片。

二、读写教学

（一）大学英语阅读教学的现状

1. 教学模式不当

大学英语阅读教学有两种主要的教学模式。

第一种是以语言形式学习为主的教学方法，它认为阅读课就是学习词汇和语法，只要能读懂句子，就学会了语篇。这种教学方式教师只要借助教参和字典通览全篇，弄清楚文章的主要脉络和词义、句义即可，同时这种方式对于学生通过考试也有立竿见影的作用。然而，这种阅读教学方式只侧重对文章词汇、习语、固定搭配、重点句型等的掌握，不能引导学生对整个语篇进行掌握，了解文章的语篇结构、写作意图、主题意义等。此外，这种教学模式通常采用一种传统的灌输型教学方法，不能启发学生创造性思维，也很难调动学生学习的积极性。

第二种是以语境和功能为主的教学方法，它注重对语义的理解、知识面的扩大、语境特征的掌握，不注重对基础的词汇和语法特征的学习。在这种阅读教学模式下，教师通常让学生快速阅读语篇，然后讨论语篇的主题意义、交际目的、语篇结构等。在这种阅读教学过程中完全忽略了对基本语言形式的学习。但在大学英语教学过程中，很多教师发现有相当一部分大学生在口语表达和写作训练中经常出现词汇的拼写、语法错误等语言形式上的错误，这显现了学生的英语语言的基本功并不扎实。

可见，这两种英语阅读模式在一定程度上都存在较大缺陷。要想既能提高学生在语言形式上的英语基本技能，又能在语篇和语境上有较高的把握能力和鉴赏能力，需要有一种能够将语言形式分析和语境分析有机结合的新型阅读教学模式来指导英语阅读教学。

2. 学生自身不良的阅读习惯

（1）见生词就查字典。

有些学生在阅读文章时，一遇到生词就停下来查字典。本来按照上、下文的意思进行推测是完全可以理解的，但就是不愿意那样做，生怕出现错误，这实际上是对自己没有信心。这样的阅读大大降低了阅读速度，使自己阅读到的内容支离破碎，很难理解阅读到的信息，阅读效率不高。

（2）过分注意语法。

有些学生在阅读时明明读懂了，却死抠语法，非要把一个句子肢解成各个语法术语，这类学生的错误在于没有真正明白语法在语言学习中的地位和作用，忽视了学习语法只是过程，是为了更好地学会使用语言，而不是学习的最终目标。要克服这个问题，必须让学生认识到死抠语法的害处，即会使学习者死钻“牛角尖”，忽略学习语法的最终目标是借助语法进行交际，落脚点是理解和表达交流的内容。语法知识的掌握是靠针对性学习的结果，在实践中用来解决疑难问题，而不是见到什么句子都用语法规则去套，这样不是学习语法的目的。

（3）边读边译。

在阅读时，许多大学生总是以自己的母语来思考，恨不得将每个句子都译成汉语，这不仅会影响阅读速度，也会使自己陷入阅读的误区。因为中文和英文的词汇并不一一对应，它还受到社会制度、风俗习惯、思维方式、价值观念、宗教信仰、道德标准、生活方式等影响。因此，在学习英语时，我们要学会用英语的文化模式进行思维。此外，教师还可以利用快速阅读训练帮助学生摆脱这种不良习惯，因为快速阅读的文章难易适中，要求学生在规定的时间内完成，这样学生就没有时间去重复翻译，其也会逐渐地学会用英语思维了。

（4）慢读加声读。

许多人在阅读时，常常喜欢慢吞吞地用手指着文字，轻声地念出来，或嘴上不念出来，心里却在发出读音。他们以为，这样慢慢地读，就会对文章信息了解得多，理解程度也越高，其实则不然。例如，看一篇文章（英、汉均可），人们就会发现，快速无声的阅读更能使读者抓住文章中心，了解文章里的信息，而那种慢读加声读的不良习惯反而阻碍了读者对文章的理解，因为它过分依赖言语而非语意，这对阅读效率的提高是十分不利的。

（二）大学英语写作教学的现状

近年来，国内很多英语教育者研究发现，造成大学生英语写作能力不理想的原因有很多方面，如大学生英语词汇量很大，但在用英语进行写作时想不起来恰当的词汇，或使用不当的搭配；此外，教师课堂上不重视写作技巧的讲授也是大学生写作能力很难提高的一个重要原因。下面从学生和教师两个方面分析大学英语写作教学现状。

1. 学生方面

在传统的写作教学中，学生所接受的基本上都是词汇、语法、句型等知识技能的训练。学生习惯用汉译英的模式，很多学生一看到作文题，就先用汉语打一草稿，继而逐句翻译，按汉语句子的模式生搬硬套。由此写出的文章结构不清，句型单一，内容缺乏连贯性，更谈不上并列、转折、让步、因果关系等连接手法及修辞手法的使用。有的学生即便是灵活掌握了词汇、句型和写作技巧，但思维较为混乱，想到哪写到哪，文章逻辑关系松散，文章内容缺乏思想，深度不够。

2. 教师方面

在写作教学方法方面，由于受学时限制，四、六级写作教学基本上采用结果教学法。教师在有限的课堂教学中为学生提供不同类型的范文，在对范文稍加讲解之后就要求学生参照范文模式，在规定的时间内利用课外时间完成写作任务，最后由教师进行批改和讲评。这种教学方法基于行为主义理论，整个教学过程就是从刺激到反应的过程。这一教学方法把写作教学的重点放在了写作结果上而忽视了写作过程中本应具有的创造性，从而以应试为目标，采取短期突击强化的做法，放弃了写作的正常训练。

此外，教师对于学生写作练习的批改也存在较大问题。大部分教师在批改学生作文时把注意力集中在学生的英语表达错误上，批改中往往指出学生作文中的语法错误、拼写错误、词语用法错误等问题，却未能对作文中的内容结构及篇章结构作出必要的点评。这种批改方式在一定程度上造成了学生过于注重语法、拼写、标点，而在表达思想内容时被上述问题束缚了手脚，从而谈不上文章的篇章结构及内容质量上的提高。

（三）大学英语阅读教学实践

1. 运用互动模式提高阅读能力

随着阅读理论的发展，古德曼和史密斯根据心理语言学理论，提出自上而下模式：阅读者不是逐字逐句阅读，而是根据其知识图式、背景知识对文章进行预测。这种模式对于提高理解力确实有帮助，但这种方法也有其局限性。阅读不是一种机械活动，而是读者与作者的交流。研究发现，不擅长阅读的人在阅读中不能激活知识图式。如果缺乏必要的背景知识，也无法对下文进行预测，即使勉强这样做，所花时间甚至超过自上而下的逐字逐句阅读。

这种方法吸收了上述两种方法的优点，克服了其缺点和局限性。在阅读教学中应把这些技巧与基础教学相结合，逐步提高学生的阅读能力。首先，培养学生自上而下处理信息的意识。不能再是搞“填鸭式”的课堂教学，而是要给学生提供背景知识，如作者介绍、与文章有关的历史和文化知识、文章体裁（议论文、说明文、描写文、记叙文）等。然后要求学生根据文章题目、首末段、段首句，预测文章内容，想象文章主题。其次，帮助学生学会运用以前的阅读方法（略读、寻读等），浏览全文，把握文章的主题，再与第一步预测对比，以确认预测的效果。最后，鼓励学生开展合作学习，如分组讨论，确定文章段意、主题思想，鼓励学生对文章发表见解，等等。

2. 采用互动式英语阅读教学模式

互动式英语阅读教学模式，可以避免传统英语阅读教学模式的各种弊端，是一种优化英语阅读教学过程的教学模式。在教学过程中不仅师生之间相互交流与反馈，而且学生之间的相互交流与促进也得到了强化，具有多向交往性。教学过程中教师处于主导和倡导地位，是指挥者，同时也是参与者。学生处于主动地位，是信息的接收者，同时也是创造者和传播者，真正实现教学过程中信息来源的多元化。总之，互动式英语阅读教学模式是以自主学习、主动参与为基础，以合作学习为重要方式，以培养创造性思维能力为核心、发展智能为目标，师生之间多层次、多元化、交互式往返联系的一种英语阅读教学模式。

总之，阅读是一个特殊的感知和理解的过程。从根本上说，没有什么捷径可以将阅读教好、学好。作为教师，我们只能不断总结教学经验，探索不同的教学方法，利用各种教学法提供的思路，创造适合自己的教学风格和满足学生需要的教学方法。

（四）大学英语写作教学实践

不同的写作教学理论应用于课堂教学实践，表现为不同的教学技巧。下面主要介绍常用的三种英语课堂写作教学模式的操作过程。

1. 以结果教学法为主导的课堂操作步骤

结果教学法一般把写作分为以下四个阶段。

（1）熟悉范文（familiarization）。教师解读范文的修辞手法、写作技巧、结构模式和语言特点。

（2）控制性练习（controlled writing）。教师就范文中所体现的相关常见句式要求学生进行替换练习，学生在教师指导下渐渐过渡到段落写作。

（3）指导性练习（guided writing）。学生模仿范文，使用经过训练的句式尝试写出相类似的文章。

（4）自由写作（free writing）。学生可以自由发挥，内化写作技能，为真实交际写作做准备。

2. 以过程教学法为主导的课堂操作步骤

过程教学法大致可以分为以下步骤。

（1）输入阶段。输入阶段包括头脑风暴、阅读、拟提纲、聆听、调查报告等多种构思活动，这些活动可以帮助学生获取写作资源，收集写作素材以及体验构思的不同方法。

（2）写初稿。写初稿是进一步整理思想、确定写作内容的过程。此阶段要求学生将自己的构思用语言表达出来，重点放在内容的表达上，不必过多考虑构思的句子是否正确、选词是否得当等语言形式问题。写初稿也是一个反复进行的思维创造过程，作者应反复构思、修改直至完成初稿。

（3）同学互评。以小组为单位，让学生对照评价表或教师提供的问题对同伴的作文进行评价，评价的着眼点落在作文的内容上而不是作文的语言形式上。

（4）写二稿。写二稿时，主要以同伴反馈的信息为依据。要力促作者把同伴的反馈和自我反馈的结果结合到修改稿中。写二稿要注意以下一系列问题：主题是否突出、内容是否充实、段落安排是否合理、文体是否恰当、句型是否正确、是否有语法错误、用词是否得当、表达是否准确、内容与目标是否一致、细节是否典型和充实、文章是否有条理、大小写和拼写是否正确等。

（5）教师批阅和师生交流。教师收集学生的二稿进行评价。教师可根据写作训练的目的一次重点评价一个方面的问题，如语言形式、结构、内容等。教师在批阅时采取鼓励为主的方式，以便培养学生对写作的积极情感。教师还可以采取跟个别学生进行交流的方式对学生的作文进行评价，也可以选取个别学生的作文进行全班评价。

（6）定稿。学生把从各方面收集的意见汇总后重新修改并完成最终的作品。在课堂实际操作中，上述步骤中的（1）、（2）、（3）和（5）是必不可少的，（4）和（6）可以在课后完成。

3. 三段写作模式的操作步骤

目前比较流行的写作教学模式是包含写前、写中和写后的写作课堂教学模式。

写前活动：激活灵感，激发兴趣，明确目的和读者对象，讨论主题，搜集素材，语言准备，阅读范文，写提纲。

写中活动：写初稿，规划文章结构，填空，看图作文，图文转换，仿写，连句成文。

写后活动：自我修改，相互修改，个人或小组面批，检查语言、文法、逻辑、用词、润色，制作板报、墙报。

三、翻译教学

（一）翻译与英语学习

翻译实践是对英语学习者语言运用能力的一种检验，同时也有助于促进英语能力的提高。英语能力的提高反过来又对翻译的质量起到积极的作用。翻译的过程是一个综合思考的过程。在翻译实践中，译者不可避免地要考虑到词汇的用法、句式结构的使用以及诸多的文化因素。增强英语学习能力可以有效地培养译者的语言素养，提高翻译的质量。

1. 翻译有助于更深刻地掌握英语词汇、避免死记硬背

面对大量的英语词汇，脱离语境去死记硬背是目前很多英语学习者的做法，

其结果是事倍功半，造成学习与应用的脱节。翻译的过程是一个深层次理解词汇的过程，离不开对原文语境的思考，在实际语境中确定译者的立场，在诸多的意义中不断推敲、选择，这种思考、推敲及选择过程其实也是一种学习、记忆的过程。

2. 翻译有助于了解中英文语法、句子结构差异语言的对比

英汉两种语言来自不同的语系，汉语属于汉藏语系，而英语属于印欧语系，体现在表达上则为语法、句子结构之间有较为明显的区别。英汉语言在句法层面的差异主要表现在：英语句子主语明显，每句均有主语，而汉语中则经常存在无主语现象；英语有时态变化而汉语不具备；英语有语态变化而汉语不具备。翻译能让我们更深入地了解英语与汉语的差异，增强对语言差异的敏感性，更深刻地认识英汉语言的特点，进而提高语言运用能力。

3. 翻译有助于了解中英历史文化、思维方式的不同

谈到英语学习，王佐良曾说，通过文化来学习语言，语言会学得更好。语言是文化的载体，翻译与文化的关系密切，不考虑文化因素的翻译不能成为真正的翻译。翻译活动作为一种跨文化交流的介质，搭建了一个传递文化信息的平台，翻译在文化的传播方面起着不可估量的作用。学语言同学文化是分不开的，在翻译实践中，文化与语言的结合增添了语言学习的趣味性。

语言决定着思维，思维影响着语言。一般来说，英语多偏好于用物称作主语，汉语多用人称作主语；英语民族说话较直接，汉民族喜欢间接含蓄；英语表达中被动语态使用频率远远高于汉语；英语民族表达思想时一般重心放在前，而汉民族习惯将重心后移。这就要求在翻译实践中译者要留意思维方式的不同对翻译的影响。

4. 翻译有助于语用能力、跨文化交际能力的培养

随着与世界各国的交流日益频繁，中国迫切需要国际型人才。传统的语言学习脱离了具体语境，以语言知识与语言技能的学习为主，忽略了语用能力，尤其是跨文化语用能力的培养。

为了避免跨文化语用失误，需要有语言知识及文化知识的支撑。不了解英语国家的历史和文化，即便能说英语，在交流中也难免产生误解和其他困难。

不同民族文化之间差异性的存在要求译者拥有娴熟的语言知识和相关的文化背景知识，在翻译时跨越文化差异，在不同文化交流中起到桥梁作用。同时，在翻译过程中译者可以更深刻地了解语言在不同文化语境中的具体使用，对其跨文化语用能力的提高起到较有效的促进作用。

（二）翻译教学的方法

1. 回译

有学者对回译描述为：“在已经完成翻译练习的情况下，将翻译结果又重新回译到原语言的过程。”回译，顾名思义是将原文翻译成译文后，又以译文为源语进行翻译回到第一次源语言（原文）的过程。回译既是一种检验译文的手段，也是一种常用的翻译策略。为了在大学英语翻译教学中提高学生的翻译能力，回译教学法在现行教材中变得尤为重要。这既能培养学生的翻译能力，又能很好地掌握课文的语言点，同时也能有效弥补大学英语教材中翻译素材的不足。作为一线教师，通常在对每个单元的文章结构及语言点分析清楚以后，抽出一个课时给学生讲解翻译技巧；然后要求学生完成每个单元的翻译任务，即将教材中的英文先翻译成中文，并在中文基础上再进行回译；最后让学生自己将汉译英的翻译与课文的英文相对比，同时教师针对学生在翻译过程中普遍存在的问题进行分析和针对性专项训练。学生在翻译过程中经常出现的问题是汉译文生硬拗口，欧化现象明显；英译文语序严重受汉语影响，英文行文不规范。因此，回译时要求学生注意中、英文两种语系的差异，通过课堂讲解东西方文化的差异有助于学生译文更加符合目的语的规范。在不断地回译练习中，学生将自己的回译文本与最初的原文本进行比较能够更加深刻地体会到中、英两种语言的结构异同。

2. 互评式翻译教学

同伴互评（Peer review）又称同伴反馈（Peer feedback），是指学生自己组成两个或两个以上成员的小组，对各自的某一学习任务进行互相点评，讨论该任务中的重点和难点，同时为组员的作品提供反馈意见。同伴互评是一种合作学习机制，该种教学方法被广泛用于其他课程的教学，如大学物理等，但较少用在大学英语翻译教学中，多见于英语专业翻译教学。

这些学者关注的共同点是同伴互评在“翻译教学中的实际应用效果”。在具体的大学英语翻译教学实践中，笔者结合课堂回译方法，分析完每个单元的课文后，通过将成绩好的、成绩差的男、女生分组搭配安排学生课后 / 课堂分组讨论，发挥帮、带作用，同时，控制每个小组人数，组内成员轮流负责讨论。

同时，教师也可以对学生讨论和翻译的整个过程、结果进行把握，然后在课堂上分析学生所犯的共同错误。

这种翻译教学方法能够使翻译学习者利用同伴反馈，提升翻译技巧，同时，“同伴反馈有助于增强学生的自主性，减轻教师批改作业的负担，促进课堂教学与课外实践有机结合，丰富学生的翻译练习”。采用同伴互评的翻译教学方式既有助于减少教师批改作业的时间和课堂翻译教学时间不够的压力，又有助于培养学生的团队学习、协作能力，更能“促进学习者探讨翻译理论和策略在翻译实践中的具体应用，强化其对翻译原理的理解和对翻译技巧的应用”。

第三节　情感态度与文化教学

一、英语教学中的情感因素分析

情感即人对现实世界各种事物所抱的不同态度和不同的体验，具体是指兴趣、动机、自信、意志、态度和个性特征等影响学生学习过程和学习效果的相关因素。一般情况下，上述因素都是积极的情感，也是英语教学中要发展的情感。当然，情感态度也包括一些消极的情感，如焦虑、抑制、过于内向、害羞、胆怯、缺乏学习动机等，这些消极情感则是英语教学中所要克服的因素。

英语学习态度是学习者对英语学习的认识、情绪、情感、行为在英语习得上的倾向。对英语学习抱积极态度的学习者，对英语学习会有更高的投入程度，在英语课堂上会积极思考问题，思维活跃，继而反映出较好的学习成绩，能较快地提高其英语水平。所以，想要有效地达到英语教育的目的，提高英语教育水平，教师就要从设法转变学生消极的学习态度入手。

动机是激励人进行某种活动的动因和力量，英语学习动机是直接推动英语学习的内部动因，是英语学习者在英语学习活动中的一种自觉和积极的心理状态。有学者将英语学习动机分为融合型动机和工具型动机。其中，融合型动机是指学习者对目的语社团有真正的兴趣或有特殊的兴趣，期望参与或融入该社团的社会生活；工具型动机是指学习者为了某一特殊目的学习，如通过一次考试或胜任一份工作等。融合型学习动机所取得的效果远比工具型学习动机强，因为持有工具型学习动机的人一旦获得足够的知识达到了自己的目的，语言习得就会削弱甚至终止。此外，还有学者将英语学习动机划分为外在动机和内在动机。其中，外在动机是指学习者的学习不是由于英语学习活动本身的兴趣，而是为达到某种工具性目的而采取的行为；内在动机则是指学习者单纯因为英语学习过程中所伴随的愉悦和满意而持续进行英语学习的行为。内在动机属于认知的内驱动力，具有持久稳定性，外在动机则相反。

焦虑是指个体由于预期不能达到目标或者不能克服障碍的威胁，使得其自尊心与自信心受挫，或是失败感和内疚感增加而形成的紧张不安、恐惧的情绪状态。语言焦虑由英语学习过程的特殊性引起，与课堂语言学习的自我感觉、观念、感情等密切相关。

在英语学习过程中，不同程度或方式的焦虑对英语学习效果产生不同的影响。基于焦虑在英语学习过程中所起的作用可被分为抑制型焦虑和促进型焦虑：前者是指妨碍英语学习、降低英语学习效率以及使学生逃避学习任务的焦虑；后者则是指激发学生学习英语的热情，使学生努力克服焦虑感使其发挥积极作用。教师作为英语学习的引导者和组织者，应该掌握好施加压力的分寸，从而使学生保持平和心态，能够承受住英语学习过程中的失败和挫折，这样才能较大限度地促进语言输入，减少情感障碍，提高语言学习的效果。

二、计算机辅助模式下的英语情感教学

计算机辅助英语教学给当前的大学英语教学带来了一次变革和机遇。它作为一种教学工具不但给英语教学提供了多媒体和网络教学设备，还提供了大量的教学资源，为提高教学质量提供了广阔的前景。多媒体和网络技术使学生可以利用互联网、电子信箱、在线学习系统、电子论坛、自制软件等进行多渠道的学习。基于计算机网络的教学模式主要呈现出以下特点。

（一）信息媒体的多维性和可延伸性

计算机的超文本使它能够不受空间的限制提供数据之间的链接，并以文字、声音、图像、动画等形式表现出来。

（二）信息媒体的多感觉性

计算机以多种媒体传播信息，可调动学习者的多种感觉器官参与学习。

（三）交互性

好的计算机程序要求学生作出选择之后程序才会继续，这就要求学生的注意力集中。计算机还可以对学生所作的选择给出反馈信息及评估。

在新的教学模式下，学生依靠影像性或图像性的直觉思维来形成丰富的想象。首先，计算机网络的图像、动画、声音能够调动学生的各个器官，挖掘和利用直觉思维。传统的英语课堂主要依靠教师的指示性言语信息，学生以分析和抽象思维来进行语言知识的加工导致英语的学习单一、抽象，从而降低了学习兴趣。其次，信息媒体的可延伸性和计算机的交互性能够使学生进行超文本链接，进行选择、组织和提取信息并能够得到评估和反馈，这使学生主动参与到学习过程中去发现、归纳、掌握语言中的内在规则，这种认知参与极大地调动了学生的潜能，培养了学生自主学习的策略。这些特点大大丰富了英语教学条件，最重要的是它们提供了实施情感教学的环境。信息的多维性使学生可以接触到大量信息，满足不同层次学生的不同需求。学生可以通过网络进行英语听、说、读、写等技能的训练，符合当前个性化教学的要求。由于不受时间和空间的限制，传统的、密集型的课堂教学走向开放，扩展了教学活动的范围和时间，学生不必仅局限于课堂内的学习时间，课堂外仍然可以在网上学习交流，这种延伸性可以缓解学习压力，因为它使学生可以选择适合自己的学习进度、内容和途径。这样就使好学生有机会提高，差生克服了学习跟不上所带来的紧张、焦虑等心理压力。

计算机网络模式的出现调动了学生的各个器官，促进了多维思维，从情感角度来看，可以满足不同思维类型的学生的学习习惯。人类的感知行为主要包括视觉、听觉和触觉三种不同形态。学生中有的可能是视觉型学习者，有的是听觉型学习者。传统的英语课堂主要依靠学生的视觉，进行抽象思维重现客观存在。而经计算机处理的多媒体信息可以方便地适应不同个体在认知形态上的差异，使用多媒体技术可以将以往形式单一、直线展开的教学内容变得直观、形象，使英语学习更加符合自然思维习惯，从而提高了学习兴趣。

由此可见，基于计算机网络的大学英语教学模式的特点为实施情感教学提供了良好的环境，为进一步提高教学效果奠定了基础。

基于计算机网络的大学英语教学方式主要有课堂学习和自主学习。与传统课堂教学方式相比，新教学模式课堂中最大的变化是教师角色的转变，从单纯的知识传授者转变为指导者、管理者、合作者、监督者等。教师必须首先设计好教学课件、教学任务以及相应的网络资源，还要准备好学生的教学活动包括在网上所要进行的听、说、读、写练习。学生的教学交际活动大部分在计算机上进行，这样的教学方式特别有利于那些上课过于焦虑、自信心不足的学生，因为他们不用再担心被提问或答错，以这种放松的心态学习英语容易产生心理归属感，进而在不知不觉中培养起兴趣。

除了课堂教学方式的变化外，基于计算机网络教学模式的另一种教学方式是自主学习，这是教学重视个性化的表现。自主学习的一个显著特点就是对自己的学习负责任。它是一种独立学习的能力和态度，是一种对自己学习内容的控制。大学英语教材大多数为规范的统一教材，并不是为培养自主学习而编，而计算机网络可以补充教材的这一缺点，学生利用计算机网络进行自主学习，有利于在情感上产生积极的反应，因为他们感到自己成了学习的主人和控制者，能够形成良好的自我形象，增强管理和监控学习的信心和勇气。

自主学习并非盲目地独自学习，也需要教师提供脚手架式的帮助。具体到教学实践中，教师就是要了解学生的情感需求，尊重他们的自尊心，关注在学习过程中学生产生的如迷茫、畏惧、自暴自弃等不良情绪，及时地引导学生走出情感误区。及时地对取得进步的学生，哪怕是极小的进步也应给予鼓励和赏识，让学生感受到成功的喜悦，树立起学习的信心。除了理解学生外，还要帮助学生解决困难尤其是在学习方法上给予指导，教会他们自我计划、安排、监控学习，培养独立学习的能力和态度。为此，大多数学校的英语网络教学平台都有学习交流或问题反馈栏目，学生可以通过电子邮件、聊天室或电子公告牌与教师交流。教师则可以针对每个个体不同的情况给予辅导和帮助，真诚的交流使学生的个性和自尊得到了保护，缩短了学生和教师间的心理距离，学生学习意愿亦随之增强。

综上所述，基于计算机网络的教学模式在改变教学方式的同时增强了教学中的情感因素，为教学质量的提高做了良好的铺垫。实施情感策略是基于计算机网络的大学英语教学模式中的一个重要教学原则，新模式要求我们要重视情感因素，因为它有助于提高英语教学质量和学生学习效果。但是，提倡在英语教学中重视情感并不是摒弃认知，我们要探索如何将二者在英语学习中更好地结合起来，在实践中要避免重此轻彼的现象。

三、英语文化教学的理论

（一）文化知识

文化知识可以指学习者需要了解的有关语言文化的知识，如衣食住行、风俗习惯、生活方式、行为规范等，具体如教材或学习资源中出现的人物、历史、地理、文学、风俗、艺术等知识。

（二）文化理解

文化理解是在20世纪90年代英语教学界提出了在文化知识的传授的基础上，对英语教学进一步提出要求。它是指学生对中外文化及其差异的理解过程或理解能力，它主要有两个方面的问题：一是对具体的、个别的文化知识和文化现象进行理解，了解其背景、渊源、文化含义、宗教含义等，并了解该知识或现象所反映或代表的道德观、价值观、人生观等；二是把其看成是一种客观存在。文化无好坏之分，但在每一种文化中精华与糟粕并存。我们没有必要去评头论足，但我们可以有选择地传授文化知识。我们应该采取一种客观的、宽容的态度对待异国文化，避免用我们自己的文化、道德、价值观作为标准去衡量、评判异国文化，也避免拒绝任何异国文化的狭隘的民族主义态度；同时又要避免盲目地追随、模仿异国文化，而应是坚持自己的优秀文化传统，比较两种文化的异同，使自己在跨文化交际中能恰当地、得体地进行交际。

由上可知，教师要引导学生正确地理解外国文化现象与文化知识。外国文化应当被视为与本国文化相平等的主体，并且要以承认两者之间的差异为前提，即对文化的理解没有绝对的答案，学习者可以有不同的理解。另外，有人认为，只有正确理解外国文化，才能理解英语并恰当地、得体地使用英语，学习英语与本国文化没有关系。实际上，对本国文化与外国文化的差异的了解程度，很大程度上决定了能否正确理解英语并恰当、得体地使用英语。因为了解本国文化能帮助我们更加深刻地理解外国文化，提高对外国文化的鉴赏能力，更准确、深刻地认识两者的异同，最终提高对外国文化的敏感度。可以说，本国的文化知识，是文化理解的基础。不打好这个基础，是很难进行文化理解的。

（三）跨文化交际、跨文化交际意识与能力

“跨文化交际”作为一个名词被提出来以后，其内涵引起研究者的广泛关注，目前已发展成为集社会学、人类学、语言学、传播学、语用学等多学科交叉的新兴学科。

“跨文化交际意识”是指在跨文化交际中，对外国文化与本国文化的异同的敏感度以及在使用外语时根据目标语（如英语）文化来调整自己的语言理解和语言产出的自觉性。有学者把跨文化交际意识归入文化知识的范畴，实际上跨文化交际意识和文化知识是有很大区别的。跨文化交际意识不是指对于本民族文化和其他文化的具体事实或信息的了解，而是对文化现象和文化知识以及两种文化异同的敏感度，是一种洞察力和批判性的理解。因此，并不是外在的、显性的知识，而是一种内在的素质。

四、英语文化教学的实践

（一）文化渗透或文化旁白

这是课堂上教师最为常用的方法。一般来说，教材所选的课文都有特定的文化背景，有的是作者背景，有的是内容背景，有的是时代背景。如果学生不了解或缺乏相关的背景知识，就会影响他们对文章的正确理解。所以，教师在教授课文前需以文化旁白的形式进行文化背景介绍。同时，课文内容往往也涉及该国家的政治、经济、文化、宗教、建筑、地理、工业、农业等内容，并且此类文章的信息量大，能生动地再现中西方文化的差异，可读性强。因此，教师在备课和上课时要渗透文化知识，这样大学英语课不仅是单纯的语言交流，还可以增强学生在教育观、文学修养、价值观、社会生活和风俗习惯等方面的跨文化意识，从而大大提高学生的语言综合运用能力。

（二）信息输入法

通过各种媒体手段，为学生提供多种不同的文化背景知识和不同的文化习俗。比如，教师在课堂上播放介绍西方文化的教学片，学生可以身临其境，感受大量的社会文化知识。如果教师能够适时地指点，教学效果会更好。

（三）文化感受法

在给学生补充英语文化内容的同时，对两种不同文化进行对比，从而培养学生对母语文化和英语文化差异性与相关性的认识，进而对英美文化有一个全方位的理解。

比如，我们把英国人和中国人寒暄问候的话比较一下，就知道其有相同之处，也有相异之处了。我们在学习西方文化的同时，应结合自己的文化进行对比，取

其精华，一味地学习仿照是不可行的。中西方文化的比较可以使学生避免用语的失误，因此在初级英语教学中进行文化教育是十分必要的。对两种不同文化的比较，我们可以开展多种形式来进行教学。

（四）模拟角色

模拟角色就是根据教材的内容，由教师组织安排，以学生为活动中心，让学生担任主角或自选角色，采用演讲、情景游戏或剧本表演等方式。这种方法有助于学生对英语话语的理解，加深对话语含义的认识。大多数中学生没有或较少有机会和英美人士接触与交流，因此只能将课堂作为操练和运用英语的主要场合。

（五）英语国家文学作品的学习和鉴赏法

在教师的指导下，对文学作品进行多角度的剖析，了解人物的情感和不同文化背景人物间的交流和文化冲击。

教师可以利用多种渠道、多种手段让学生吸收和体验异国文化。可以让学生阅读相关英语原著和收集一些英语国家的物品和图片来了解该国艺术、历史和风土人情；也可以运用英语电影、电视、幻灯片和录像等手段给学生直观的感受，鼓励学生去寻找相关的文化背景知识和信息。

第四章　英语综合知识教学

随着大学英语教学要求和内容的更新，教学方式也需要进行更新。互联网不但为大学英语教学提供了更广阔的空间，拓宽了词汇教学和语法教学的途径，而且可以进一步调动学生学习词汇和语法的兴趣与积极性，保证词汇和语法学习的质量，提高英语语言能力。

第一节　英语词汇教学

词汇是语言的基本要素之一，是语言系统得以存在的支柱，所以词汇教学是英语教学的一个中心环节。随着科技的发展及其在英语教学中的广泛应用，互联网对大学英语词汇教学的影响日趋明显，且教学效果得到了明显改善。本节重点研究互联网环境下的大学英语词汇教学。

一、英语词汇教学简述

（一）英语词汇教学的重要性

词汇是语言“大厦”的基础，在英语教学中发挥着重要作用。脱离了词汇，语言就会空洞无物，没有足够的词汇，语言表达就难以被他人理解。英语词汇的总量庞大，且随着社会、科技的发展，词汇总量也逐渐增加，所以对英语学习者来说，扩大词汇量，学习词汇是一个非常有效的方法。

词汇在整个语言教学体系中发挥着重要作用。如果学生在学习英语时，所掌握的词汇量不足，那么将会制约其听、说、读、写等能力的提高。假如结构是语言体系的基本框架，那么词汇则是语言体系框架中的器官及血肉，如果没有词汇这一基础语言体系就无法传达所要表达的意思。可以说，没有词汇，就没有语言的存在，人类的交际就无法顺利完成。因为词汇构成句子，进而产生人与人之间的交际。人们在交际过程中的每一句话都是由词汇构成的，所以只有具备足够多的词汇量，才能听懂他人的表述，也才能充分表达自己所要表达的思想。

通过对人类语言产生过程的分析，我们可以发现词汇在语言产生初期对交际有着很大的影响。随着交际形式和内容的逐渐复杂，语法的作用也越来越突出。根据幼儿习得母语词汇的特点，能够发现幼儿学习目的的第一步就是理解和使用词语，当幼儿听到妈妈说smile时，他们就会笑。刚学习说话的幼儿，能说的都是单音节词语。可见，英语语言应用能力的提升是以对词语的积累、理解和运用为基础的。因此，英语词汇教学对学习者掌握外语有着重要意义。

（二）英语词汇教学存在的问题

当前的英语词汇教学主要有以下问题。

（1）初次教授英语单词时忽视了语音问题，特别是重音，学生没有掌握英语单词的发音，甚至会用汉语拼音标注，因为英语单词的语音与汉语拼写有一定的相关度，但是长此以往，将会给英语听辨和理解带来困难。

（2）教师过分依赖母语，一旦发现学生理解不了的单词，就会用汉语解释，使学生对教师的讲解产生依赖。

（3）脱离语境，单独学习单词，专项记忆词汇。教师没有提供一定的语言情境，也没有联系上下文的语境，长期下去，学生的词汇水平得不到显著提升，也无法将被动的词汇转换成积极词汇。

（4）学生过分依赖教师，无法利用词典、课外读物等辅助工具进行自主学习。

（5）由于缺乏与词汇学习对应的课外阅读材料和笔头作文训练，所以学生所学的词汇复现率极低，遗忘的速度也快，学习效果不佳。

（三）英语词汇教学的内容

作为语言最小的意义单位，词汇在人际交流中发挥着重要作用，而且人的思维活动与思想交流也是靠词汇进行的。通常，英语词汇教学涉及如下内容。

1. 词义

随着社会的不断变化和发展，词义也处于不断变化之中。有的词汇在不同时期会有不同的词义。所以，在英语词汇教学中，教师应该先让学生知道所学单词的意思。但是，语境往往会制约和影响一个单词的意义，所以教师要根据单词的特点，结合具体语境采用合适的教学方法，使学生了解单词及词义的演变，明白词义是随着时间和社会的发展而不断变化的。一般而言，词义的演变体现在如下方面。

（1）词义的扩大。

词义的扩大也称“词义的一般化”。只要是词义从特定的意义扩大为普遍的意义，或是从指“种”的概念扩大成指“类”的概念，结果新义大于旧义，这种演变均可以称为“词义的扩大”。例如，“lady”一词在过去仅用于指“女主人”。后来，随着社会的发展，该词的词义也得到了扩大，开始指贵族太太，后来指有教养的妇女。如今，lady可以指所有“女人”，是一种礼貌用语。当提及老妇人时，可以用old lady或elderly lady。当面对一群女士时，可以用ladies，不能用women。今天，lady基本成了woman的同义词。

词义的扩大一般可以分为四种：从特指到泛指、从具体到抽象、从术语到一般词语、从专有名词到普通名词。

从特指到泛指：如bird从“幼鸟”到“鸟”；bam从“储存大麦的地方”到“谷仓”；cookbook从“烹调书”到“详尽的说明书”；picture从“彩色图片”到“图片”。

从具体到抽象：如arrive从“靠岸”到“到达”；bend从“上弓弦”到“弯曲”；pain从“罚款”到“惩罚”再到“痛苦”。

从术语到一般词语：如complex在心理学上专指“复合”“情节”，现在指任何的变态心理。

从专有名词到普通名词：如Ampere（安培），Farad（法拉），Ohm（欧姆），Newton（牛顿），Joule（焦耳）等过去都是科学家的名字，现在可以当作各种物理学单位。

（2）词义的缩小。

词义的缩小也称“词义的特殊化”。只要是词义从普通的意义缩小成特定的意义，结果新义从指“类”的概念缩小成指“种”的概念，均可叫作“词义的缩小”。

词义的缩小一般可以分为五类。

①从泛指到特指。例如：

pill从“药片”到“避孕药片”；

liquor从“各种饮料”到“酒”；

life用在“He got life.”中表示“无期徒刑”。

②从抽象到具体。例如：

room从“空间”“地方”到“房间”；

probe从“调查”“检验”到“宇宙探测器”；

side从“旁边，侧面”到“肋部”。

③从普通名词到专有名词。例如：

city原指“城市”，用在the City中专指“伦敦的商业区”；

cape原指“海角”，用在the Cape中专指“好望角”。

④从一般词语到术语。例如：

memory从“记忆”到“存储器”；

recovery从“恢复”到“（航天器的）回收”；

soft从“柔软的”到“（市场）疲软的”“（酸、碱）易极化的”“浊音的”。

⑤外来语的词义缩小：拉丁语liquor的意思是“液体”，但在英语中常指“烈酒”，其语法变体liqueur在英语中的词义缩小为一种“甜酒”。

（3）词义的升格。

词义的升格即词义朝着褒义的方向发展的过程。例如，inn的原意是“小客栈”，特指设备简陋的农村或者公路旁边的小旅店，但如今的一些大旅馆也用inn为名称，如Holiday Inn（假日旅店）。

（4）词义的降格。

词义的降格即词义朝着贬义的方向演变的过程。例如，silly在古英语中的意思是“幸福的、神圣的”；在中古英语中演变成“无害的，天真的”意思，是用于形容智力不发达的人的委婉语；在现代英语中则表示“傻的，愚蠢的”。

2. 词汇信息

词汇信息主要涉及词的分类、构词法及单词的拼写、发音等。下面重点对词的分类和构词法进行研究。

（1）词的分类。

词类也称“词性”。根据词义、句法功能和形式特点以及在句子中的作用进行分类。

（2）构词法。

英语构词法有三种：合成法、派生法和转化法。合成词即将两个或两个以上的单词合在一起构成的新词。派生词即在词根上加前缀或后缀构成的另一个与原意稍有变化或完全相反的词。派生词的构成主要有前缀和后缀两种形式。一般前缀只改变词义，不改变词性。后缀一般改变词性，构成意思相近的其他词性的词；少数后缀也会改变词义。

3. 词汇用法

词汇用法主要涉及词汇的搭配、短语、习语、风格和语域。语境不同，单词使用也不同。另外，英语单词还存在一词多义的情况。搭配主要有词汇搭配和语法搭配。词汇搭配是实词与实词的结合，语法搭配是实词与虚词的结合。

英语习语和自由短语词组有所不同。自由短语词组可以根据各个部分的字面意义判断其意思。英语习语具有两个特点：一个是语义的统一性，另一个是结构的固定性。习语属于一个固定词组，在语义上是不可分割的统一体，其整体意义通常无法根据组成习语的各个词义判断出来。从结构上看，习语还有自身的完整性，其各部分都是固定的，不可以随意拆开或者替换。由于习语是经过长时间历史考验，千锤百炼形成的，所以不可以随意变动。各种语言不管造出了多少新词或从其他语言借来多少词，词汇总量总是有一个限集，所以绝对实现不了一个单词只有一个义项，而是会引申出其他意思。词义不断变化的过程就是出现一词多义现象的过程。

4. 词法

各类词的不同用法就是词法。例如，不可数名词之前不能出现不定冠词或者数词，不同介词的不同搭配方法及同一个介词与不同词汇连接，其连接词因为语境或者语法原因，形式变化也不同。在英语词汇教学中，教师应该在指导学生了解英语构词规律的基础上，熟悉英语词法的基本理论，引导其在感性记忆词汇的同时加强理性认识。

5. 词汇运用

词汇运用是英语词汇教学的最终目的，是对学生词汇量与词汇能力的一种检验。大体上说，词汇运用涉及如下内容。

（1）辨别词的正误、理解词义，理解词的功能情境变化，运用词汇造句、写短文的能力。

（2）词汇的猜测能力。

（3）词汇提取的速度与准确性。

6. 词汇学习策略

培养学生的学习能力，使其掌握学习技巧，帮助其培养和养成终身学习的本领与习惯，是英语词汇教学的目标。因此，在英语词汇教学中，教师应重点培养学生记忆词汇的技巧与词汇学习的策略。

根据词汇学习的特点，词汇策略具体分为调控策略、资源策略、认知策略、记忆策略和活动策略。

调控策略是元认知策略的一种，即对整个词汇学习进行计划、实施、反思、评价、调整及资源的使用和监控等。

资源策略即通过接触新词帮助学生增加词汇量的技巧与方法。

认知策略即为了完成某项学习任务而采取的行为与方法。

记忆策略即帮助人们记忆单词的策略。

活动策略即通过课堂上组织的真实的或者模拟的语境运用词汇。

（四）英语词汇教学的原则

1. 系统原则

系统原则具体有两层含义。首先，教师应意识到词汇教学应贯穿于整个英语教学并随着学生认知水平的提高，不断加大词汇教学的力度和难度。其次，教师还要意识到词汇是语言中的一个庞大系统，词汇与语言的其他组成部分之间、词汇内部的组成部分之间存在必然的联系，这种联系必然会对英语词汇教学产生一定积极或消极的影响。

2. 遵循记忆规律原则

教师要根据学生记忆词汇的心理特征与规律，加强词汇的复习与巩固。具体来说，教师应意识到遗忘的规律，及时组织学生复习所学词汇，并按照一定周期对词汇进行巩固。例如，一堂课上学习的新单词应该在当堂巩固，在下一堂课要及时复习，然后在三天、一周、一个月后开展周期性的、有计划的复习巩固。词汇的巩固可以与课文结合进行分散性复习，也可以结合词汇的音、形、义的结构特征进行归类记忆。此外，还可以在运用过程中对单词进行记忆和巩固。

3. 情景性原则

遵循情景性原则即要在具体的情景中教授英语词汇。这里的“具体情景”包括实际生活情景、模拟交际情景、表演情景、直观教具情景、想象情景等。在具体情景中教授词汇，既可以帮助学生理解词汇，又有利于学生在交际中恰当地使用词汇，从而体现英语教学的交际方向性。

4. 实践性原则

英语词汇教学还应遵循实践性原则。这里的“实践性”强调精讲多练，以学生为主体，改变以往的以教师为中心的“满堂灌”的教学现象。在英语词汇教学中，教师不可一味地机械练习，避免教师一个人讲的情况，课上不断调动学生的参与积极性。词汇教学与练习还要强调交际，借助交际活动，培养学生的自主学习能力，根据上下文，结合新旧概念、构词法、工具书等进行自学。由于语感的培养是学习英语的关键，而大量的听、说、读、写则是培养语感的重要基础，所以教师应要求学生多阅读，提高阅读能力。

5. 文化性原则

英语词汇教学不应仅停留在词汇上，还应考虑文化的问题。由于学习一门语言就是要熟悉一种文化，语言和文化相互影响、密切相关，所以词汇教学必然要涉及文化。英语词汇包含丰富的文化内涵，词义问题也常常是文化问题，教师应尽可能说明和解释词汇的文化因素或者特征，进行英汉词汇的跨文化对比，帮助学生更好地理解词义。

6. 交际原则

语言是交际的工具，学习语言的目的也是交际，所以要将学生置于真实的交际环境中学习使用语言，并且在使用中掌握语言。在英语词汇教学中，教师也要遵循这一原则，教师在讲解词义、词的使用特点时要考虑语言的交际功能。

7. 情感原则

在英语词汇教学中，教师要充分调动学生的学习兴趣，培养其积极的学习态度和动机，帮助其克服学习中的焦虑，这是提高学习效率的关键。

8. 音、形、义相结合原则

对单词而言，其音、形、义是相互影响、彼此联系的，所以教师在词汇教学中应该将词的发音、外部形式、表达意义结合起来。在传统的英语词汇教学中，教师过分注重单词的发音，忽视了单词的语音特点。实际上，英语词汇教学除了发音外，词汇的语音特点如拼读、节奏、重音、连读等，也应引起重视。在词汇教学过程中，教师可以对单词的音、形、义进行总结和归类，发现不同单词在音、形、义上的特点，进而加深学生对单词的印象，提高词汇记忆的效率。

二、英语词汇教学的方法

在互联网环境下，教师不但是知识的传授者，还是语言学习环境的缔造者，更是学生学习活动的设计者和指导者。在教学过程中，教师要明白自身所担任的角色，做好学生学习词汇的辅导者、指导者、监督者和评价者，发挥模范带头作用。基于互联网的英语词汇教学，可以采用多种方式。

（一）合理使用幻灯片及PPT

国内外权威专家的调查显示，学习者在学习英语词汇时，只靠看，可以记住40%；靠听，可以记住15%；而将视听相结合，就能记住75%。可见，在英语词汇教学中，教师应充分利用多媒体和网络的环境，集音、形、文、图于一体，从学生的认知水平、生活经验及学习兴趣出发，将单词用幻灯片或PPT的形式展现出来，将学生置于生动、真实的环境之中。

（二）利用搜索引擎创设英语情境

教师可以利用网络的搜索功能为学生提供最新的音频或视频资料。例如，当讲解到政治词汇时，教师可以将国外的电视节目、电影中有关政治的资料搜索出来，为学生提供真实的资料，实现视听结合，以便更好地理解每一个词汇的意义，方便学生牢牢记住它们。

（三）利用网络词典检测学生的词汇学习结果

网络词典是一种检测学生词汇量掌握情况的便捷、有效工具。学生可以自行使用这种检测工具。在检测过程中，一旦遇到陌生单词，可以随时通过网络词典查询其意思、用法、搭配、例句等有关资料，且这些资料都有语音资料，学生能一边听一边记忆，大大提高了记忆的效率。

（四）利用录音录像功能提高学生的关注度

在英语词汇教学中，教师可以设置一定的情境，使学生进入预设情境。例如，教师用PPT整合学生所学词汇，然后让学生利用这些词汇编写故事，之后分角色表演出来，在学生表演时，可以录视频。这种做法，可以使学生更认真地学习词汇，同时能加快学生记忆词汇的速度，加深对单词运用的印象，活跃课堂氛围，提高单词学习的效率。

（五）加强日常监督和互动

网络环境下的互动主要有师生之间的互动、生生之间的互动、教师与网络之间的互动、学生与网络之间的互动。在英语词汇教学中，教师可以借助E-mail语音和视频与学生进行沟通，及时发现学生在学习词汇时遇到的问题，对教学效果进行反馈，对教学和材料进行调整。E-mail等网络沟通形式以其灵活性和跨时空性为学生提供了一个良好的学习词汇和运用词汇的渠道。

第二节 英语语法教学简述

英语语法教学始终是人们关注的焦点，是贯穿英语教学的一条主线，也是令高校师生头疼的难题。然而，在互联网普遍运用于教学的今天，语法教学似乎找到了一个很好的媒介，教学效果也得到了显著提升。本节主要对互联网环境下的大学英语语法教学进行研究。

一、英语语法教学简述

（一）英语语法教学的重要性

20世纪70年代，交际教学的兴起对口语给予了高度重视，却忽视了语法教学。在这种背景下，一些教师错误地认为交际教学反对语法教学。实际上，这种认识完全歪曲了交际语言教学。交际语言教学一直都没有否定语法教学的重要性，甚至认为语法是交际能力的重要组成部分。

语法是对语言规律的概括，是词汇组成句子依据的规则，如果没有语法，就无法正确理解句子意思，更不用说口头交际、阅读或是写作了。培养学生的阅读和写作能力固然重要，但书面形式的英语表达更无法脱离语法规则。假如不熟悉语法规则，那么就看不懂英语文章。同样，如果写作中有大量语法错误，那么也会影响语言表达和阅读的效果。因此，语法教学至关重要。

新的高考制度虽然注重对学生语言交际能力的考查，强调句子的交际性，不死抠语法，但这并不意味着就要降低语法的地位。从近些年高考英语试卷就可以看出，每道题除了基于语法规则以外，考题的阅读难度逐渐加大，如果没有一定的语法基础，就连读懂题意都很困难，更不用说解题了。

（二）英语语法教学存在的问题

当前，英语语法教学主要存在如下几个问题。

1. 重讲解，轻训练

教师在课堂上总是用大量的时间讲解语法规则，却忽视了对学生语法能力的培养。教师往往认为，语法知识点的讲解直接关系着学生的考试成绩。然而，事实并非如此，学生的英语考试成绩与其语法能力密切相关，与教师大量讲解并没有太大关系。教师的讲解与学生的能力并不等同，二者是两个截然不同的概念。英语语法教学不仅需要适当的讲解，还需要有效的技能训练。

2. 重机械操练，轻情境交际

语法是英语语言的重要组成部分。将语法教学置于课堂交际中，融言语交际于英语教学中是英语语法教学的核心。尽管教师在课上组织学生做了大量习题，但多是与语境相脱离的，缺乏目的语的输入，使学生对语法规则十分清楚，考试能得高分，但学生实际的运用能力十分薄弱，特别表现在其作文中。

3. 重规则总结，轻错误分析

教师对语法知识的总结是非常必要的，但学生英语语法学习的心理过程和阐述错误的原因要比语法规则复杂得多。因此，分析学生运用语法的错误对减少学生的语法错误和提高其学习效率有着至关重要的作用。

4. 重规则记忆，轻意识培养

英语语法能力的培养是一个递进的过程，从语法知识的认知、语法规则的提炼和运用到语法意识的养成是学生英语语法能力不断提高的过程。学生语法能力发展的最高境界是语法意识。因此，对语法意识的淡化必然会迷失英语语法教学的方向。

（三）英语语法学习与语法教学的由来

1. 语法学习

语法是语言学习的重要组成部分，其遵循学习的一般规律，但其也存在特殊性。因此，有必要先来了解语法学习的特征，找到制约语法学习的因素，突破学生语法学习的障碍，设计出更加有效的英语语法教学活动。

（1）语法自然习得论。

由于母语中的语法学习是在自然环境中进行的，所以有人认为，不用专门学习语言就可以掌握语法的使用。可见，学习是无意识的。二语习得研究发现，在特定的教学法中，即便没有显性语法教学，学生也能学习语法。于是，有学者指出，不用专门教授学生也可以掌握语法知识。

（2）语法学习序列论。

英语习得的研究者发现，不管按照什么顺序教授语法，语法学习的顺序基本是固定的，所以在编写教材时，编写者会考虑语法的习得顺序。我们发现，英语教材中总是先简单句后复合句，先一般现在时后一般过去时，先肯定句后疑问句和否定句，在设计课堂教学活动时也应遵循这一顺序。

（3）行为主义语法学习论。

语言结构性的最好展示就是语法。因此，语法受结构主义和行为主义的影响极大。人们常常认为熟能生巧，所以语法学习也是如此，加上听说教学法和结构性教材的使用，行为主义学习论更加受到重视。很多学习者将大多数时间用于背诵和操练语法规则上，尽管这不一定符合机械训练的要求，且收效甚微，但仍是很多学习者学习语法的主要途径。

（4）语法学习交际论。

由于语法学习是为交际服务的，因此既要掌握语法知识也要通过应用来实现。在语言教学中使用显性语言知识不一定奏效，所以应在潜意识中培养学生在使用语言的过程中的语法意识。因此，持交际学习观者指出，必须通过活动、交际和完成任务等方式来学习语法，否则就达不到语言交际的目的。

（5）显性语法学习和隐性语法学习。

按照语言学习的规律，语法学习有两种方式：显性的和隐性的。显性语法学习即直接学习语法规则条文。隐性语法学习即通过对语法材料无意识接触的方式学习。实验结果表明，对语法的了解能促进语法的习得过程，但显性的知识很难内化为真实的交际能力，实现自然习得。显性学习和隐性学习结合起来才是语法学习的最佳方式。显性语法学习和隐性语法学习相结合，一方面有对语法描述性知识的学习；另一方面可以在各种交际活动中使用语法，培养学生的语言应用能力。

2. 语法教学

从理论与知识结构的层面来说，语法教学的内容涉及三个方面：语言形式、语义和语用。其中，语义涵盖了语法形式与结构的语法意义和内容意义，语用即语言在一定语境、语篇中的表意功能。语法教学不但要使学生掌握语言的形式与意义，还要使学生清楚语言形式的运用，使语法具有交际的意义。

（四）英语语法教学的原则

1. 系统性原则

语法教学首先应遵循系统性原则，即语法教学的内容与体系要根据英语语法知识的内在逻辑关系和学生的认知能力的发展规律加以确定。在英语语法教学中，系统性原则的落实要依靠教材的编写者和教师。教材的编写者和教师要根据英语语言的发展特点选择一些出现频率高、实用性强的语法项目，编写出能反映当代英语语言规则的教学语法，注意各个语法项目之间的连贯和衔接，做到主次分明、重点突出、深入浅出、循序渐进。

2. 交际性原则

一些社会语言学家认为，交际是语言的功能，即一个人要真正运用语言进行交际，除了具备能造出语法的句子的语言能力以外，还应具备在什么场合、对谁、用什么方式及说什么的能力，这就是交际能力。由此可以看出，语言能力与交际能力有着密切的联系。语言能力是交际能力的基础，交际能力包括语言能力。在语法教学中，弄清楚语法概念是非常重要的，但只看语法书并不能理解语法的概念，一定要通过实践、出错、改错、再实践，才能真正弄清弄懂语法的概念。因此，学习语法除了要读语法书、背语法条目外，还要在实践中对这些语法项目加以运用。要想学习某一语法项目，就要多进行实践，在实践中对其进行巩固，在实践中发现问题、纠正错误，这样既可以正确建构语法知识，又可以掌握其正确的使用方法。只有通过对一门语言的使用才能掌握这门语言。学习者只有经过大量的语言练习，在不同的情景中反复使用，才能掌握语言。但是，如果语法结构不是在真正的交流中使用，或不具有真正意义上的交际意图，那么学生仍不会成功地掌握英语。

3. 情景性原则

语法教学的情景性原则即教师应打破传统的英语语法教学模式，对语法的讲解应选用生活中的素材。另外，语法课堂活动应尽可能设计学生喜闻乐见的情境，用生动的语言解释语法点，引入时事、新闻、生活等场景，为学生提供真实的语言材料。

4. 情感原则

情感教学始终都是一个有效的教学手段，在不同教学中发挥着重要作用。了解学生的情感，就可以根据学生情感的变化，采用恰当的教学方法，实现有效的教学。因此，在语法教学中，教师也要善于把握学生的情感因素，加强情感教学，使语法教学达到事半功倍的效果。

5. 针对性原则

语言教学还要遵循针对性原则，即对学生语法的薄弱环节进行有针对性的教学。在大学英语教学中，班级大、人数多、学生语法基础差距较大，促使处于“两极”的学生共同进步是极为困难的事情。这需要教师了解学生的语法基础，对学生普遍存在的语法弱项进行集中讲授，对个别严重语法问题进行个别处理。

6. 比较原则

对于英语非谓语动词来说，其充分体现了英汉语言在句法上的差异。汉语中的谓语成分较为复杂，不受主语的支配，句子和句子之间没有明显的逻辑关系，所以汉语句子看起来较为松散。相反，英语句子中的动词可以根据其句法功能分为谓语动词和非谓语动词两种，句子和句子之间会用有明示关系的连词连接，所以英语句子更加完整且严谨。因此，在讲解英语非谓语动词这一语法项目时，教师可以选取典型段落，通过翻译练习，让学生通过对比英汉语言直观地了解英汉句法特征的差异，从而加深学生对这一语法点的了解和掌握。

7. 综合性原则

综合性原则即在语法教学中应避免单一性，做到方法、内容、技能等的综合运用。具体来说，实现语法教学的综合性原则应从以下几点入手。

（1）归纳和演绎相结合。由于归纳法和演绎法各有利弊，所以在英语语法教学中应将二者结合起来使用，做到以归纳为主、演绎为辅。

（2）隐性和显性相结合。语言学习的过程本身就是显性与隐性的结合，所以语法教学也应遵循语法学习的规律，以隐性教学为主，适当采用显性的教学方式，通过隐性教学培养学生的语言运用能力，通过显性教学增强其语法意识。

（3）语法与听、说、读、写活动相结合。由于语法是为听、说、读、写技能服务的，所以语法教学应该在这些活动之中展开，使语法更好地服务于交际。

8. 认知原则

从错误分析的结果来看，致使学生出现错误的最主要因素是学生在学习语言的过程中普遍采用认知手段——类推。也就是说，不管学习哪种语言，学生都会尽可能地发现规则，使自己掌握的语言知识形成一个系统。当学生发现自己的系统与目标系统存在差异时，他们就会及时作出调整，使自己的系统与目标系统越来越接近。学生学习语言时，通常会采用四种认知方式：分析、综合、嵌入和配对。基于此，语法教材编写者必须注意学生在学习语言时的主观能动性，在安排语言材料、选择和语法项目时考虑对学生认知能力的利用与培养。

二、英语语法教学的方法

（一）利用多媒体创设英语教学情境

随着各国文化交流的日益频繁，英语作为一种全球性的语言，有了更广泛的使用环境。在英语语法教学中，教师可以利用多媒体设计一些贴近生活的语言情境，让学生通过角色扮演的形式学习语法。

（二）学生借助多媒体感知英语语法

培养学生的英语感知能力，目的是帮助其形成规范的英语思维，从而可以更好地理解和运用英语语法。在英语教学中，教师可以从两个方面培养学生的感知能力。首先，通过阅读训练培养学生的英语感知能力。其次，通过听力训练培养学生的英语感知能力。

对于阅读培养而言，教师可以利用多媒体，如电视机、录像机、投影仪等，丰富阅读内容的形式，引起学生的兴趣。通过上下文语境的配合展示，引导学生积极主动地进行英语语法练习，从而能主动总结和归纳阅读中的语法知识。多媒体辅助下的英语教学，不但可以使学生通过具体的文字图片材料理解语法知识，而且可以根据上下文理解词语的意思，最终形成良好的阅读习惯。

对于听力训练而言，只有一定的语言输入，才能使学生在具体的语法知识感受中提升自己的应用能力，进而提高综合英语实力。基于多媒体的听力训练，学生应对已学的语法知识进行复习，通过对话和断句的反复播放，强化其理解，从而形成固定的英语思维，最终达到脱口而出的水平。具体而言，教师在课堂上可以为学生播放经典的英语电影对白、英语歌曲，激发学生的英语学习兴趣，并使学生在潜移默化中掌握英语语法知识。

（三）多媒体应与常规教学媒体及手段相结合

在现代英语教学中，多媒体技术可以发挥其巨大的优越性，但常规媒体与手段的功能也是不可忽视的。在英语语法教学过程中，教师应将多媒体技术和常规的教学媒体及手段结合起来运用。教师应根据语法教学的需要选择合适的媒体和手段，充分发挥各自的优势。同时，也要根据学生的实际情况和教学内容，选择合适的媒体。

在制作课件时，教师应考虑自身的实际情况，合理安排制作课件的时间。在制作课件时，教师应尽量将自己的思想渗透其中，并且不可过于花哨，要追求简单实用。

此外，英语教师在一节课上，对各个不同阶段使用课件的要求不同。通常，英语教师会将整节课分为五个部分：复习、呈现、练习、操练、巩固。在复习阶段，教师最好不要使用幻灯片。在呈现阶段，教师应做好幻灯片的切换。在练习阶段，应给学生足够的思考和练习时间。在操练阶段，教师要组织学生开展大量的语言训练。

第三节　英语听说读写译教学

长期以来，我国的英语教学采取较为传统的教学模式，英语被更多地看作一种知识，而不是一种能力。随着现代英语教学法的兴起，英语教育界逐渐认识到形式与功能都是语言的有机组成部分，二者具有同等重要的意义。学生在课堂上通常进行词汇、语法、句法结构等知识的学习，但这些知识必须经过语言实践才能最终转化为语言能力。听、说、读、写、译等都是语言能力的具体表现形式，由此可见，语言能力是一个综合概念。需要特别说明的是，各项语言能力之间具有相辅相成的关系，并不是彼此孤立的。换句话说，任何一项能力的欠缺都会对语言的综合运用带来影响。为此，本节就来研究互联网视域下大学英语的基础技能教学。

一、英语听力教学

在日常交际中，听力是极其重要的，听力在大学英语教学中必不可少。随着互联网技术的引入，教师在大学英语听力教学中可以选择多种资源，极大地丰富了英语听力的输入渠道，有助于激发学生的听力学习兴趣。因此，在大学英语听力教学中，互联网技术的引入备受重视。

（一）英语听力教学的内容

大学英语听力教学的内容通常包括四个方面：听力知识、听力技能、听力理解和语感。

1. 听力知识

听力知识的掌握是听力能力提升的根基，对英语听力教学和听力学习来说十分重要。一般来说，听力知识是由以下几个方面构成的。

（1）语音知识。听力理解首先需要输入听觉信息，因此了解语音知识对听力理解起着根基性的作用。语音知识的教学也是听力教学的重中之重，直接影响学生后续听力水平的提高。

（2）听力策略。听力策略知识对于听力任务的完成十分重要。只要具备了一定的听力策略，学生就可以根据实际情况进行听力方式的选择，从而增加听力活动进行的灵活度。

（3）文化知识。听力语言材料中通常包含广泛、丰富的文化信息。英语听力中包含着两种甚至多种文化，如果学生不了解一定的文化常识，则无法顺利进行听力实践。

（4）语用知识。在听力材料中通常也会涉及一些有关言谈交际的话题和材料。此外，交际中的会话含义是普遍存在的现象，对这些材料的理解通常需要借助相应的语用知识来把握。

2. 听力技能

听力技能属于较高层次的实际运用语言的能力，要想较好地改善学生的费时、低效的听力学习现状并提高听力教学效果，需要重视听力技能的培养。具体来说，听力技能主要包括以下方面。

（1）交际信息辨别能力。在进行听力活动时能够体现出其交际性。从总体上来说，听力材料都是由交际性语言组成的，因此学生掌握交际信息辨别能力十分必要。

（2）辨音能力。在听力理解的过程中，学生需要具备基本的辨音能力。例如，辨别音位、语调、重读音节等。

（3）预测能力。预测能力指的是根据一定的语境信息及已有知识预测下文语言话题的发展与转向，这在听力实践中也十分重要。在听力教学中，对学生预测能力的锻炼有助于学生提升其听力效率。

（4）大意理解能力。这项听力技能的教学内容主要是要求学生能够及时抓住交际者的意图等。

（5）词义猜测能力。在听力实践过程中，听者不可避免地会遇到一些陌生的词汇，此时如果听者一直思考生词的词义，则有可能影响到后续听力信息的接收。具备词义猜测能力是一名合格的听者的必要条件，常用的词义猜测方式有根据上下文判断、借助整体语境、搜寻已有信息等。

（6）推理判断能力。交际是交际者在一定的交际目的下进行的，因此言语不仅能够表达出一定的话语信息，还体现着说话者的交际信息。听者需要根据一定的推理判断，去揣摩说话者的意图，从而保证交际的顺利进行。

（7）选择注意力。这样的听力技能也是在听力教学中应该关注的。具体而言，选择注意力就是按照听力目标的不同，让学生将注意力集中在不同的内容上。

（8）对细节的把控能力。语言材料中包含了很多细节，这些细节是进行听力理解的基础。听者只有具备对细节的把控能力才能以更加积极的心态去进行听力理解活动。

（9）评价能力。评价能力能够影响听力活动的进行，指的是听者对所听内容的评价与表达能力。

（10）记笔记的能力。众所周知，听力活动带有口语活动的特点，因此进行时间短、不可重复，在一些正式场合，听者具备快速记笔记的能力，能够完善对知识的掌握情况，同时也有助于对整体信息的理解。

3. 听力理解

听力理解不仅包括语言的字面含义，还涉及语言背后的深层含义。在实际的听力教学中，教师不仅需要教授给学生具体的听力知识、技能和策略，还需要提高学生的听力理解能力。

（1）辨认。在听力理解中，辨认是其前提，同时也是听力活动发展的基础。语音辨认、信息辨认与意图辨认是辨认的主要内容。其中，语音辨认是最简单的，只要学生掌握了一定的英语知识即可，最困难的是意图辨认，听者不仅需要以语音、信息辨认为前提，还需要积极发挥自己的交际能力和文化能力。进行辨认能力训练时，教师可以采用乱序训练法，将一个完整的听力材料打乱顺序，要求学生进行重新排列，并指出每一部分所对应的辨认方面。

（2）转换。听力理解中的转换指的是将所听材料中的内容转换为图表的能力。这种转换不仅需要听者辨别听力材料中的短句与句型，同时还需要听者运用已知信息进行适当转换，这是对听者能力的考验，也是听力理解的第二个层次。

（3）重组与再现。听力理解的第三个层次是重组与再现，这需要教师对学生的说写能力进行提高。

（4）社会含义。听力活动属于交际活动的范畴，在语言上有着礼貌、得体的特征。因此，在进行听力理解时需要听者仔细把握原文，对其社会含义进行准确理解。听力语言形式十分丰富，会涉及不同的话题，教师要训练学生根据不同语境进行描述的能力，同时在描述过程中还需要学生理解语言背后的深层内涵，从而促进听力活动的进行。

（5）评价与应用。对听力语言进行重组、评价、应用是听力理解的最后层次，也是难度最大的部分。听力理解带有目的性、交际性，需要听者明确交际意图，并进行语言回应与沟通。此外，为了提高学生的评价与应用能力，教师可以在教学中增加听力讨论与交际的练习。

4. 语感

所谓语感，是指对语言的感悟能力，这种感悟带有直接性，但是可以通过不断的锻炼来提高。在听力活动中，即使缺乏一定的语境条件和必要信息，良好的语感也能够帮助听者进行语言行为的预测与判断，从而促进听力活动的进行。

（二）英语听力教学的原则

从本质上来讲，大学英语教学中的“听”是对口头信息的理解。近年来，虽然教师加大了对听力技能的训练，但是成效并不明显，原因之一就是教师在听力教学中没有遵循适当的原则。

1. 渐进性原则

英语听力学习是一个循序渐进的过程，而不是一蹴而就的。循序渐进原则主要体现在听力材料的选择上，教师应该从学生的实际情况出发选择适合学生能力的听力材料，做到从简单到复杂。在听力教学初期，应该选择那些语速较慢、吐字清晰、连读情况较少的材料。

另外，听力材料的语音、语调要尽量真实、自然，符合实际交际场合中的说话风格。另外，听力内容可以选择新闻、热点，也可以选择故事、日常生活会话，无论选择哪一种，都要尽可能地调动学生的学习积极性和主动性，让学生在听力教学的过程中学有所得。

2. 多样性原则

学生培养听力的重要途径就是在课堂上听教师的讲解。因此，在实际的听力教学中，教师可以按照由慢速到快速、由简单到复杂的教学原则组织教学，并且鼓励每一位学生大胆地讲英语，发表自己的见解，以营造浓厚的学习氛围。

此外，教师应该从不同的教学目标出发，选择多样的听力材料和训练模式。例如，如果是让学生对语音进行区分，那么教师可以给学生几组发音相似的词汇，让学生边辨别边体会；如果是让学生归纳文章的主旨大意，那么可以允许学生用母语作答等。

3. 交际性原则

培养学生的英语交际能力是英语教学的最终目标，大学英语听力教学也毫不例外。因此，交际性原则是听力教学的根本性原则。在听力教学过程中，教师应严格要求自己，做到发音准确、语速正常，身体力行地引导学生使用英语进行交际。

4. 听觉与视觉相关联原则

听觉与视觉相关联原则需要引导学生注意视觉信息、听觉信息，另外还需要引导学生利用自己的已有知识。

（1）引导学生注意视觉信息。在英语听力教学中，教师可以运用图片、图表、文字等工具为学生提供视觉层面的信息。很多人认为，听力理解的信息应该是听觉信息，但是那些与听力相关的图片、图表、文字等也对学生的听力理解有很大帮助。例如，在英语新闻报道中，电视屏幕下方的新闻关键词对于理解新闻信息有很大的帮助。因此，在英语听力教学中，教师应该运用各种方式来引导学生注意视觉信息，从而帮助学生对听力材料的内容加以理解，进而提升学生自身的听力水平。

（2）引导学生注意听觉信息。听觉信息主要包含语气和语调两部分。一般情况下，对于同样的一句话，不同的人往往具有不同的语气和语调，他们所使用的词汇的语义也会发生改变。

很多时候，学生可能对于所听到的内容呈现出不太确定或者不太理解的状态，但是通过该语言材料的语气、语调会对话语的意图进行确定，如是夸张语气还是委婉语气；是喜悦语气还是悲伤语气；是幽默语气还是愤怒语气等。因此，教师应该为学生选择一些带有语气、语调的听力资料，让学生能够将语言材料的内容与语气、语调相结合，形成一个个图式，并将该图式内化到该材料的知识体系中，因为这样才能帮助学生解决以后遇到类似的问题。

（三）英语听力教学的方法

在互联网技术下，大学英语听力教学不仅有助于提高教师的教学效果，也有助于提升学生的听力水平，这可以为学生的英语听力教学带来广阔的空间。那么，如何将互联网技术准确、合理地应用到大学英语听力教学中呢？当前，我国英语教学提倡自主学习，是以学生的主体地位为前提的教师进行指导、学生主动参与学习，而不是没有教师指导的完全意义上的自学。因此，互联网技术下的大学英语听力教学不能忽视教师的指导作用，否则就不能取得应有的教学效果。利用互联网技术培养学生的听力能力，教师可以从以下两个层面着手。

1. 建构听力学习环境

听的本质是一种交际活动，学习成功与否的关键因素在于学生。基于这两点考虑，在听力课堂上，教师应该充分利用现代信息技术，为学生构建良好的自主学习环境。具体来说，教师应该做到如下几点。

（1）为学生创建丰富的、真实的、有助于听力理解的交际语境，使学生犹如身处真实的语境中一样，能够感受到听的实用性，进而提高学习英语的兴趣。

（2）利用多媒体资源丰富听力教学，激发学生的学习兴趣。

（3）选用真实的听力材料，一方面增强学生对学习内容的认同感，另一方面使学生接触到地道的语音、表达方式，有助于学生在日后实际的对外交往中听得更准。

（4）设计与真实语篇相关的课堂活动，采取小组合作的教学活动，从而减少学生对教师的依赖性，减少学生学习中的焦虑情绪，使学生在合作交流中碰撞出思维的火花，增进学习的主动性。

（5）为学生提供合作互动、沟通交流的机会，使学生在参与中逐渐掌握学习的方法，找到学习的乐趣，增强学习的动力。

2. 培养听力自主决策能力

在互联网环境下，学生听力自主决策能力的培养要注意以下两个方面。

（1）学习并掌握获取信息的硬件知识。只有掌握了现代信息技术的操作技能，学生才能实现与教师或者同学通过网络技术的实时交流。

（2）要培养掌握、收集、整理、利用信息的能力。学生要能根据教师布置的学习任务，借助现代信息技术自行搜索、采集信息，对获取的信息进行分析、整理，并充分利用这些信息提高语言能力。此外，还要通过现代信息技术，让学生对自主学习的效果进行评价。

总之，借助互联网技术所提供的网络化虚拟课堂，学生的角色发生了转变，他们从知识的被动接受者转变为听力理解过程中意义的自主建构者。他们以自己的整个身心去感受听力语篇中呈现的各类信息，同时借助互联网将自己的观点与思想生动地传达出来，主动参与学习交互活动，培养自主学习的能力。

二、英语口语教学

口语是人与人之间面对面地进行口头表达的语言，是人类社会使用最频繁的交际工具。因此，口语对于英语综合运用能力的提升十分重要，口语教学也就成了大学英语教学体系中的重要组成部分。随着互联网技术的引入，大学英语口语教学比传统口语教学有着明显的优势，不仅有助于营造良好的语言环境，还有助于提升英语的听说能力。下面就来分析“互联网＋”视域下大学英语口语教学。

（一）英语口语教学的内容

培养、提高学生的英语口语表达能力与交际技能是大学英语口语教学的宗旨，因此语音训练、词汇和语法、会话技巧、交际策略等是大学英语口语教学的主要内容。

1. 语音训练

英语口语训练应以英语语音为前提，帮助学生掌握正确的语音、语调是语音训练的首要目标，具体涉及意群、停顿、弱读、重读、连读、音节等。如果没有掌握规范的发音，不仅难以表达自己的观点，而且会给对方带来理解障碍。

2. 词汇和语法

在口语表达过程中，词汇与语法发挥着不可替代的作用。具体来说，如果没有必要的词汇储备，很多思想、观点就无法准确表达出来；如果没有基本的语法知识，句子内部的逻辑关系就容易出现混乱，交际也就难以顺利进行。所以，词汇与语法也是大学英语口语教学不可或缺的内容。

3. 会话技巧

培养和提高学生的口语表达能力，使他们能对一些会话技巧进行熟练运用，从而使交际得以顺利进行是口语教学的根本目标。因此，会话技巧也是大学英语口语教学的重要组成部分。

4. 交际策略

所谓交际策略，是指当某种语言的使用者在话语计划阶段由于自身语言方面的不足而无法表达其想要表达的思想时所采取的策略。在交际过程中，为克服因语言能力不足而导致交际困难，交际者使用语言或非语言手段的能力即为交际策略能力。交际策略也是大学英语口语教学的重要内容。

口语交际活动往往不可预测，因此在交际过程中遇到尴尬局面也是在所难免的，这就要求交际者具备一定的交际策略能力，以便在需要时借助交际策略来解决遇到的困难，促使交际顺利进行。

（二）英语口语教学的原则

要想更好地开展大学英语口语教学，需要坚持以下几项原则。

1. 鼓励性原则

一般来说，学生的口语表达不仅受语言因素的影响，还常常受到一些非语言因素的影响，如心理因素、文化因素、生理因素、情感因素、角色关系因素等，使很多学生在口语练习中不愿意开口。因此，为使学生更加积极地参与到口语练习中，教师应该为学生设计一些有意义的活动，并营造出一个较为安全的学习环境。在著名学者纽南（Nunan，1999）看来，鼓励学生并使他们大胆说英语是口语教学中一项很重要的原则，因此教师应为学生创设更多有意义的语境。在这样的语境下，学生不会担心受到嘲笑，才能更好地进行口语练习。针对一些口语基础较差的学生，教师可以考虑采取“脚架式”教学方法，使教学策略与学生的状况保持一致。

2. 互动性原则

机械练习在口语教学中极易使学生感到枯燥乏味，打击学生的学习兴趣与信心。因此，口语教学还应坚持互动性原则，使口语训练充满互动性，使学生能够在互动练习中不断提高口语表达能力。根据互动性原则，教师为学生设计的话题应该能够使学生展开互动性的练习活动。换句话说，“动”是互动性原则的核心。

如果教师采取传统的口语教学模式，在课堂上仍以提问、回答为主要方法，则学生对口语表达的参与是被动的，这会影响学生口语能力的提升。因此，教师可以采取多种多样的教学方法，如角色扮演、对话练习、小组讨论等，使学生之间进行有效的互动练习，从而打破呆板的课堂气氛，为学生营造一个愉快、轻松的学习环境，使他们的思维始终处于活跃状态，进而全面提高他们的口语表达能力。

3. 渐进性原则

口语能力的提升是一个日积月累的过程，因此口语教学应该层层深入、由易到难、循序渐进地展开。例如，我国大学的学生通常来自全国各地，很多学生的英语口语表达或多或少会受到方言的影响。面对这种情况，教师应分析学生的语音特点与发音困难，进而为学生纠正发音提出建议与指导，使学生按照由易到难的顺序，从语音、语调、句子、语段等层面逐渐提高，主动、积极地说出发音规范的英语。需要注意的是，教学目标的设计要科学合理，过高的目标会给学生带来心理压力，过低的目标难以调动学生的学习积极性与学习兴趣，因此教学目标既不能过高也不能过低。

4. 先听后说原则

听与说是一个问题的两个方面，二者之间存在相辅相成的关系。具体来说，说以听为前提。在具体的口语交际过程中，只有首先听懂对方的话语，才能据此进行回应，使交际顺利进行下去。在大学口语教学过程中，学生通常先通过听来进行词汇量与语言信息的积累。当这种积累达到一定程度之后，学生的表达欲望也逐渐被调动起来，他们就会尝试着进行口语表达，进而实现真正意义上的口语交际。如果没有听的积累，就不会有说的能力。可见，在口语教学中应坚持先听后说原则，从而使学生在听的基础上进行积累，通过听来不断提升说的技能。

（三）大学英语口语教学的方法

传统的口语教学已经很难满足当前时代发展的需求，因此基于互联网技术的口语教学应运而生，并在当前的大学英语教学中起着重要作用。那么，互联网环境下大学英语口语教学该如何展开呢？具体来说，教师可以从如下几点着手。

（1）课外教学与课内教学紧密结合。大学英语课时是有限的，因此仅仅依靠课堂是远远不能满足学生的需求的，还需要对一切可以利用的环境加以利用。课外教学是课内教学的补充和延伸，教师开展丰富的第二课堂活动，结合课堂内容组织学生展开课外活动，如英语演讲、短剧表演、作文比赛、举办班会等，同时教师让学生拍摄成视频，在多媒体教室中进行播放，其他学生根据他们的表演情况进行评判，从而取长补短。另外，教师还可以邀请一些外籍教师做专门讲座，创办专门的英语期刊、设立英语广播等，让学生体会到英语口语学习的乐趣，从而更加热爱学习。

（2）注重网络测试与实施人机对话训练。“互联网＋”视域下的口语学习涉及学生自我测试评估口语水平、人机交互口语练习、教师布置和批改口语作业等。教师在课堂上给学生布置预习任务，让学生通过网络搜索或者下载进行自学。

（3）注重过程评价与教师科研相结合。教学与科研是同步相关的，教学对科研有促进作用，而科研又指引着教学。在教学过程中，教师根据学生的终结性评价和过程性评价的结果，再结合教学过程中的问题，撰写日志，并改进教学方法，从而提高教师的科研能力。

需要特别说明的是，形成性评价贯穿整个课堂内外的教学和学习活动过程中。及时的形成性评价能够使学生了解自己的学习状况并得到有针对性的指导，从而增强自信心、获得成就感。学生之间的互评则将学生由被动的接受者变为主动的参与者，不仅提升了他们的成就感与归属感，还有利于调动他们的学习积极性。此外，教师将学生完成的口语录音存入相应的电子档案袋，对于教师客观观察学生在一段时期内的学习变化情况十分有利。

三、英语阅读教学

阅读教学是英语教学的主要技能之一，在大学英语教学中有着非常重要的意义。英语阅读，是指阅读用英文表达的东西，即人们通过阅读英文书面语材料，从中汲取知识，获得信息。现代阅读理论认为，阅读是一种吸收和转换语言信息的心理过程，阅读不是简单的信息输入，而是对信息进行加工、筛选，使其与读者头脑中已经存储的信息相互联系或重新组织。由此可见，阅读的过程就是理解的过程，即读者用眼睛去感知语言文字符号，获得视觉信息，继而用脑去理解视觉信息的过程。就阅读的目的而言，阅读可分为略读、浏览、精读、泛读、快速阅读等。就阅读的方式而言，阅读有朗读和默读两种。默读是最符合实际需要的阅读方式，因为默读速度远比朗读速度快。英语阅读实际上主要是借助视觉进行的阅读。默读是英语阅读理解中最常采用的方式，也是最方便最有效的阅读方式，如在英语考试中就采用默读的方式，人们读书看报大多是采用默读的方式。

（一）英语阅读教学的内容

由于阅读目的不同，读者的阅读活动会有很大的差异。根据阅读的目的，英语阅读可分为英语学习性阅读和英语应用性阅读。英语学习性阅读是指将英语阅读作为英语学习方法而进行的阅读，阅读的目的是学习英语。英语应用性阅读是指利用英语知识以实现读者某种目的而进行的阅读，读者的目的不是学习英语，而是获取语言以外的信息，增长知识、陶冶情操等。

实际上，在大学英语教学中，我们所进行的阅读不是纯粹的英语学习性阅读和纯粹的英语应用性阅读，培养、提高学生的各种阅读技能是大学英语阅读教学的主要内容，具体涉及以下一些技能。

（1）能够辨认单词。

（2）能够猜测陌生词汇、短语的含义。

（3）具备跳读技巧。

（4）能够理解句子内部与句子之间的关系。

（5）对文章的主要信息或观点能进行准确梳理与把握。

（6）对句子及言语的交际意义进行理解。

（7）能够对文章的主要信息进行总结概括。

（8）对语篇的指示词语进行辨认。

（9）能够对文中的信息进行图表化理解与处理。

（10）能够理解衔接词，进而理解文字各部分之间的意义关系。

（11）能够把握细节与主题。

（12）具备基本的推理技巧。

（二）英语阅读教学的原则

在英语阅读教学中，虽然各大院校中学生的水平不同，所教授的教学内容与教学方法也存在差异，但是教学原则要共同遵守。具体而言，主要包含以下几项原则。

1. 循序渐进原则

很多人认为，阅读能力是非常容易培养的，其实不然，阅读能力是一项非常复杂的技能。因为阅读能力的提高需要学生增加自己的词汇量、语法知识、句法知识、文化知识等，这就要求在大学英语阅读教学中，教师应该坚持循序渐进的原则。

坚持循序渐进的原则，教师首先需要进行一个合理且长远的规划。在阅读教材的选择、方法的确定、内容的明确、结果的反馈等层面都要进行规划，层层展开，帮助学生不断形成自身的阅读技巧，提升自身的阅读水平。

2. 因材施教原则

学生的个性存在明显差异，因此在当前的大学英语阅读教学中，教师应该从学生的个体差异性出发，制订符合不同学生的教学内容和计划，以满足不同学生的需求，使得每名学生的阅读水平都能得到长足的发展。

也就是说，对于阅读水平和阅读理解能力较低的学生，教师应该给予一些相对简单的阅读材料，然后在提升了一定水平之后逐渐增加难度，这样有助于提升学生阅读的兴趣和积极性。对于阅读水平和阅读理解能力较高的学生，教师可以布置一些难度较高的阅读材料，使他们觉得富有挑战性，从而满足各种层次学生的需求。综合来说，教师应该对不同学生的基本情况与个性有一个基本的了解和把握，在阅读教学中选择恰当的内容和手段展开教学，做到因材施教。

3. 速度调节原则

在阅读中，很多学生存在这样一种认识：阅读速度与阅读能力成正比，这是错误的且不可取的。阅读速度与阅读能力并不是成正比的，阅读速度低并不代表其阅读能力不足，而阅读速度高也并不能说明其阅读能力强。因此，在大学英语阅读教学中，教师应根据教学目的、教学阶段来调整学生的阅读速度，保证教学中张弛有度，可以从以下两点做起。

（1）在课堂开始前，教师应该放缓教学速度，让学生先慢慢地了解阅读材料。

（2）随着学生知识的增加，语感也会有明显提高，教师可以让学生提升一定的阅读速度，如进行限时阅读等。

需要指出的是，教师不应该仅仅为了追求课堂速度而忽视对学生理解能力的培养，应该在保证学生能够理解的程度上适度地提升速度。

4. 关联性原则

阅读教学往往是围绕阅读材料展开的，但是很多学生对材料的作者、材料背后的相关信息并不了解。因此，在大学英语阅读教学中，教师应该帮助学生激活与材料相关的图式、话题、作者信息等背景知识，即所谓的关联性原则。需要指出的是，关联性原则并不是要求教师在阅读课堂上大肆讲授背景知识，而占用阅读材料本身的地位，而是将这些背景知识融入阅读材料中，适度地进行讲授。此外，选择的背景知识也需要与材料主题相关，保证二者的关联性。

5. 多样性原则

当代大学英语阅读教学也需要坚持多样性原则，其主要指的是教学内容的多样性与教学形式的多样性。

（1）在教学内容上，教师选择的阅读材料应该是包含各种体裁、题材的，不能仅仅限制于一种体裁或题材，使学生能够熟知和了解多种体裁与题材，在以后的阅读中提高阅读效率。

（2）在教学形式上，教师要从实际情况出发，运用多种教学手段来进行教学，可以借助网络、多媒体等手段，让学生更直观、深刻地了解阅读材料。

（三）英语阅读教学的方法

英语阅读教学并不是让学生漫无目的地搜索和浏览，如果没有教师的准备、指导与评价，学生很难通过自己的认知提升阅读兴趣和能力。

1. 科学合理地选择阅读材料

英语阅读本身属于一门训练技巧的课程，学生需要通过大量的阅读练习来掌握技巧。因此，科学合理地选择阅读材料是最关键的。在互联网环境下，材料内容需要与课堂贴近，成为课堂内容的重要一环。在阅读课堂开始前，教师应该让学生搜索一些阅读材料，从而培养学生网上查询资料、获取信息的能力。之后，教师对学生寻找的资料进行仔细阅览，并将这些资料介绍给学生，让学生以小组的形式进行交流。最后，要求学生做总结报告，教师根据学生的报告给予一些口头评价。

2. 发挥网络互动优势

基于互联网的大学英语阅读教学为大学生提供了一个广泛的互动平台，让学生广泛参与其中。通过互联网提供的空间，教师和学生可以上传学习资料，实现资源共享。在具体的英语阅读教学中，教师需要根据教材目的来建设一个网络阅读资料库，将教材中的重难点置于网络上，并且补充一些课外知识，以帮助学生理解和掌握。

另外，为了避免学生对英语阅读产生枯燥乏味的现象，教师应该充分运用互联网的优势。也就是说，教师在学习资料中添加一些图片、漫画、视频等，在字体、排版上也凸显一些特殊的地方，让学生一目了然，并且能够吸引学生的注意力。

3. 积极地开展课后拓展阅读

在课堂阅读的基础上，教师应该积极开展课后拓展阅读，并着重于学生阅读与动笔练习的结合。通过长期的训练，学生在阅读中能够快速集中注意力。教师在引导过程中，可以根据教材各个单元的内容来开展活动，如可以让学生从自身感兴趣的话题搜索，整理并做书面报告，进行演讲比赛。通过这些活动，学生不仅可以对各个单元的内容有一个很好的掌握，还能够锻炼写作和归纳能力。

四、英语写作教学

写作是英语教学的一项技能，写作教学是英语教学的重要组成部分。通过写作教学，学生不仅能提升自己的写作能力，还能不断提升自己的思维能力，增强自身表达思想感情的水平，诱发自身的学习动机。因此，对“互联网＋”视域下大学英语写作教学展开研究具有重要的现实意义。

（一）英语写作教学的内容

一般来说，拼写与符号、选词、句式、结构等都是大学英语写作教学的内容。

1. 拼写与符号

如果缺少规范的拼写与符号，句子的含义就难以表达，文章的内在逻辑关系也难以体现出来，这就在无形之中提高了学习的阅读难度。可见，拼写与符号是大学英语写作教学中不可或缺的内容。

具体来说，学生首先应保证拼写和符号的正确性，以避免引起不必要的阅读障碍。在保证正确性的基础上，学生应努力使拼写规范、美观，易于辨认。虽然这些都属于细节问题，却对写作有着重要影响。

2. 选词

在不同的文化背景下，词汇有着不同的意义。此外，词汇的含义还有表层和深层、基本义与引申义之分。因此，如果缺乏对词汇含义的准确了解，就很难在写作过程中依据表达需要来选择适当的词汇，这将对写作效果带来消极影响。词汇的选取既是作者与读者进行交流的一种方式，也是作者写作风格的体现，且常常取决于作者的个人喜好。所以，在进行词汇选择时一般要考虑语域的影响，如非正式词与正式词、概括词与具体词等。此外，还应注意感情色彩的因素，如褒义词与贬义词的选择。

3. 句式

句式对于写作来讲非常关键，因为语篇就是由一个个词与一个个句子通过一定的组合而构成的。英语句法结构丰富多变，对句式的掌握与运用是进行英语写作的利器，这就使句式成为英语写作教学的重要环节。

为了提升学生习作的可读性，教师可以通过句式练习来帮助学生掌握对句式的运用。具体来说，教师可以为学生进行示范，从而让学生体会句式的表达效果。

此外，教师还可以组织学生进行讨论，使学习在讨论中相互交流与认识，深化对英语句式的认识。

4. 结构

从结构上来看，好的文章应该达到语句和谐连贯、结构完整统一的效果。此外，在布局谋篇上还应实现语句与文体、主题、题材的统一。

（1）和谐连贯。和谐连贯是一篇好文章的必备条件。所以，教师应对逻辑与连贯性给予充分重视。在具体的写作教学过程中，教师应引导学生格外重视词汇与词汇之间、句子与句子之间、段落与段落之间的内在联系，从而使文章实现统一、和谐、自然、流畅的表达效果。

（2）谋篇布局。所谓谋篇布局，就是根据不同的题材、体裁来确定篇章及段落的整体结构，并据此选择恰当的扩展模式，保证写作的顺利进行。在写作之前首先要谋篇布局，谋篇布局作为写作的起点，对写作有着至关重要的作用。具体来说，段落的大体结构是“主题句—扩展句—结论句”，篇章的大体结构是“引段—支撑段—结论段”。需要注意的是，谋篇布局并不是固定不变的，当题材和体裁不同时，文章的谋篇布局也会随之变化。

（二）英语写作教学的原则

英语写作教学源于写作实践，反过来又服务于写作教学实践。英语教师想要在写作教学过程中取得理想的教学效果，就要遵循如下原则。

1. 主体性原则

大学英语写作教学首先要明确学生的主体地位，尊重学生的主体性，以学生为中心展开教学活动。只有激发了学生的学习兴趣，提高了学生的学习主动性，学生才能真正成为学习的主体。其中，小组讨论就是一种提高学生主动性的有效方式。在小组讨论中，教师可以采取多种方式，如采用提问法、卷入式、学生互助的方式等。

因此，在写作教学过程中，教师应注意引导学生积极参与，发挥其学习的自主性，不断提高写作能力。这里需要注意的是，强调学生主体参与并不意味着学生可以独立写作，也不是对学生放任不管，而是注重学生在写作过程中可以全程参与，即提纲的拟定、资料的收集、信息的处理、谋篇布局、初稿的修改与完善等。

2. 综合性原则

听、说、读、写四项基本技能相互影响、相互促进。写作并不只是单纯地写，而是要与听、说、读紧密结合，只有这样，写作课堂才会更加生动，学生写作水平才会有更大的提高。因此，英语写作教学还应遵循综合性原则。

3. 对比性原则

对比性原则要求教师在写作教学过程中要注意向学生传授母语与英语各自的特点及二者的差别，为写作奠定基础。虽然有很多学生具备了较好的中文写作能力，但在英语写作中容易将中文写作习惯机械地迁移到英语写作中去，从而写出的英语作文有很明显的中式英语的味道。因此，教师在教学实践中应善于对英汉两种语言与文化进行对比分析，引导学生了解这两种语言在构词、造句、谋篇及思维方式等方面的差异，使学生在写作时使用地道的语言，采用英语思维，提高写作质量。

4. 多样性原则

一方面，多样性原则指的是采取多种多样的训练形式。具体来说，教师可以引导学生采取扩写、缩写、改写、仿写、情景作文等进行练习，通过多种训练方式使学生不断掌握写作的技巧；另一方面，多样性原则是指教师引导学生在写作时采取多种多样的表达方式。多样化的表达既可以弥补学生在语言知识方面的不足，又可以提高学生灵活运用语言的能力。因此，在写作教学过程中，教师应遵循多样性原则。

（三）英语写作教学的方法

“互联网＋”视域下的大学英语写作教学有助于激发学生的写作欲望，让学生快速掌握写作方法，规范自己的写作语言，从而完成写作学习。因此，“互联网＋”视域下的相关技术是大学英语写作教学的重要拓展手段。下面就来探究“互联网＋”视域下大学英语写作教学的方法。

1. 利用计算机文字处理程序辅助大学英语写作

利用计算机文字处理程序辅助大学英语写作，代替原有的写作形式。

（1）计算机文字处理程序具备对标点、拼写、大写、小写等进行检测的功能，因此为学生提供了十分便利的工具。

（2）“拼写与语法”功能能够降低学生的拼写错误，并查出一些简单文法上出现的错误。

（3）“编辑”功能使句子段落的连接、组织、转移等变得轻松，学生可以通过添加、剪切等方式来修改文章。

（4）有的计算机文字处理程序还带有词典，因此学生可以迅速查询词的意义和用法。

总之，计算机文字处理程序的功能在一定程度上减少了写作的重复劳动，节约了很多时间，因此学生能够花费更多的精力在写作上，增强了学生对写作的兴趣和积极性。

2. 倡导学生运用互联网技术支持英语写作

互联网技术的出现打破了时空的限制，实现了资源共享，是对英语教学资源的补充。将互联网技术引入大学英语写作教学中，让学生上网搜索相关信息，进而对检索的信息进行分析和探讨，最终将自己的见解表达出来，完成写作。

现代大学生都十分热爱上网，教师充分发挥指导作用，可以利用网络资源来增强学生进行英语写作的机会，激发学生的学习兴趣，教师也需要经常对学生给予指导与监督，形成一种交流的氛围。

3. 利用E-mail辅助大学英语写作教学

E-mail对于大学英语写作教学来说，是一个十分有力的助手，其有助于加强师生间、生生间、学生与网友间的交流。

在写作过程中，学生将自己的稿件利用E-mail发给教师或同学，然后教师和其他同学对文章进行修改，并提出意见，最后该学生对自己的文章重新进行整理。另外，教师鼓励学生找一些国外的学生用E-mail进行交流，了解不同国家人们的生活、学习、旅游、家庭、毕业动向等情况，通过这些学生感兴趣的话题，提升学生的写作热情，进而提升自己的写作水平。

五、英语翻译教学

翻译教学主要是为了培养高素质的翻译人才。然而，传统的大学英语翻译教学已然不适应当前社会的要求，而将互联网技术引入大学英语翻译教学中是正确的选择。

（一）英语翻译教学的由来

一般来说，大学英语翻译教学的内容主要涉及以下三个方面。

1. 翻译基础理论

翻译工具书的类别与运用方法、翻译的过程、翻译的标准、翻译对译者素质的要求、翻译理论、翻译历史等翻译理论知识是大学英语翻译教学的重要内容，有利于学生建立翻译的基本框架、树立对翻译的基本认识。

2. 英汉语言对比

教师应从语义、词法、句法、文体、篇章及思维、文化等层面为学生讲解英汉语言的区别。这部分内容可以较为完整地揭示出两种语言的异同，对于保障翻译质量大有裨益。

3. 常用的翻译技巧

一名合格的翻译员不仅应具备一定的翻译知识，还应掌握一定的翻译技巧，这对于提升翻译效率具有重要意义。因此，音译法、意译法、直译法、正译法、反译法、增译法、省译法等翻译技巧应成为大学英语翻译教学的重要组成部分。此外，在适当的时候，教师还可以为学生补充词性的改变、句子语用功能的再现等内容。

（二）英语翻译教学的原则

为了有计划、有目的、有层次地进行大学英语翻译教学，教师应该在教学目标的基础上遵循一定的教学原则。只有在教学原则的指导下，才能实现翻译教学的有效性。

1. 实践性原则

翻译教学应遵循实践性原则。教师可以在条件允许的情况下，尽可能多地给学生提供翻译实践的机会，如到翻译公司进行真实情景的翻译实践，使学生切实体验实际的翻译过程，了解社会实际的需要。这样，不仅可以激发学生的学习兴趣，提高学生学习的积极性与自主性，还能为学生日后走向社会、适应社会提供知识做准备，使学生更快地融入社会。

2. 精讲多练原则

大学阶段的翻译教学主要是技能教学，即教师传授技能与学生掌握技能。如果采用传统的教学模式，先灌输后练习，会让学生感觉翻译教学枯燥乏味，不利于教学目标的实现。因此，在翻译教学过程中，教师应注重将技能的讲解与学生的练习紧密结合在一起，同时要以练习为基础加以总结。

在练习之前，教师首先可以介绍一些翻译技巧，再让学生做翻译练习。在练习结束之后，教师还应对学生的练习进行讲评。教师在讲评时不应只是直接将参考译文呈现给学生，也不能仅仅针对某一练习材料的内容，而应通过对学生在翻译过程中出现的问题进行分析，引导学生进行思考、总结，培养学生举一反三的能力。此外，还可以通过对原文材料进行系统的分析，归纳练习中的知识点，总结问题，从而上升为理论。只有这样，学生才能真正掌握翻译技能。

学生翻译技能的提高是在实践中经过长期的不断积累实现的。学生只有进行大量的练习，在练习过程中去感受、去思考，积极寻找解决问题的方法，进而将自己思考的结果与已有的感性经验上升为理论。只有经过反复地实践、思考、总结，学生分析问题、解决问题的能力才能逐渐提高，翻译能力才会得到相应提高。这就要求教师应注重对学生翻译的过程进行关注，帮助、启发、训练并鼓励学生在翻译过程中解决遇到的各种问题。这对学生自主学习能力、创新能力的培养具有积极的促进作用，同时为今后的翻译实践奠定了基础。

3. 循序渐进原则

大学英语翻译教学也应遵循由浅入深、循序渐进的原则。在教学实践中，教师在选择语篇练习时应由易到难：就篇章的内容而言，首先应选择学生最熟悉的内容；就题材而言，应从学生最了解的题材开始；就原文语言而言，应从最浅显的开始，逐步过渡到难度较高的语言。教学活动只有由浅入深、一步一个脚印，才能不断提高学生学习的信心，逐渐培养学生的学习兴趣，从而有利于学生综合能力的提高。

4. 培养翻译能力与翻译批评能力相结合原则

翻译教学除要培养学生的翻译能力外，还不能忽视培养学生的翻译批评能力。翻译批评能力指的是对其他人的译作进行客观评价的能力，既要评价译作的优点，也要指出其中的缺点，并对错误之处进行修正。教师应不断引导学生学会对其他人的译作进行评价、批评，这样可以使学生学习他人的优点，并进行自我反思，在以后的翻译中避免出现他人犯过的错误，从而不断提高自己的翻译水平。

5. 翻译速度与翻译质量相结合原则

大学英语翻译教学的目标是培养学生的翻译能力，这既要求学生掌握相关的翻译技巧，又要求学生提高翻译速度。在实际的翻译活动中，经常出现催稿很急的情况，如果学生的翻译速度太慢，就可能影响翻译任务的完成。由此可见，提高学生的翻译速度也应是翻译教学中的一项重要内容。

在翻译教学实践中，教师在课堂教学中应要求学生限时完成翻译练习。除此之外，学生在做课后练习时，教师最好也要求学生在一个规定的时间内完成。长此以往，学生就能合理地安排时间，培养速度意识。

（三）英语翻译教学的方法

在“互联网＋”视域下开展大学英语翻译教学，有助于培养学生的英汉双语翻译能力，从而获得最佳的学习效果。在具体实施过程中，教师可以从以下几点着手。

1. 展开翻译课堂教学

各大高等院校可以直接使用与教材相匹配的多媒体教学光盘，但是由于各大高校的设备资源情况不同，且配套的光盘大多是缺乏系统性地翻译教学内容，因此教师需要根据不同的情况制作多媒体课件。也就是说，多媒体课件的制作需要建立在教学过程、教学目标、教材内容、教学媒体的基础上，坚持互动性原则，以提升学生的自主学习能力，确保不同层次的学生在翻译能力上都能够得到提高。据此，在开展翻译课堂教学之前，教师设计的翻译教学模块需要利用声音、图片、动画等刺激学生的大脑，使学生难以理解的翻译理论变得更为生动、有趣。在具体的翻译课堂教学中，教师既要对英汉互译的技巧进行分析和总结，还需要补充相应的中西方文化知识，使学生能够系统掌握基本的翻译常识。

（1）内容上是针对不同层次的学生展开的，在课堂上由教师指导和学生自主选择，这有利于改善课堂教学的氛围。

（2）形式上不再是单调的板书形式，而是以媒体形式呈现，不仅节省了时间，还便于进行分级教学。

2. 扩大课堂信息量

课堂教学的课时是有限的，因此需要利用校园网来扩大课堂信息量，从而克服课堂教学中的某些弊端。在具体的教学中，教师应以学生为中心，以互联网为手段，降低学生的焦躁情绪，缓解学生的紧张心理。同时，为了弥补课时的不足，教师可以将课堂上未详细叙述的翻译模块放在网络上，让学生自主学习。此外，教师要有计划地增大难度，加强学生对跨文化交际、英美文化的了解，开阔学生的眼界。大学生通过校园网对中英文文章进行阅读，自行翻译，与优秀译文进行对比并探讨，最终仿照原文写作形式来提高自己的翻译水平。

在练习的过程中，学生可以从自己的专业和兴趣出发。如果学生学的是医学专业，那么他们可以选择医学材料进行翻译练习；如果学生学的是旅游专业，那么他们可以选择旅游材料进行翻译练习。

3. 制作教学课件

互联网课件是一种新的模式，它的制作仅靠个别教师是很难完成的，且教师自身的知识结构、时间资源等也都是非常有限的，因此新模式更强调资源共享、集体备课。制作教学课件，建立翻译素材库，教师应该注意以下几点。

（1）在翻译教学内容上，教师除了注重精讲，还需要注意多练。翻译毕竟属于大学英语教学的一部分，因此不可能占据多余的课时。这就要求教师应从教学大纲出发，通过集体讨论对精讲的翻译理论和技巧进行确定，为教师提供一个框架。

同时，教师要根据自己的情况进行局部的更改和发挥。另外，在具体的实践中，教师设计的翻译练习要保证题材、体裁多样，难度要适中，并能够及时做到调整和更新。

（2）在翻译教学方法上，教师应该注意课堂与课外相结合。在传统的翻译教学模式中，往往教师讲得比较多，学生练习的机会少，学生是被动的，这就导致学生很难有兴趣去了解翻译技巧，所以课堂内的讲练结合是十分必要的。在练习的基础上，教师对学生给予一些指导性的意见，引导学生归纳翻译技巧和方法。

（3）在翻译教学建设上，要及时补充，更新翻译素材库。从具体的、大量的教学实践中归纳出理论，然后将这些理论上升为理性认识，反过来对实践进行指导。翻译素材也要与时势相符，要反映当代社会的各个层面，其难度要体现层次性。教师也要发挥主观能动作用，不断地扩充素材库。

第五章 新媒体与英语教学

随着信息技术的改革与发展，基于网络多媒体的大学英语教学模式已经在大学英语教学中逐步运用。网络多媒体环境下的大学英语教学模式已经取代了传统的“满堂灌”式的教学模式，主要通过图文并茂、互助、合作交流的模式展现于学习者面前。因此，本节就对基于网络多媒体的大学英语教学模式的新发展进行探讨，主要介绍三种经典教学模式：英语翻转课堂模式、英语微课模式、英语慕课模式。

第一节 英语翻转课堂模式

随着人们对教学研究的不断深入，翻转课堂模式逐渐被人们了解和熟知。与传统教学模式相比，这一新兴的教学模式建立在网络多媒体教学环境下，是对传统教学模式的一种颠覆。大学英语翻转课堂模式有其自身的优点，本节将对该模式展开分析和探讨。

一、翻转课堂模式的历史溯源及定义

在分析翻转课堂模式的定义之前，有必要追溯一下翻转课堂模式的来源。通过对这些渊源的分析，才能够更深刻地了解其定义。

（一）翻转课堂模式的溯源

翻转课堂遵循学习规律，有其深远的历史渊源。下面从中西方两个方面来分析翻转课堂模式的历史渊源。

1. 翻转课堂模式在中国的历史渊源

2500年前，孔子所施行的教学就已出现先学后教的迹象。

孔子在《论语·为政》中曾经提出这样的观点：温故而知新，可以为师矣。

即通过复习开始新的课程。

孔子在《论语·述而》中提出“不愤不启，不悱不发。举一隅不以三隅反，则不复也”，即启发式教学。

孔子在《论语·卫灵公》中提出“不曰‘如之何，如之何’者，吾末如之何也已矣”，即讨论式教学。

孔子在《论语·雍也》中提出“知之者不如好之者，好之者不如乐之者”的观点，即倡导主体自身对学习产生浓厚的兴趣，这是求知识、做学问的一种理想境界。

孔子的“学而时习之”“三人行，必有我师焉”等观点反映了他注重在实践中学习的看法。

孔子的“可与言而不与之言，失人；不可与言而与之言，失言。知者不失人，亦不失言”的观点体现出孔子在教学中善于通过适时抓住关键点来调动弟子们的主体作用，同时体现了学与思的有机结合。除了以上孔子的言论外，中国当代同样有类似翻转课堂的教学方法，如山东杜郎口中学进行的教学改革、魏书生的预习方式等，不过与翻转课堂不同的是，由于没有云学习、云教育的条件，这些学生在课下无法使用微视频进行学习。

2. 翻转课堂模式在西方的历史渊源

翻转课堂在西方的历史也很久远，下面展开详细分析。

古希腊时期的苏格拉底与柏拉图曾经采用启发式与讨论式教学，这可以说是翻转课堂在西方初露端倪。西方近现代时期，裴斯泰洛齐的主体性教学、皮亚杰的建构学习、维果斯基的“最近发展区”都对翻转课堂有很大的启迪作用。20世纪90年代，哈佛大学物理教授埃里克·马祖尔创立了同辈互助教学方式。马祖尔教授将学习分为两个步骤：知识的传递与知识的吸收。过去教学模式大部分都只重视传递知识，而忽视了学生将知识内化与吸收。经过大量实验之后，人们发现马祖尔教授所提出的同辈互助教学方式可以有效地促进学生对知识的内化，同时学习的正确率提升了1倍。另外，马祖尔教授还发现计算机辅助教学可以有效解决知识传递的步骤，因此他认为教师的角色将在未来的高科技辅助教学中得到改变，从演讲者变为教练，将学生的知识内化作为教学的重点，而不是知识的传递者。

综上可知，翻转课堂教学模式的出现使传统教学模式发生了颠覆性的改变，在教学中学生将成为核心部分，翻转课堂为学生提供了个性化的学习平台，这十分有利于学生自主学习意识、团队协作能力等方面的培养。但需要明确的是，没有一种教学模式是完美无瑕的，翻转课堂作为一种新兴的教学模式在我国高等教育领域有很大的发展空间，这离不开广大英语工作者脚踏实地地钻研与实践。

（二）翻转课堂模式的定义

翻转课堂又称为“颠倒课堂”，其教学过程包含两大阶段：一是知识传授；二是知识内化。在传统教学模式中，教师往往会通过课堂知识传授的形式来传输给学生，学生通过课后作业的完成情况和具体的实践来实现知识的内化。与这一传统教学模式不同的是，在翻转课堂教学模式中，教师根据自己的教学计划对课前预习的内容进行布置，学生则主动利用各种开放资源来获取知识，在课堂上通过与教师进行探讨，然后完成任务，最后内化为自己的知识。

所谓翻转课堂模式，是指在课堂进行之前，学生利用教师给出的视频、音频、开放网络资源、电子教材等学习材料，自主完成课程内容，然后在课堂上主动参与教师的互动，最终完成学习任务。

近年来，翻转课堂模式在国内产生了巨大影响。作为一种基于网络多媒体的新兴教学模式，翻转课堂模式是对传统教学流程的颠覆，这对于学生展开自主学习而言是非常必要的。作为一种新型成功授课方式，翻转课堂对我国英语教学改革大有裨益。但是，翻转课堂不属于在线课程，不能用视频代替教师，它只是师生之间进行互动的方式，为学生的自主学习提供了充分的空间和实践，从而获得个性化的发展。

在当前云教育、云学习的技术条件下，学生可以通过“云课程”及媒介来展开教学，当学生在学习中遇到困难时，教师可以对其进行排解和启发，既保证了师生之间的平等交流，也保证了学生知识的进一步深化。简单来说，从先教授后学习转向先学习后教授，这就是所谓的课堂翻转。

综上所述，翻转课堂模式是对传统教学模式的变革，师生及教学方式在教学过程中都发生了质的变化。

二、翻转课堂模式的构成

很多学者对翻转课堂模式进行了研究，将其构成要素分为三个层面：课前内容传达、课堂活动组织、课后效果评价。下面对这三个层面进行分析。

（一）课前内容传达

在翻转课堂模式中，其教学的基础在于课前内容的有效传达。就目前来说，我国翻转课堂模式往往会采用教学视频与纸质学习材料两种模式来传达教学内容。其中，教学视频被认为是最基本的形式。对于教学视频的来源，主要有以下两种途径。

1. 运用现有的教学视频

运用现有的教学视频是教师进行翻转课堂教学的最佳选择。这主要有两个方面的原因：一是由于教师的教学任务非常繁重，因此并没有多余的时间来制作新的视频；二是教师在面对视频录制仪器时，往往比较紧张，因此会严重影响教学效果和进程。可见，如果教师可以从网上找到现有的教学视频，那么必然会节省教师自身的时间和精力，且网上的教学视频资源非常丰富，教师只需下载就可以使用。

2. 制作新型教学视频

对于翻转课堂模式中运用的视频，教师除了运用现有视频外，还可以进行录制。当然，这需要教师有多余的时间和精力，可以运用电脑、录音软件、麦克风、手写板等进行制作。具体而言，可以做到如下几点。

①教师可以使用录屏软件对电脑操作轨迹及幻灯片演示轨迹进行捕捉。

②教师可以利用麦克风对讲述的音效进行录制。

③教师可以运用手写板对书本上的书写效果进行提升。

④教师可以利用音频编辑软件对录制的声音进行加工。

另外，教师还需要对画面质量进行关注。基于此，教师需要考虑制作的视频应尽量短小。这是因为当前的社会生活、工作学习节奏快，如果视频过长，难免会引起学生的厌烦；相反，如果视频短，则能激发学生的学习兴趣，引起学生的积极响应。

（二）课堂活动组织

在翻转课堂模式中，教师需要对课堂活动进行组织。在组织课堂活动过程中，教师需要注意以下几个层面。

（1）对于大学英语教学而言，导读类课程比较适合翻转课堂教学，这类课程通过网络多媒体展开。在课下，学生按照教师的安排习得内容；在课堂上，教师解释重难点问题，进而通过网络多媒体实现在线测试。完成测试后，学生可以即时获取网络背景知识和学习资源，同时还能与自己之前的测试结果进行比对，从而加深自己的知识。

（2）英语课程涉及语言与文化两大因素，教师在对学生的学习进行安排时，需要从初级认知的识记理解开始，转向高级的综合应用，完成一系列的递增过程。同时，教师在安排学生学习时还需要组织与此相适应的学习活动，在学生固有知识的基础上加深其对不同文化知识的理解和掌握。

（3）在合作学习的基础上应结合个体学习，因为个体学习有助于学生充分领会和识记。

（三）课后效果评价

在翻转课堂教学模式中，教师需要重视课后效果评价。翻转课堂模式常采用个性化学习测试，依靠的是教师与学生在接触的过程中形成的评价。也就是说，教师需要依据自身经验，对学生的知识掌握程度进行判断。这种即时的评价有利于纠正学生对知识的误解，且能够根据不同学生的差异，为他们提出合理化的建议和指导。但是，由于翻转课堂兴起时间较短，其评价与测试形式并不完善。因此，翻转课堂模式的学习评价主要是要求教师与学生之间进行及时交流与沟通，并根据学生的不同个性特征来加以引导。另外，教师还需要提供更多渠道来为学生展示学习成果，让学生建立起足够的成就感和自信心，促使学生增加学习的动力。

三、翻转课堂模式的优势

通过翻转课堂模式的定义可知，该模式是对传统教学模式的颠覆。具体而言，翻转课堂模式有如下方面的优势。

（一）有助于学习者安排学习时间

翻转课堂模式有助于学习者安排学习时间，尤其是即将毕业的大学生，他们需要在实习工作上花费很多时间，因此并没有充足的时间置于课堂学习。这些学生需要的是能够迅速传达知识的课程，让他们在闲暇时间学习知识。对于这些学生来说，翻转课堂模式是非常适合的，有利于他们合理地安排自己的学习时间。

（二）有助于师生展开课堂互动

与传统课堂教学模式相比，翻转课堂模式改变了师生之间的相处方式，教师与学生之间逐渐形成了一对一的交流。如果学生对某一知识点存在疑问，那么教师可以将这些学生集中起来，对他们进行特别指导。另外，在翻转课堂上，学生会展开大量的互动，他们不再将教师看成知识的唯一来源，还包含其他同伴之间的互动学习。

（三）有助于差生进行反复学习

在传统教学课堂中，教师将重心放在成绩优秀的学生身上。这是因为，在教师的眼中这些学生可以追赶上教师的步伐，且愿意积极主动地参与到教师的教学中。但是，除了这些成绩优秀的学生外，其他英语水平较差的学生往往是被动听课，甚至很难跟上教师的节奏。对于这种情况，翻转课堂有利于帮助这些水平差的学生。在翻转课堂上，学生可以随时对视频进行暂停或重放，直到自己理解和明白为止。另外，翻转课堂模式还大大节省了教师的时间，让教师将更多的精力投注于成绩不好的学生身上。

（四）有助于学习者实施个性化学习

众所周知，各大高校的学生来自不同地区，其自身发展水平必然存在差异，尤其是兴趣爱好和学习能力等。虽然当代的教学研究领域注意到了这一问题，但是传统教学模式很难实现分层教学，而翻转课堂教学模式恰好解决了这一问题。

翻转课堂模式根据学生的兴趣、能力等展开教学，使每名学生能够从自己的进度出发来进行学习。

（五）有助于课堂管理的人性化

在传统课堂教学中，教师为了帮助学生获取知识，需要密切关注学生的注意力和整个课堂的纪律问题。这是因为，如果学生被某些事情影响了心情，那么必然会影响他们学习的进度。但是，在翻转课堂中，这一问题是不存在的。

首先，翻转课堂模式将学习的主动权归还给学生。如前所述，翻转课堂模式是对师生间、生生间互动关系的强化，让学生最大限度地发挥了主观能动性，即学生掌握了主动权。虽然传统课堂中教师也会辅导学生，但由于受传统理念的影响，这些教学改变只存在于形式上，教学活动仍侧重于讲授，学生完全没有占据主体地位。在网络多媒体环境下，翻转课堂模式获取了名正言顺的地位。在翻转课堂中，学生根据教师提供的资源首先进行自主学习，体现学生的主体地位，然后在课堂上与教师展开讨论，深化自己的知识。

其次，翻转课堂模式扭转了传统教学模式下学生的学习观念和学习态度。翻转课堂中的学习内容是根据学生的需要、兴趣来定位的。在总体学习目标下，学生通过教师提供的学习途径、学习材料完成知识建构，提升自身的知识水平。

最后，翻转课堂使学生对教师的依赖性降低。这是因为，翻转课堂中知识的习得置于最前的位置，学生的自主性逐渐提高，有效淡化了学生对教师的依赖。在自主学习中，学生不得不将自己获取帮助的想法转向其他同学，经过一段时间，学生便形成一种习惯，即主动接受学习知识的过程，与其他同学进行探讨和交流，这样不仅可以提升学生的知识水平，还能提升学生的人际交往水平。

四、翻转课堂模式的实施方法

根据相关学者的研究，一些学者提出了翻转课堂模式的基本流程，具体而言，涉及两大层面。

（一）进行课前安排

在课前安排方面，教师要为学生准备充足的学习资料，如电子教材、外语参考书籍、国内外相关外语专题网站及微视频教程等。

1. 电子教材的设计

在电子教材的设计上，应注重其完整性。也就是说，纸质教材的内容及附加的音频、录像、解释材料等在内的内容应包含在电子教材中。此外，还有语料库数据、相关网站等资料，可以运用链接形式注入电子教材中，便于教师和学生使用。

电子教材除了设计要保证完整性外，还需要遵循一些次要原则。

（1）模态协作化原则。由于电子教材的设计涉及多模态形式，在运用多模态时需要考虑几个因素：一是现有的设备条件是否适合使用多模态，能否为教师留有选择的空间；二是运用多模态能否产生正面效应，其教学效果如何；三是考虑多模态的运用是否会出现冗余，避免产生浪费；四是多模态形式是否能够进行强化和互补。

（2）模态分配分类化原则。模态分配分类化是指根据不同的教学条件和教学对象来分配不同的模态组合。著名学者陈敏瑜在对多模态进行研究时，发现大学教材中的绘图大多为纲要式或者抽象式图表，而小学教材多为漫画式，这就说明教材的编写是根据学生的认知能力和基础知识界定的。因此，在设计电子教材时，同样需要考虑学生的认知能力和知识水平，如文科生适合形象化的模态，而理科生适合抽象化的模态。

（3）超文本化。在电子教材中，教学材料是主语篇，而提供背景、解释、练习材料的是小语篇，二者通过不同层次的方式构成一个相对复杂的语篇网络。

（4）个性化。电子教材设计的个性化是从学生的个性特点出发来组织教学。由于学生的起点不同，其使用的模态也必然不一样。为学生提供多种可供选择的教学模式，有助于提升学生的学习兴趣，避免出现“一刀切”的情况。

（5）协作化。在多模态学习的环境下，学生要相互协作，以小组的形式来完成学习任务、实现学习目标，进而提升整个小组成员的知识水平。

（6）模块化。所谓模块化，是指电子教材的设计以阶段性目标为核心，根据这一目标为学生设计教材，并在此基础上设计完成任务和目标的措施与方法，指导学生根据步骤来学习，为实现自己的目标努力。

2. 微视频的设计

微视频是当前翻转课堂模式常用的学习资源，具有很强的针对性。在课堂开始之前，教师可以根据课堂学习目标准备两个或三个微视频，一个微视频仅介绍一个知识点就可以，如果介绍的内容太多，那么就会影响学生的理解和学习。对于微视频的设计，教师需要注意以下几个方面。

（1）英语教学视频的视觉效果、互动性、时间长度等都会对学生的知识习得产生影响。在微视频中，教师要对学习内容进行合理设计，并设计课前练习的难度与数量等，以帮助学生将新旧知识结合起来。

（2）学生在课前学习过程中，可以利用网络多媒体软件等与其他学生进行交流与沟通，将自己学习中的难题和疑问排除掉，促进彼此间的提高。

（3）在微视频的设计上，教师还需要考虑学生的适应性。刚接触视频时，学生很难集中自己的注意力，而是更专注于笔记的记录。为了改善这一局面，教师可以为学生构建视频副本，帮助学生解除后顾之忧，引导学生关注视频内容。

（4）在微视频的制作上，教师不仅需要对整体上的视觉效果进行重视，还需要突出学习的要点和主题，根据知识结构来设计活动，为学生构建内容丰富、形式新颖的平台，让学生对微视频学习产生更大的学习积极性。

（5）当微视频制作完成之后，教师可以将这些视频上传到网上，学生可以通过学校网络随时下载。

（6）当学生完成微视频的学习后，需要对自己的学习情况进行总结。如果遇到问题，可以将这些问题反馈给小组长，然后由小组长向教师汇报。

（二）展开课堂教学

在翻转课堂上，教学大概涉及五大步骤：合作探究、个性化指导、巩固练习、反馈评价以及课程总结。

1. 合作探究

首先，要合理进行分组。合作学习实际上就是小组学习。合作学习中组员之间的结构是十分重要的，因此教师在分组时要注意各小组成员在能力水平、知识结构上的多样化。同时，各小组成员之间保持个性特点的均衡也有利于各个小组间进行竞争和学习。一般来说，各小组成员应该遵循“组间同质，组内异质”这一原则，保证小组成员中具有不同层次的知识水平，提升小组内能力欠佳学生的积极性，促进任务的完成。另外，小组内的成员应该进行分工，即每一位成员在小组内都应该体现自己的作用和位置，在完成任务的过程中能够积极地思考。

其次，对问题进行策划和提出。小组合作的内容具有可操作性，即设置的问题能够进行讨论。在课堂开始之前，教师应该根据不同的学习内容和任务明确分组的原则，明确规定小组内各个成员任务以及完成任务的时间。在合作学习中，教师处于引导者的地位，为不同学习小组制订不同的学习任务，使各个小组间能够相互合作、共同学习、共同进步。

最后，要合作实施，并对过程进行控制。小组合作学习并不是在任务开始时就要求一起完成任务。事实上，在任务开始时，小组成员需要对任务进行研究和探讨，且各个成员间独立进行思考，通过独立的思考来促进和发展思维。之后，小组成员之间对思考的成分交流，发表自己的观点和看法，最后对各种信息和观点进行汇总，组合成一个一致的观点。当然，小组内还需要一个发言人，发言人需要将观点和看法向教师反馈。

2. 个性化指导

在个性化指导阶段，教师需要为各个小组解答问题与疑惑。在合作探究中，不同的小组会产生不同的问题，教师应该根据不同的问题进行个性化指导并解答；对于一些共性问题，则可以集中予以解答。

3. 巩固练习

在巩固练习阶段，在教师的个性化指导下，各个小组需要进行总结，并通过不断练习来加深印象，对重点、难点知识进行巩固。另外，这一阶段需要各个小组间的学习与交流，引导学生间贡献学习经验和知识。

4. 反馈评价

对小组合作学习情况的评价主要包含两个方面：一是对学习过程和结果进行评价；二是对小组及小组内成员进行评价。在对各学习小组进行评价时，教师需要将重心放在整个小组任务的完成情况上，而不是放在某一小组成员的成绩上。同时，教师还需要评价小组内成员参与的主动性和积极性，这样既可以为其他小组内的成员树立榜样，还可以激发小组内成员的热情，调动学生学习的积极性，防止学生产生依赖，更好地实现合作学习。

5. 课程总结

课程总结是合作探究的最后一步，各小组间进行交流与信息沟通。教师应该给予小组内不同成员充分的支持，使各个小组都能够顺利完成学习任务，实现既定目标。

总之，大学英语翻转课堂模式不仅是对课前预习效果的强化，更是对课堂学习效率的注重和提升。对于教师来说，通过课堂活动设计来使学生知识内化是教师的重要任务，也是大学英语翻转课堂教学的目的。基于此，教师在设计课堂任务时应该对写作、情境等要素予以充分利用，引导学生通过真实体验来实现知识内化。对于大学英语翻转课堂而言，学生展开学习的基础在于信息资源及技术工具等的运用。

第二节 英语微课模式

随着网络多媒体技术的引入，人们的学习方式逐渐发生改变。在网络及“微时代”的双重影响下，微课模式已经悄然进入大学英语教学的领域，并成为人们探索新教学模式的一个重大突破口。可以说，微课是一种新的网络学习资源，并在国内迅速发展，成为基于网络多媒体的大学英语新教学模式。大学英语微课模式的定义、构成、优势及实施办法等成为当前研究的热点，下面就对这几方面展开分析和探讨。

一、微课模式的定义

从字面上来说，“微课”有三个层面的阐释。

（1）对于“课”这一概念来说，微课是“课”的一种，是一种课式，呈现的是一种短小的教学活动。

（2）对于“课程”这一概念来说，微课同样是有计划、有目标、有内容、有资源的。

（3）对于“教学资源”这一概念来说，微课具有丰富的教学资源，如数字化学习资源包、在线教学视频等。

但是，对其内涵进行挖掘，可以发现微课是一种具有单一目标、短小内容、良好结构、以微视频为载体的教学模式。微课的最初理念是通过正式或者非正式的学习方式，人们不断对短小、主题集中、与实践紧密结合的专业知识进行学习，从而提高学习效果，促进知识的内化。

微课从本质上是一种对教与学进行支持的新型课程资源，而且微课与其他与之匹配的课程要素共同构成了微课程。从这一点来看，其属于课程论的范畴。当学生通过微课模式开展学习时，就是以微课作为媒介与教师产生交互活动，通过面对面辅导、在线讨论等进行直接交互，从而产生有意义的教学。

二、微课模式的构成

从微课的课程属性出发，微课需要具有必备的课程要素。具体而言，主要涉及四大要素：目标、内容、活动、交互和多媒体。

（一）目标

目标是指教师预期微课模式的适用教学阶段以及期望教学所要达成的结果，主要包含以下两层含义。

（1）应用目的，即设计开发微课模式的原因。这与微课模式是在课前、课中还是课后运用有关。如为学生的课后练习提供指导而制作的相关练习讲解的微课。

（2）应用效果，即教师在使用微课模式后期望学生所能够解决的具体问题，如掌握某一体裁的英语写作方法、阅读理解题的解题技巧等以引发学生思考。

一般来说，微课模式的目标是具体明确、单一的，其对于微课内容和应用模式的选择起着重要的指导意义。

（二）内容

内容是指为微课模式预期服务的，与特定学科相关的有目的、有意义传递的信息与素材。也就是说，大学英语微课模式的内容是教师实现预期目标的信息载体。根据微课的目标，并结合学生的学习情况以及准备应用的教学阶段等教学实际来设计微课模式的内容。微课内容不同，教师对教学活动的设计也不一样。但是，由于微课的时间很短，内容上往往具有主题明确、短小精悍、独立的特色，因此需要教师对微课内容进行精心选取。

（三）活动

活动是主体与环境的相互作用过程，其中环境涉及主体本身、其他主体以及客体。这里所说的“教的活动”是指教师这一活动主体与特定微课内容这一客体之间的相互作用过程，通过这种相互作用，向学习微课的学生将教学信息有效传递出来，以帮助学生对课程内容进行理解与思考。教的活动是实现微课目标的一种有效方法。从方法上来说，教的活动可以分为教师的演示、讲授、操作及其与其他主体间的互动等活动类型。

（四）交互和多媒体

要想完成微课中教的活动，教师必须借助某些特定工具，来保证学生能够正确理解微课内容的意义，从而实现学生与微课的相互交流。在微课模式中，这种工具主要包含两种。

（1）交互工具。学生进行微课学习，能够促进学生与微课间进行操作交互和信息交互。

（2）信息呈现工具——多媒体。多媒体能够更好地帮助教师对教学内容进行表达和解释，从而提高学生在进行微课学习时与学习资源间的交互有效性，如微课中课件、动画、图形、图像等的呈现。总之，微课这四大因素是相互影响、相互关联的。通过对以上要素的设计，教师有助于构建成一个具有结构化数字化课程资源。

三、微课模式的优势

从微课的定义与构成上不难看出，微课与当前信息技术相适应，也与《大学英语教学指南》相适应，是一种新兴媒体在教学领域的运用。可以说，微课在大学英语教学中的优势非常明显。

（一）教学内容少

微课模式主要是对课堂教学中某一知识点教学的凸显，或者是对教学中某一环节或者某一主题活动的反映。与传统教学内容相比，大学英语微课教学内容精简，更符合教学的需要。

（二）教学时间短

一般来说，大学英语微课教学视频时长为3～8分钟，最长不应超过10分钟。相比之下，传统课堂教学时间长，一般为40～45分钟。因此，微课常常被称为“微课例”或“课堂片段”。也就是说，微课教学时间短。在当前的大学英语教学中，使用微课模式有助于针对教学难点开展教学，使学生能将这些注意力集中在教学的黄金时段，通过与教师的互动解决学习上的困惑。

（三）资源容量小

在通常情况下，微课模式中的教学视频及配套资料的容量为几十兆，容量一般比较小。在大学英语教学中，微课模式有助于教师与学生间流畅地展开交流。

（四）资源构成情境化

大学英语微课教学的内容通常具有鲜明的主题，且指向完整、明确。教学视频片段是微课的主线，并以此对教学设计及其他教学资源进行整合，从而构筑成一个类型多样、主题凸显、结构紧凑的“主题单元资源包”，创造出一个真实的教学资源环境。这就使微课资源具有了视频教学案例的特点。这样真实、具体的情景不仅有助于学生提升思维能力，还有助于提升教师的教学技能和学生的学业水平。

（五）反馈及时、针对性强

微课教学内容少、教学时间短，因为可以在短时间内集中开展“无生上课”活动，因此教师和学生都可以迅速获取反馈信息。此外，每名学生都可以参与课前组织预演，相互学习，这在一定程度上有助于减轻教师的压力，保证英语教学活动顺利开展。

（六）成果简化、多样传播

由于微课教学内容主题鲜明，内容具体，因此其成果易于转化和传播。同时，微课教学时间短、容量小，其传播方式也是多种多样的，如网上视频传播、微博讨论传播等。

（七）主题鲜明，内容具体

微课课程的开展是建立在某一主题上的，其研究和探讨的问题也主要来自具体、真实的教学实践。例如，教学实践中关于教学策略、学习策略、重点难点、教学反思等问题。

四、微课模式的实施办法

就当前的教学实践来说，微课模式有着广阔的发展前景。虽然微课的设计是当前研究的重点，但是也不能忽视微课模式在教学实践中的应用。因此，下面就大学英语微课教学提出一些建议。

（一）建立微课学习平台

微课模式主要建立在视频这一载体上，同时还需要一些辅助模块，如微练习或互动答疑等，这对于提高学生的学习兴趣、培养教师的信息化应用能力十分有益。其中，一个较为创新的方法是微慕课平台，即使微课模式展现出慕课模式的系统性和专业性。这一平台具有一定的知识含量，且具有结构灵活、系统性强、制作成本低等优点。

（二）提升微课录制技术

微课录制技术更追求质量，而且要尽可能地简单，使教师乐于录课，并能够快速提升自己的微课录制技术。另外，微课的研究人员需要在网络多媒体技术上进行改进和发展，追求卓越，尽可能地使微课模式得以普遍推广。

（三）加强资源开发，实现共建共享

大学英语教学中仍存在教学资源不均衡的现状，而微课的出现，使优质的教学资源通过网络传送到全国的高校中，从而实现资源共享。

第三节 英语慕课模式

在网络多媒体环境下，慕课模式是以关联主义为基础，开展大规模的在线教学方式和学习方式。慕课模式的形成和发展并不是偶然的，而是在时代的发展和信息技术的进步基础上实现的。

一、慕课模式的定义

慕课是一种在线课程开放模式，是在传统发布资源、学习管理系统的基础上建立起来的课程模式，又称“大型开放式网络课程”。慕课主要由具有协作精神与分享精神的个人所组织并将优异的课程上传到网络，可供需要的人下载和学习，目的是促进知识的传播和发展。

2012年9月20日，维基百科将慕课进行了界定，即慕课是一种以开放访问、大规模参加作为目的的在线课程。慕课的英文字母是MOOC，这四个字母分别有其代表的含义。

M：代表参与这种开放性课程的人数多，规模大。

O：代表这一课程具有开放性，只要是想学习的人都可以参与其中。

O：代表这一课程学习的时间是非常灵活的，想学习的人可以自主选择。

C：代表课程包含的种类众多。

二、慕课模式的优势

慕课模式应用于大学英语教学必然会引起重大的教学理念与教学方式的改变。也就是说，慕课模式对当前的大学英语教学意义重大。具体而言，慕课模式具有如下优势。

（一）提供能力培养平台

我国的大学英语教学虽然一直在不断变革，但总体上还是将重心放在基础知识教学上。这种教学模式必然阻碍学生将英语教学与专业结合起来，也就很难实

现自己综合能力的提升。受这一教学理念和教学背景的影响，很多学生忽视了英语的学习，并没有意识到英语在现实生活中的作用。慕课的出现能够为学生提供最新的发展评估和专业动向，有助于激发学生的学习动机和兴趣，促使学生提升自己的专业能力，解决英语教学与自己专业的问题。

（二）平衡不同学生水平

高校学生来自不同的地域，各地的教学水平存在差异，学生的学习能力和学习基础也存在高低不同。在统一的大班英语课堂上，教师很难实行一对一教学，只能从宏观上对学生进行指导。在这样的教育现实下，很多学生已经追赶不上教学的进度，或者不满足于当前的教学水平。

慕课模式通过开放性的网络平台，给学生提供了有针对性的教学，便于缓解教师教与学生学的矛盾。同时，该模式不受时空限制，既有利于促进基础好的学生能力的发展，也有利于基础差的学生知识的巩固。

（三）形成语言使用环境

对于我国学生而言，英语是第二语言，因此本身缺乏语言学习的环境，导致学生在课堂上学到的知识很难在现实中应用。这很大程度上，降低了学生学习英语的成就感，也对日后学生的语言能力提升十分不利。

慕课的出现能够为学生创设良好的语言学习环境，即学生可以接触到真实的语言，甚至可以与世界上其他国家的人们进行交流，这有助于提升学生自身的听说能力。

（四）扩大学生知识储备

我国的大学英语教学主要是围绕课堂教学展开的，面对短暂的教学时间、繁重的课业压力，课堂教学很难给学生带来充足的知识。相比之下，慕课教学模式以网络为平台，向学生提供丰富的知识，方便学生进行提取，不仅扩大了学生的知识储备，还丰富了学生的学习效率和兴趣。

三、慕课模式的实施办法

作为一种新兴的大学英语教学形式，慕课模式往往会通过以下几个步骤进行教学，即课程设置多样化、上课方式多样化、考核方式多样化、传统课堂与慕课结合。

（一）课程设置多样化

就当前的大学英语教学来说，慕课模式改变了传统教学模式的单一状况。就师资力量来说，传统的大学英语教师资源非常有限，所讲授的课程针对性也不明确。就教学材料来说，当前大多数高等院校使用上海外语教育出版社出版的《大学英语》《新世纪大学英语》、高等教育出版社出版的《大学体验英语》以及外语教学与研究出版社出版的《新视野大学英语》等，并没有采用与学生相适应的专门教材。就课程设置来说，虽然各大高校都设置选修课，但是这些选修课大多是为英语四、六级考试设置的。对此，慕课教学模式根据学生的学习兴趣和需要来选择课程，大大提高了学生的学习兴趣，从而提升了学生学习英语的质量和效率。

（二）上课方式多样化

虽然我国各大高校都在推进大学英语教学改革，上课形式也不再单一，但是仍以教师讲授为中心，其中穿插的多媒体也只是一种辅助形式，是教师板书的延伸而已。但是，在网络多媒体不断发展的背景下，慕课模式实现了上课方式的多样化，学生可以在校园任何地方坐在电脑前学习，或者手拿iPad进行学习。

（三）考核方式多样化

在网络多媒体教育环境下，大学英语慕课模式的关键在于考核方式的多样化。如果仅仅依靠传统的笔试或者论文式教学，那么很难将学生的实际水平测试出来。在慕课模式下，考核方式的多样化主要涉及两点：一是探索个性化考核方式，即根据不同层次的考生设置不同的测试题目；二是探索开放性的考试方式。总之，无论是个性化考核方式，还是开放性考核方式，其前提都是为了激发学生的学习积极性和学习兴趣。

（四）传统课堂与慕课结合

前面已经介绍了慕课模式的优势，但是在发挥慕课模式的同时，还需要注意两点问题。

（1）大学英语慕课模式教学还有待完善，因为需要对教师进行培训，还需要准备与之配套的教学硬件设备。

（2）对于大学生来说，他们自身水平存在差异，因此要想让不同层次的学生适应慕课模式，也需要很长一段时间。如果将所有的教学内容置于网上，那么那些本身自制力差的学生就更容易放弃，这当然是教师不愿意看到的。

因此，当前属于新旧交替时期，教师仍扮演着重要角色。首先，教师应该积极探索能够激发学生主动性和积极性的慕课课件。其次，教师需要对学生的基本情况有一个清晰的了解，保证慕课课件能够被大多数学生理解和把握。最后，教师还需要了解不同学生的自主学习能力，锻炼学生的心理素质，使他们尽快适应新兴的教学模式。

第六章　英语创新思维教学

第一节　英语教学中的思维模式

一、创新思维与英语教学

（一）创新思维对于英语教学的作用

学生学习英语的过程绝对不是简单的知识积累，而是要通过对知识的消化掌握，形成和纳入自己的知识体系，并熟练进行运用，这就要求教师在英语教学中注意培养学生的创新思维能力，注意运用各种创新思维的教学方法。运用创新思维的教学方法可以培养学生的创造性思维，强化学生在听课过程中的反思意识，建立和谐互动的师生关系，营造创新求索的教学氛围。同时，运用创新思维还可以激发学生学习的主体意识，培养学生自主学习的能力，使学生加深对知识的理解和运用。

（二）创新思维在英语教学中的运用

1. 发散思维在英语教学中的运用

发散思维又被称作多项思维，是创新思维的一种类型，也是创新思维的核心内容。发散思维就是通过想象和联想来发现事物的新领域、新方法、新观点，因此，教师要在英语教学中运用发散思维，可以通过设计一些适宜发散思维的多媒体课件，或设计一问多答，举一反三等实现，例如：在学习了“pay attention to”这个词组之后，教师可以让学生进行发散性地思考：还有什么别的词组可以代替这个词组？有些学生会举出“focus on”，有些学生则会举出“aim at”等，然后老师可以进一步提问这些词句的具体区别。又如：在学习了“salary”这个词之后，教师可以让学生比较income、wage、pay等词的词义区别，鼓励大家发散性地去思考问题。教师还可以让学生尝试着用学过的词语去解释新学的生词，加深学生对新知识的理解。通过发散思维在英语教学中的运用，可以使学生克服静止、孤立思考问题的习惯，克服思维定式的消极影响，从而提高学生运用英语的能力。

2. 求异思维在英语教学中的运用

所谓求异思维，就是从同一材料中探求不同答案的思维，教师在课堂学习中可以要求学生用不同的语言表达同一内容，用不同的方法解答同一问题，从不同的角度分析同一人物形象，用不同的观念阐述同一作品的主题等，这些都是训练求异思维的方式。求同思维适用于学生学习的共性因素。而求异思维则更容易适合于学生的个性心理差异，使学生更深入细致、灵活变通地掌握知识和解决实际问题，在英语教学中要主要运用求异思维。这是因为学生正处于心理、生理发育的最快时期，他们好奇心强，求知欲旺盛，喜欢求新存异，有一定的叛逆特征。这些都是在英语教学中运用求异思维的基础，英语教师在进行教学时，要抓住学生的这些心理特点，鼓励学生发表自己的看法，激发学生的求异思维。

3. 创意思维在英语教学中的运用

所谓创意思维，就是通过视觉和感觉神经将记录下来的信息进行储存，然后将不同信息进行分类消化并融入本体思维中，而当新信息涌入时，本体思维就会迅速对新信息进行逻辑判断，使本体思维在不断注入新信息的同时产生变化，从而形成新思维的一个过程。在英语教学中运用创意思维，可以充分地借助现代信息技术和多媒体技术等教辅手段，设计多媒体教学课件，让学生对学习的内容有直接的感官认识。在使用多媒体课件进行英语教学时，要力求课件的作用能够达到使学生的形象思维转化为抽象思维，由感性认识上升为理性认识。同时，教师要在教学中对学生进行指导，让学生对学习材料有充分的认知，把要教授的知识点融入课件之中，在学生观看的过程中，对其进行引导和启发，加强与学生的互动沟通。

4. 逆向思维在英语教学中的运用

逆向思维是将司空见惯的似乎已成定论的事物或观点反过来思考的一种思维方式，这种思维敢于“反其道而思之”，让思维向对立面的方向发展，从问题的相反面对英语思维与教学研究深入地进行探索，树立新思想，创立新形象。当大家都朝着一个固定的思维方向思考问题时，可以朝相反的方向思索，这样的思维方式就叫逆向思维。在英语教学中运用逆向思维，就必须要求教师解放思想，敢于突破原有的一些思维定式。如在教学中，教师不一定要严格按照大纲规定的教学进程，从Unit1开始教起，教师可以按照自己的教学思路，在确保学生可以接受的情况下，从有利于教学开展的单元开始教学。又如新一轮教育课程改革后，教学的内容分为必修和选修两个部分，必修的内容不一定要花较多的课时进行学习，选修的单元也可以相对多花时间进行学习。

综上所述，英语教学中创新思维的运用对于培养学生的创新思维能力，激发学生学习的主体意识，建立良好的学习氛围和师生关系具有重要的作用。因此，教师在英语教学中应注意多角度、全方位设计各种问题，激发学生的发散、求异、创意、逆向等思维，从而使学生对学习的知识由感性认识上升到理性认识，充分发挥学生在英语教学中的主体性作用，让学生根据所学的知识去创造、探索。教师则要在学生创新、创造的过程中给予其必要的启发与指导，从而进一步增强他们学习和运用英语的能力。

（三）创新思维运用的方法

创新教育是对教育质量的巩固和深入，它强调在教学中老师应该把学生当作教学的主体，运用启发式教学方法组织各种活动来培养学生独立思考、自我创新的能力。为了发展学生的创新思想，必须把创新思维运用到英语教学中。怎样把创新思维运用到课堂上就变成了所有从事英语教育工作者需要思考的问题，可以从以下几点考虑。

1. 研究教材

例如，教授关于中西方餐桌礼仪时，教师不但要帮助学生记忆一些有关句子、词汇以及在点餐时的问答，而且要给他们创设一些生活情境，如让学生创设去西餐厅吃饭，和服务员交流点餐的实际场景：在遇到表达不清时应该怎么办？或者他们不知如何表达菜名，但还需要继续点餐和用餐时，又该怎么办？以此种方式帮助他们学习并运用到实际生活中。在加强实际场景对话的练习后，再继续布置任务，让学生组成小组对相关的中西方餐桌和菜品作出相应的调查和研究，然后在课堂上作出英文的presentation 展示，讲解给班级里的其他同学，这样分享和研究的过程也是一种培养学生创造性的教学设计。

2. 教学的组织

以前，教师在课堂上只讲知识，学生课后记忆，对大多数学生来说，他们在课堂上记不住，因此课后就必须花费更多的时间继续学习，但是效果不一定很好。在课堂上运用创新思维，教师可以找一些方法帮助学生当堂记忆。如当教师教一个动词时，让学生表演一下这个动作，其他学生猜，然后集体拼读；再如让学生讨论课文内容并提问，如果他们是作者，他们在课文中会写些什么，以此激发他们学习的欲望。

3. 设计问题的艺术

教学本身在某种程度上也是一种艺术的体现，问题设计的适当与否直接影响学生的理解度和接受度的高低，影响其思维的发挥。因此设计问题必须统揽全局，根据不同水平的学生设计不同层次的问题，问题必须要有意义而且有趣味性、逻辑性，便于学生进行发散性思维，最终使课堂变得轻松，激发和帮助学生学习以及与老师合作，达到更好的教学效果。

4. 教师素质要求

为了成功地把创新思维运用到英语教学中，必须对教师提出更多的要求。传统教学的主要目的是帮助学生学习前人积累下来的知识、经验，然后让学生运用这些方法来处理再次发生的事情，教师是照搬知识的人。但在现代信息社会，对一个人来说最重要的事情是创新，教师必须知道怎样培养学生，提高其用创新的方法来处理问题的能力，因此对教师有了更多的教学要求，包括以下三点。

（1）转变教学观念。

教师应使学生具备转变旧观念，接受新观念，创造新理念的能力，当知识老化的时候，能够自觉学习新知识。因此，转变观念非常重要。

（2）形成现代教育理念。

蔡元培曾经说过："教育者，非为已往，非为现在，而专为将来。"教育是为未来的发展，如果一个老师只盯着分数，那么教育就会变质。现代社会是一个高科技的信息社会，教师应有现代的教育理念，了解社会对学生的需求，了解创造性教育、个性教育，抓住目标才能成为一位优秀教师。

（3）提高教师素质。

人们常说，要给学生一杯水，自己必须有一桶水。如今，教师更应该是一个泉眼。因此，教师必须提高自身素质，不仅丰富知识方面，而且要提高自己的人格魅力。世界在飞速地发展，如果没有创新精神，就跟不上时代潮流。英语是对外交流的一个重要技能，学生是国家的未来，对他们来说，教学是学习英语的重要途径，因此教师必须要不断学习，不断发展，关心学生。只有把创新思维运用到教育中，才能真正做到"教育面向现代化，面向世界，面向未来"。

二、模仿思维与英语教学

（一）英语教学中模仿思维的具体做法

英语教学的目的是使学生掌握一定的英语基础知识，培养学生在实际交际中熟练运用英语的能力。因此，在教学中应该改变以教师为中心，偏重语法结构的分析、讲解及机械的句型练习的教学模式，采取以学生为中心的模式，加强训练指导，指导学生多模仿英美原声，让学生体验纯正英美发音和地道的语音语调，最后升华内化为学生自己的特色。

1. 提倡英语教学中的模仿

人类从出生到咿呀学语，从幼童到长大成人，可以说人生的每个阶段都离不开模仿。这是因为模仿是人类学会做事情的主要方法，是一个人在学习过程中必然经历的阶段。古希腊的著名哲学家德谟克利特（Democritus）曾说过：“在许多重要的事情上，我们模仿动物，做动物的学生。从蜘蛛身上，我们学会了织布和缝补；从燕子身上，我们学会了造房子；从天鹅和黄莺等歌唱的鸟身上，我们学会了唱歌。”“模仿”一词在词典上被解释为“照某种现成的样子学着做”。可以说，模仿就是人的一种本能。那么，如何提高学生的英语口语水平，使他们的发音、语气、语调都地道纯正呢？模仿英美原声就是一个不错的选择，可以尝试以下方法。

（1）多听多读。

如果学生能够经常大声朗读英语，便能够促进其记忆力，有助于英语学习能力的提高。同时，英文是典型的拼音文字，与汉语大不相同，学生通过大声朗读更容易懂得拼读的技巧和规则。当然，为了更好地提高朗读效果，学生在朗读前一定要多听几遍，然后试着模仿，逐渐培养自己的语感。而要想有较多收获，就必须做到每天坚持听读，这也符合语言学科的特点。

（2）大胆开口。

知识输入除了听读作为铺垫，学生还要多讲多说，因为开口讲话正是语言输出最直接的方式，只有语言的输出足够多，才能真正学会一门语言。作为英语教师，应尽可能多地为学生创设机会，让学生开口说英语，要让学生克服“怕说错怕丢人”的心理障碍，让学生不但在课堂上可以大胆地用英语交流，而且在课余时间也要让学生积极大胆地用英语相互交谈。教师可以在班级尝试性地搞英语角，每期给学生一个主题，任凭学生自己发挥，说错不要紧，重点是锻炼学生开口说英语的胆量。这不但可以大大激发学生学英语的积极性，使学生对英语学习产生极为浓厚的兴趣，而且提高口语交际能力。

（3）角色扮演。

兴趣推动兴趣是引导学生学习的最好的老师。兴趣导航，事半功倍。教学中，教师可以尝试性地让学生进行角色扮演，为他们创设最真实的语言环境，让学生能够灵活运用所学语言处理实际问题。著名学者张冰姿教授曾说过：“很多人想去国外留学，以为只有到外国才能把英语学好，其实不然，我的基本功都是在中国学的。我第一次去英国已经57岁，演讲完了，掌声雷动，不久就被邀请到BBC当播音员。我的英语学习经验就是在中国跟着唱片学，一篇课文至少模仿300遍，说完争取跟英国人一模一样。我的学生刚学完16篇课文，就可以去广交会当翻译，听口音外国人都以为他们是刚留学回来。出国不过是多了一个应用环境，你讲得不好，人家一样当你是外人。”张教授的话告诉我们，即便不在讲英语的国家生活，照样能够说出一门地道流利的英语，关键看是否下功夫模仿。

2. 模仿时遵循的原则

(1) 选择正确清晰的英美原文。

利用软件的跟读来训练自己正确的语音语调，提高流利程度，培养英语语感，这是模仿的必要手段。教师在指导学生选择听力材料时需要十分谨慎，为学生把好关，避免学生把宝贵的时间、精力浪费在模仿错误的材料上。

(2) 大声模仿，注重总结。

大声模仿，这点特别关键。学生模仿英美原文时一定要大大方方，清清楚楚，教师注意指导学生口型要到位。当然，学生刚开始模仿不可能像外国人说的那样流利，此时应指导学生把语速放慢，慢速模仿。只有发音到位，口腔打开，音发准了以后，才可以逐渐加快速度，并逐渐采用中速和快速，直到最后口语能流利地脱口而出。

(3) 反复、仔细模仿，最后升华内化。

英美原声的英语固然优美，但那不是一朝一夕就能够达到的。模仿时一定要有耐心、恒心和信心。模仿必须反复训练，只有不厌其烦地重复模仿，才能达到量的积累，从而实现质的飞跃。但反复操练和模仿并不等同于机械地让学生做一些无用功，仔细分析一下便发现，学生在重复模仿的过程中，多多少少都增加了思考，他们在这一过程中，实际上会形成统一发音规则的潜意识，经过不断的由强化训练到自觉练习，久而久之就会内化为自己的发音风格。实践证明，模仿英美原声在英语口语教学中的作用日益明显。模仿不但刺激了学生的积极性，而且能够真正地提高学生的英语口语水平，从而让学生在学习英语的道路上形成良性循环。而英语教师也在指导学生进行英美原声的模仿训练中掌握了技巧和经验，从而促进了自身业务水平的提高。可见，模仿的充分和正确应用能实现教师和学生在英语教学中的双赢。

（二）模仿教学在英语教学中的应用

1. 模仿教学的理论基础

众所周知，模仿是人的生物学本能之一，是人类获取动作技能、智力技能的有效手段。通过模仿，各种信息得以直接传递和接收，从而使知识的获取、技能的习得在自然而然中实现。英语教学中，教师若能科学有效地运用这一手段，不但能缓解初学者对英语的陌生感、晦涩感，而且可以在潜移默化中培养学生对英语的兴趣，使学生从感性认识的层面认同和接纳英语，实现英语教学的良性、可持续发展。现代教育理论认为，模仿教学的理论基础是模因理论。模因理论是基于达尔文进化论的观点解释文化进化规律的新理论，它指文化领域内人与人之间相互模仿、散播开来的思想或主意，并一代一代地相传下来。该理论的核心是模因。关于模因的定义，有两个形成阶段：前期被认为是文化模仿单位，其表现为曲调旋律，想法思潮，时髦用语、时尚服饰、器具制造等模式；后期的模因被看作大脑里的信息单位，是存在于大脑中的一个复制因子。模因词源上来自表示“模仿”的希腊词语“mi meme”，在牛津英语词典中，模因的定义是文化的基本单位，通过非遗传的方式，特别是模仿，而得到传播。可见，模因复制的基本特征就是模仿，它因模仿传播而生存，语言是它的载体之一。从模因论的角度看，语言模因揭示了话语流传和语言传播的规律。语言本身既是一种模因，也是模因传播的载体，它的功能在于传播模因。模因理论为语言演变引入了信息复制的观点，也为英语教学提供了一种新的研究思路，启发教师在英语教学中可以借助模因复制和传播的方式有效地引导学生进行模仿和套用，提高语言的实际运用能力。

2. 模仿教学的分类

模仿教学是多方面的，按照模仿的不同内容可分为对语音的模仿、对形态的模仿以及对语义的模仿。

（1）对语音的模仿。

语言学科最主要的信息是声音。对语音的模仿包括模仿语音，模仿语调，模仿语速、语气以及模仿声音的节奏。基于此，教学重点就是语音的听说读到模仿训练，听音练耳，学腔模调，鼓励学生积极参与、大胆表达。侧重提高他们对语言的感受和初步用英语进行听、说、唱、演的能力。学生的语言表达能力总是在模仿、使用中提高的。因此，正确地学好发音，对学生学习语言至关重要。

（2）对形态的模仿。

口腔是发音的重要表象，无论是单词、句子，还是对话教学，学生都要通过口腔进行语音练习，用身体来表达的意思是非常丰富的。教师在教学过程当中可以恰当地辅以某些身体动作，使学生在表演的过程当中进行学习，这可以激起他们的学习兴趣和学习热情。因此，教师可以结合自己的教学内容，让学生边模仿动作边朗读，尽可能把学生的注意力都集中在教学内容上。课文中涉及动作的内容，除了单纯的学生朗读、教师讲解外，老师可以通过让学生进行动作的模仿表演，加强对知识点的理解和记忆。如“Hands up.”“Put down your hands.”这类句型，老师完全可以让学生边做边说边学，学生注意力提高了，兴趣浓厚了，句型也就记住了。再如，在教动词的时候，教师可以请学生到讲台上表演动作，让其他学生来猜；也可以教师说英语，让他做动作，看动作说英语，这样的效果非常好。

（3）对语义的模仿。

语义模仿，是让学生在教师创设的简明语境中对语言材料的部分内容进行移代、更换的模仿方法，其目的是让学生通过在有意义的情景中模仿，不再跟着老师或录音依样画葫芦，而是进一步理解所模仿材料的意义、用法，强调句子在语义上的功能，在掌握语言材料基本结构的同时，真正明白所模仿的语言表达的意思。按照不同的模仿阶段来划分，模仿可分为机械性模仿、意义性模仿和创造性模仿三个阶段。在每一个阶段，学生的模仿内容和老师所起的作用是不尽相同的，以下分阶段来谈一谈。

①机械性模仿。机械性模仿是语言模仿的初级形式，也是语言学习的必由之路。机械性模仿主要是通过纯口腔性的操练，帮助学生对新学的知识形成比较稳定的语音形象。如在音标教学中，不必把每一个音标的发音部位、方法像体育老师教授体育动作那样将动作分解、示范、操练、整合，只需控制好教学气氛让他们进行模仿，让其感觉模仿似婴儿牙牙学语般新奇有趣，使他们感到模仿也是一个语音、语言信息的交流过程，他们就会饶有兴趣地“人云亦云”，只要老师的发音是准确的，学生的发声器官是健全的，模仿的效果就必然是好的。

②意义性模仿。意义性模仿是让学生在有意义的情境中进一步地进行替换性模仿，以理解所模仿的语言材料，明白所模仿内容的意思。如在学习“there be”句型时，教师可以把不同的东西放在同一地点或把同一个东西放在不同地点，让学生在预设的情境中进行替换性模仿，组织能够表达一定意思的句子，相互之间进行问答练习，从而很好地理解所学句型的意义。

③创造性模仿。创造性模仿是模仿学习中的最高层次。创造性模仿是指在机械性模仿和意义性模仿的基础上，将模仿而得的语言内化为学生自己的语言，并在新的情境中进行新的选择和组合，创造性地运用模仿前期所获得的语言知识，让语言在新的情境中为真正的交流和表达服务。创造性模仿的一大特点是：此时的模仿已不再是原模仿语言的简单再现，它要求学生在创设的新的语境中，对所学的语言材料进行选择，组合成符合新情境的新内容。它需要通过思维、想象、创造性地运用模仿前期所获得的语言知识，将其组合成新的结构，在新的情境中自由发挥和表达自己的思想和感情。如在学习了如何学习英语之后，教师可以让学生自由组合成小组来做调查，用“How do you learn English?”“What do you think is the best way for you to learn English?”等句型进行问答，了解有关的学习英语信息。这样一来，既促进了知识的迁移，又促进了学生思维尤其是创造性思维能力的发展。总而言之，模仿作为一种教学手段，既是英语教学的必由之路，也是学习英语的一种途径，持之以恒地引导学生进行科学有效的模仿是大有裨益的。如果有一天，英语像母语一样渗透到学生的语言和思维，那必将是教学工作结出硕果的时候，其中，当然也有“模仿教学”的一份功劳。

3. 模仿教学的现实意义

英语教学，尤其是初中阶段的英语教学，由于该阶段学生的英语知识、英语能力尚处于最初级的水平，语言材料中能激起学生学习欲望的知识信息相对较少。而此时的学习障碍却有很多，所以该阶段的英语教学若不能通过各种手段激发、调动学生的积极性，引导他们进行能动的、有效的学习，学生的学习障碍就会与日俱增，久而久之就会导致学习兴趣的减弱甚至丧失。反之，如果抓住学生模仿能力强、可塑造性强的特点，在教学中进行大量的语言输入，并通过适时、适度的模仿教学培养学生的语感，消除学生的学习障碍，使其从英语学习中获得快乐成功的体验，则可使英语教学步入良性循环的轨道。

三、艺术思维与英语教学

（一）艺术思维在英语教学中的作用

随着经济的发展和社会的进步，人们对于物质、文化生活水平的要求不断提高。人们不再满足于一般的物质需求，而追求更高的文化、生活和艺术的享受。社会从而加大了对艺术人才的需求，加上近十年来的高校扩招，大批艺术类学生涌入高校，这对高等教育提出了更高的要求。同时，艺术人才参与国际竞争与交流也越来越有必要，而英语是艺术人才进入国际平台的基础条件，它不仅是实用的交流工具，也是艺术人才自身素质和层次的重要体现。因此，艺术类学生的英语教师应充分认识到英语教学对培养艺术人才综合素质的重要作用，进而研究影响此类学生学习英语的因素及教学对策。艺术类专业学生在学习英语的过程中会不自觉地受到艺术思维方式的影响，艺术思维方式在他们英语知识的学习和语言交际能力的培养上起着引导作用。艺术类专业学生作为学生中的一个特殊群体，其艺术思维方式特点使其在英语学习中存在着群体差异和特殊的心理倾向。

（二）艺术思维的特点及教学方法

根据思维任务的性质、内容和解决问题的方法，思维的种类可以分为直观动作思维、形象思维和逻辑思维。形象思维是指人们利用头脑中的具体形象（表象）来解决问题，表象的主要特征是直观性。直观的形象为概念的形成提供了感性基础，并有利于人们对事物进行概括的认识，促进问题的解决。艺术家、作家、导演、设计师等更多地运用形象思维。

1. 艺术思维的第一个重要特点是形象性

《思维方式与社会发展》中提到，艺术思维是直观类思维方式的一种，是与形象思维有直接关联性的特殊思维方式。在艺术思维活动中，思维的对象并不是抽象的概念和命题，而是具体、直观、形象化了的东西。因此，在英语学习中，艺术类专业学生会趋向喜欢形象的东西，如更多地关注老师的体态和姿势，希望老师能借助音调、节奏、手势、体态等生动的形象语言来授课，或是喜欢有插图的教科书。对此，艺术类学生的英语老师应努力使教学过程变得形象化。形象化的英语教学首先应遵循模仿原则。语言是人们在长时间的实践中形成的认同符号，学生学语言是个模仿的过程，他们每天模仿父母、周围的人、电视等一切可以模仿的东西，并且模仿得越来越像。然后，他们渐渐停止了模仿，并且逐渐形成融合自己个性特征的语言方式。模仿是学习英语的基础，且创新源于模仿。作为英语学习者，必须模仿已有的东西，只有先通过模仿，真正掌握了英语的灵魂、精髓之后，才能形成自己的语言风格。艺术类学生对语言的模仿就是对具体直观形象的模仿，这种直观的形象反过来也要具有艺术性。这要求教师能通过优美的板书、得体的教态、幽默的语言和机智的课堂表现，向学生展示其人格魅力和艺术修养，借此对他们产生潜移默化的影响。在教学过程当中，教师可利用简笔画、英文歌曲、英语绕口令和短剧表演等表现形式来增添教学的艺术性，使学生获得足够的审美体验。教师还要注意对课堂教学的调控，使其富有变化，有高潮、过渡，交替自然，难易适中，且能调动多种感官活动。一堂好的英语课就像一首美妙的乐曲，应该是跌宕起伏、动静结合的，既有酣畅淋漓的热烈感受，也有恬静安详的轻松氛围。

2.“想象性”与“逻辑性”是艺术思维的另一个特点

在艺术思维中，主体总是“浮想联翩”，脑海中自始至终都不断地进行着较清晰、较具体的形象思维活动，表现为一个创造性的综合想象过程。这一思维过程打破了“逻辑思维”的常规性和有序性。因此，艺术类专业学生在英语学习中倾向于能使他们进行想象的人和物。如生活中的一个故事、一段情节、一个场景、一段旋律等。因此，老师可以结合授课内容适当选择有利于构造明确、具体形象的辅助材料，并且采用学生较熟悉、易操作的内容或方式来组织具有想象性的课堂活动。如请学生想象自己未来的生活状态，看图想象说话、作文，或为某一篇课文设计另外一个结尾等。另外，教师可以结合生活扩大学生词汇量。在讲单词的时候教师可以拓展其派生词并联系生活，引发学生的联想。如讲peer（窥视）、pistol（手枪）可以把它们理解为象形词，再如involve（卷入）可以从Volvo（沃尔沃汽车）的象形讲到in的前缀；Swallow既是燕子的“燕”也是吞咽的“咽”；从Pick-up（皮卡车）学会了加速捡东西；从Communication（交流，沟通）到交通，然后从交通银行扩充到各大银行的英文名称Communication Bank等。最后，建议学生把英语学习融入课外生活当中，平时多注意观察生活中所接触到的英文单词，以此激发学生的学习热情，提高学生学习的主动性。

3.艺术思维是感性的

艺术思维是一种渗透着主体浓烈情感因素的思维活动，是一种寓情于理的思维。因此，在英语学习中，艺术类专业学生对充满强烈情感体验的课堂活动会表现出极大的热情。如学舞蹈的人听到乐曲会情不自禁地随着节奏摇摆，学音乐的人听到熟悉的音乐会和着唱起来。老师在课堂中可以播放一些能够震撼学生内心情感的英语影片供学生欣赏，或把课文内容改编成戏剧，并由学生担任角色进行表演，以此促进学生的英语学习。很多艺术专业的学生对英语的学习态度是消极的，也就是说，班级集体的消极情感占了主导地位，通常导致学生被动学习和抵制学习。教师要善于调动班级集体的积极情感，发现学生的长处，善于捕捉学生的每一点进步，并让学生感受到自己的进步，进而坚定学习的信心和决心。教师还要善于鼓励，及时给予正向反馈，要创造机会（如竞赛、表演、演示等），让学生展示自己学习的成果，使学生体验到一种“成就感”。这种成就感不但可以激发学生进一步学习的信心和决心，而且可以使其形成英语学习的良性循环。另外，也可以尝试小组学习，即把大班分成自我驱动的小组，让学生在小组中进行合作学习，这是人本主义心理学家倡导的一种学习方式。合作小组由四到六个学生组成，他们由于共同的目的而团结起来，为完成任务，使每个人得到提高而一起学习。小组学习的形式有小组调查、角色扮演。学生小组有分工法、小组讨论等。小组学习使学生能在轻松的合作氛围中学习，发挥团队合作精神，获得集体感、荣誉感和成就感。人们往往把思维活动分为逻辑思维和形象思维，语言和逻辑思维密切联系，而艺术则主要表现为形象思维。艺术类专业学生也具备逻辑思维方式，但由于受到艺术实践的影响，逻辑思维在思维活动中不占主导地位，这恰恰是艺术思维在英语学习中的局限。教师可以从思维方式的差异分析入手，联系到语言习得，结合英语教学理论，进而探讨适用于艺术思维的英语教学方法。经初步证实，英语形象教学法能较好地吸引艺术类学生的课堂注意力，增强学生在课外生活中联想英语学习的兴趣，从而对艺术类学生的英语学习起到一定的促进作用。

四、理科思维与英语教学

随着新一轮基础教育课程改革的实施、英语课堂教学改革的深入，在精彩的英语课堂教学环节中，课堂教学的有效性显得尤为重要。这也为高校的英语教学提出了更高的要求，高校教师要更注重课堂教学的有效性，关键就是日常的教学要结合学生实际，让理科思维融入英语教学，给学生以语言实践的机会，突出课堂高效。英语教学教无定法，没有一种教学方式可以适合所有的学生和课堂，教师应视不同的教学对象施行不同的教学方法，即要因材施教。总之，对于英语课堂教学、英语思维与教学研究效率的提高，方法是多样的，仁者见仁，智者见智。个别教师认为，英语教学只不过是扩大学生的词汇量、向学生介绍语法使用的方法，遂将词汇辨认和语法分析贯穿于阅读。学生为应付考试盲目做题，不注重拓宽知识面，不能融会其他课程的思维来进行预测、判断及推理，最终导致学生认为记下课本单词、背好课内语法就可以学好英语。实则不然，从事教育的教师应该以“爱心倾注，构建和谐师生关系”来进行教学。

（一）理科思维与英语教学

苏霍姆林斯基说：“真正的学校乃是一个积极思考的王国。”理科是实验性学科。但是，也有大量的文字笔记需要记忆，而这些笔记则是教科书知识的浓缩、补充和深化，是思维过程的展现与提炼。“看、记、思、展”这一思想既贯穿理科，同样也适用于英语。

“看”。看实验中的现象，在掌握最基本的物理性质的前提下，通过现象掌握核心的化学性质。看英语单词构成和句子逻辑，看清构成单词的字母顺序。对于学生学英语来讲，这点很关键，因此在教学时要提醒学生意识到这一点主要是看句子逻辑，看清句子成分，即主、谓、宾、状语等。

“记”。记实验现象，记方法步骤。对于英语单词，一定得记标准发音，其实熟读便是记。对于句型，同样以读为记。

“思”。由分子构成，想象其空间模型。英语中则要思考各种时态的细微差别，一种时态对应一种标志或暗示。这就需要教师在平时教学中引导学生学会自己思考总结。

“展”。展，即拓展。有机化学中，一种分子结构可以构成几种物质，这就是物理性质向化学性质的转变。

英语教学的“同课异构”与回归。所谓同课异构，就是立足教学实际，同课是基础，异构是发展，基础内容是前提，而所采取的教学方法和策略各有不同，运用不同的构思来进行有效教学，这就构成了不同结构的课程。这种全新的理念无疑是提倡运用理科的逻辑性思维创设英语教学的环境与流程。让传统的死记硬背式“文”英语变成可灵活掌握的“理”英语。但教学过程往往会受到教师、学生、媒体等诸多因素的影响，因此教师应该综合考虑各种因素，坚持以学生为本，所创设的理科情境要有一定的真实性和现实意义，不仅要注重学生的兴趣，更要注重所创设的教学情境要贴合教学知识和教学技能。

（二）“理”性运用“互联网+”教学

现代教学技术作为一种现代化的教学手段，已被广大教育工作者认可。但是，如果把现代教学技术仍停留在将小黑板换成投影屏幕或电子白板这一层面上，就不能充分发挥现代教学技术的全部功能，也就不能真正体现现代教学技术在教学中的价值。所以，如何更有效地利用现代教学技术很关键。英语是一门实践性很强的学科，听、说、读、写等要一起发展。如同建造房子，单词是砖块，语法是设计图纸，做习题是实际建造，听力和语言表达是完善的装饰功能。教师必须把学生置于运用语言的活动中去感知、分析、理解、演练，从模拟交际到真实交际，以达到真正掌握英语的目的。所有这一切都必须依靠发挥学生的主观能动性、激发他们的学习兴趣，使其形成良好的学习动机，同时教师为其创造良好的客观条件，才能有效地实现。即使是一种好的方法，经常用也就失去了它的魅力。为了激发学生的兴趣，教师应提高自身的知识层次和修养，拉近师生之间的距离，让学生在轻松愉快的环境中体会学习英语的快乐，最终使每个学生都能得到很好的发展，达到良好的教学效果。

（三）让多媒体真正融入英语教学

英语教学中使用多媒体辅助教学已成为许多教师的首选。多媒体教学在帮助教师教学的同时，也改变着英语课堂的教学模式和教学氛围。这种改变有其积极的一面，也有其负面的影响。要正确地发挥多媒体这一先进技术的作用，使其融入日常英语教学，为教师和学生所用，而不是成为教师和学生的负担。教师能够利用互联网和多媒体更好地丰富教学资源，提高自身专业素养；学生能够利用互联网和多媒体开阔眼界，提高自主学习和合作学习的能力。随着科学技术的日新月异，人们对多媒体技术的使用已深入生活的方方面面，多媒体技术在课堂教学中的运用也趋于成熟。大多学校配备了基本的多媒体教室和多媒体教学设备。针对英语这一科目，多媒体极大地丰富了教学资源和教学手段，使学习英语变得更加直观具体，教学变得更加生动活泼、丰富多彩。使用多媒体教学既有其优越性，也会产生的一些负面影响。例如，现在有一种倾向，大多数的课程必须用多媒体，如果没有它的存在，这堂课会被认为“太守旧、传统、没有创意甚至没花心思去备课”。总认为只有多媒体能充分激发学生的兴趣，提高课堂效率，但实际情况确实如此吗？有时多媒体教学课就像走进了一个小小的放映室，艺术性尚可，内容十分丰富，气氛也很热闹，这是传统教学中所缺乏的。但人们需要的是将教学的艺术性和实用性完美地结合在一起的多媒体课，不仅要“好看”，而且要“有用”，形式服务于内容，切忌为了追求形式的新颖而影响了课堂教学的实质。多媒体辅助教学因其独特性，逐步开始“占领”英语课堂教学。多媒体的优势不可否认，即容量大、节奏快，且可以从视觉、听觉等方面对学生的感官进行刺激。但在实际教学过程中，由于过多地使用造成英语课堂背离了初衷，多媒体备课也成为教师的负担，更使学生的发散性思维受到了抑制。多媒体变得不再是“辅助”教学，而是影响教学质量，这就有些得不偿失了。如何才能够更好地发挥这一先进的工具，使它恰到好处地融入英语教学中呢？可尝试以下方法。

1. 让图片展示变得有价值

许多教师在用多媒体上英语课时不知不觉就变成了图片展，一些图片的存在只是为了渲染气氛，或者引出教师的一个提问，而这些让人眼花缭乱的图片确实有存在的价值。在实际的英语教学活动中，图片的展示是有必要的。为了使学生更好地理解一节课的主题，可以精选几幅有代表性的图画，不断地、反复地针对这些图片设计不同的问题，或给出不同的解释。“一图多用”而不是“一图一用”。这样不仅能节约教师的准备时间，而且避免了因信息量太大而偏离主题，学生也能在有限的图片材料中反复体会，加深印象，锻炼说和写的能力。这样的图片展示才更实用。

2. 让黑板回归课堂

如今，英语教师在用多媒体上英语课时，黑板似乎变得不复存在。一堂课的导入、单词讲解、语法、课堂提问、课堂活动甚至练习的材料和答案统统都装入了制作好的多媒体课件中。课堂上老师只要轻点鼠标，想要的内容就会在屏幕上呈现，且顺序也可以随时调整变化，十分快捷和方便。这样的一堂英语课，学生的脑海里恐怕除了一张张翻来覆去的幻灯片以外，再没有别的印象。可能笔记忘了记，重难点也把握不了，甚至有学生课后向教师复制一份回去复习，其教学效果可想而知。其实，教师在运用多媒体的同时也不要忘了那块被隐藏在后面的黑板，板书的魅力是任何教学设备都无法代替的。精美板书的吸引力绝对大于一幕幕闪过的画面，学生通过教师在黑板上一步步深入地讲解描述，跟随教师黑板上的文字不断地思考。教师在黑板上表达对事物的看法、对问题的解释或推理时，学生在下面边听边记边思考，这就是师生之间最简单的互动，是教师、教材和学生三者之间的一种交流。如果遇到学生提问，或教师突然产生的一个想法，教师可以立即写下进行讨论讲解，这是多媒体教学无法替代的。多媒体的程序化，使呈现的教学内容也受到多方面的影响，例如，制作多媒体课件的人员（教师）的技术水平高低，设备条件的好坏，制作花费的时间等，这些方面一旦出现问题，势必会影响教学效果，而现场想要更正或改变却不大容易。而板书却能灵活调整，在不同的地方显示不同的内容，可以利用文字、图形、表格、线条等来帮助教师更具体地表达教学内容，学生也能从板书的书写顺序、排版方式上理解并在脑中形成空间印象，对内容的理解也会更加立体、清晰。所以，一个精致的板书，会让一节课锦上添花。

3. 让学生成为课堂的主角

在英语教学过程中，有些教师会尽可能在课堂的各个教学环节运用多媒体，学生和老师都不可避免地被多媒体影响，老师对着多媒体的内容照本宣科，甚至与学生的交流也用其代替，只按照事先设计好的步骤进行。学生虽然被这些课件吸引，却又没有完全进入学习状态，结果放映结束时就成了课程结束时，课后学生也无法回忆起这节课的内容，记住的或许只是老师准备的精美图片和电影片段，这无疑成了多媒体喧宾夺主的一堂课。如今，教学强调以学生为中心，特别是英语这一语言学习的教学更是如此。教师一味地用多媒体的变幻来吸引学生的注意力，把制作画面精美的、充满各种动画的课件作为备课的主要任务，而忽视了关注学生在课堂中的学习状态和学习方法，甚至忽略与学生的交流和互动，让多媒体来主宰课堂显然是本末倒置了。因此，教师在充分利用多媒体来创设近似自然的语言环境、加强视听能力方面的培养、开阔学生的视野的同时，也不要忘记学生才是课堂的主角，要充分发挥他们的主体性和创造性。

4. 让网络、多媒体成为促进英语教学的有力辅助

多媒体教学为人们提供了更加实时的、广泛的、多视角的资源，在这个互联网和多媒体盛行的时代，英语教学也因它的存在变得生动活泼、丰富多彩。教师和学生可以充分利用这一工具，把枯燥的课堂变得活跃，把现实与课堂拉得更近。英语学习更是可以充分利用网络和多媒体的优势，不仅是在课堂上更加自然地接近真实的语言环境，更是在课余时间也能有针对性地学习和提高英语水平。

（1）教师指导学生合理运用互联网进行英语学习。

首先，教师可以指导学生多查阅英文网站，浏览新闻报道，了解世界各地正在发生的重大事件，从中学习各个领域（如政治类、经济类、艺术类、体育类等）的重要的词汇表达。也可以指导学生将新闻中常见的词汇分类记录，这有助于学生词汇量的增加，使其自主学习的能力得到培养。其次，除了各类网站的浏览，教师也可以为学生放映一些以英语为母语国家的风土人情、文化艺术等方面的人文科普类的短片，培养学生的跨文化意识，使其对主要英语国家的政治、经济、生活方式、宗教文化等有一个全面的了解和认识。通过对这些内容的学习，使学生能够了解世界文化、培养世界意识，紧跟时代潮流与进步，了解世界形势。如全球经济一体化（global economic integration）、人类命运共同体（a Community with a Shared Future for Mankind）、新丝绸之路（the New Silk Road）、绿色发展（green development）、可持续发展（sustainable development）等。通过对这些语言表达的掌握，更多的是培养学生的思维，开阔视野，了解这些词语背后的额外知识。另外，教师可以利用网络资源补充一些课本上缺乏的、地道的英文表达方式，如常见的成语、俗语、交际中常使用的俚语等，使学生的英语学习不再是为了考试题目，而是实实在在用于日常交流。教师还应培养学生自主学习的能力，如课前布置一些与课文内容相关的问题，让学生利用网络查找资料，并在课堂上展示，而学生展示的内容实际上是与教师课堂的要点息息相关的。这样不仅锻炼了学生归纳、总结的能力，让他们在学习中学会合作、愿意与他人分享各种学习资源，也能花更少的时间得到更多的资源和知识，教师与学生不再是单纯的教和学，而是相互学习、合作的关系，这样的课堂比教师单独讲授更具吸引力。

（2）学生学会运用网络资源与学习软件自主学习。

现在的英语课堂教学中，总会有学生的英语水平参差不齐的情况，而教师要实行所谓的“因材施教”也较困难。且在课堂时间较短、内容较多时，也只能以教师的讲解为主，学生并没有更多的时间消化、吸收，互动也少。而网络在线学习和相关的学习软件给学生提供了课堂以外复习、学习的另一课堂。网络课程趣味性强、自主性强、资源丰富，学生可根据自己的课堂学习情况随时自学或复习、预习课文的重难点。课堂上，师生可以在线进行讨论，共同解答疑难问题，学习

完成后会有同步的练习可以作答，并立即评分、讲解，这有助于学生养成自主学习的习惯，帮助不同层次的学生选择适合自己的节奏、方法进行自我提高。学生在课余时间可以利用网络对听、说、读、写进行针对性的训练，如下载各种英语有声读物、英语听写训练、英语新闻、英语小说等，这就需要学生在充分了解自己的情况下，根据不同的情况进行选择，这也是培养学生自我认识、自我分析、自主选择能力的好方法。

（3）师生网上互动交流。

英语学习平台能够提供一个轻松、自由的语言氛围，教师可以利用这一点在校园网或其他网站开设英语学习平台，比如云课堂、课堂派、超星电子等。不同于学校课堂中的教学，在这里学生可以聊各种话题，教师也可以提供一些话题供学生思考，而学生可以在此积极发表各种见解，在这之前学生必须充分准备。不同于学校的面对面，在这里学生可以匿名回答，没有正确、错误之分，目的是让学生用英语充分表达自己的见解，体现自己的个性。教师也可以利用这个“加油站”上传一些资料并提供给学生，学生可以根据自己的需要下载查看，同时学生也可以补充教师的资料库，通过这些互动，拉近师生的距离，由此网络为课余的师生交流提供了一个更好的平台。

（4）教师应利用网络提高专业水平。

作为语言教师，英语教师大多没有国外学习的经历，而教师自身英语水平的提高就变成了终身学习的过程。互联网可以在很多方面帮助英语教师不断提升自我，一方面网络可以为教师提供各种资源，包括备课资源，课堂资源、专业发展资源等；另一方面在目前英语语言环境缺乏的情况下，通过在线收看英语国家的新闻、电视，听英文歌曲、广播等可以弥补语言环境上的不足。此外，在教学方面，各类教研网站为教师提供了交流心得、展示成果的平台。教师可以通过对同行的教学论文的研读、借鉴教学课件的方法，丰富自己的教学理论，总结出最适合自己的教学风格和教学方法。对一个教师来说，只有不断地提升自我，才能为学生提供更高质量的教学，才能真正做到为人师表。

五、思维模式负迁移与英语教学

关于思维模式在语言转换中的迁移，在第二章中已经简述了语言迁移，正迁移和负迁移，下面将对汉语负迁移与英语学习进行详细介绍。

（一）汉语负迁移与英语教学

迁移是学习中的一种普遍现象，它广泛存在于知识、技能、态度和行为规范的学习中，也正是由于迁移的作用，所有的习得经验几乎都是以各种方式相互联系起来的。在英语学习中，负迁移现象的产生，一方面与学习者本人的认知水平有一定关系，另一方面也与教师在教学中忽视学生相关能力的培养有关。

1. 文化迁移的定义

已有知识对新知识学习产生影响的现象被称作迁移（transfer），促进新知识学习的迁移称为正迁移（positive transfer），阻碍新知识学习的迁移被称为负迁移（negative transfer）。行为主义心理学认为，英语学习中所犯的错误或遇到的障碍多是学习者母语习惯负迁移的结果。文化迁移则是指由于人们下意识地用自己的文化规则和价值观来指导自己的言行和思想，并以此为标准来评判他人的言行和思想。

2. 汉语文化负迁移对英语学习的影响

因为英语学习者是在已具备了一套具体语言规则的基础上进行学习的，他已完成了依靠语言社会化的过程，其社会身份已确定，因此在学习英语时，其已有的语言知识不可避免地将成为学习英语的参照系，其原有的世界观、价值观等不可避免地发生迁移。因此，许多中国学生的英语语言学习其实都是“英语语法＋英语词汇＋中国文化背景”。他们把英语镶嵌到自己母语文化背景之中，割裂语言与文化的关系，造出了许多“Chinese English”而不是“Idiomatic English”，造出了许多的“Discourse in English”而不是“English discourse”。英语教师应该尽可能让学生了解学习过程中会出现的文化冲突，对母语和目的语进行分析比较，减少或阻碍文化的负迁移，促进文化的正迁移，从而提高语言交际能力，及学习效率。同时，从文化迁移的角度来看，要培养出具有很强语言交际能力的学生，需要教师具备很高的素质。教师不但应有深厚的语言功底，还必须具备较高的东西方文化修养，及很强的跨文化意识和跨文化交际能力。

3. 防止汉语负迁移的教学原则

（1）情境性原则。

语言作为交流的工具必然与特定的情境相联系。如果脱离实际运用而单纯孤立地学习语言知识，那么势必会导致最初学习时的语言情境与将来实际的应用情境相差太大，造成迁移受阻。在汉语环境中学习英语，在一定程度上增加了学习的难度，如果不考虑这一特点，而是脱离实际、孤立地学习英语知识，则尽管学生在头脑中储存了所学的语言知识，这些知识有可能仍然处于惰性状态，难以在适当的时候被激活、提取出来加以应用或迁移。为此，教学中应考虑情境因素在语言学习中的作用，充分创设并利用各种情境，以使语言迁移达到最好的效果。

（2）鼓励性原则。

个性特征是相对稳定的心理品质，这意味着个体在进行语言学习与知识迁移活动时，不可避免地会受个性特征影响。个性特征影响学生的整个学习过程，自然也影响迁移过程。在英语教学中，教师应充分考虑到这一点，鼓励学生用英语进行交流，努力尝试运用新的、不同的方式来表达意义，对于学生主动使用英语的意识及行为给予充分的肯定和支持。鼓励学生正视英语学习中的错误，同时针对学生可能存在的个性问题，教师要正确引导，使学生成为一个积极的英语学习者。

4. 汉语负迁移下的英语学习策略

语言教学应是渐进地、自然地、启发式地、关联地，而不是集中、说教、注入、孤立式地教学。文化随时间、地点、人物角色的变换而发生变化。因此，作为文化中介的教师，在教学中，应以培养学生的跨文化交际能力为目标，以汉语文化和英语文化为内容（还包括其他文化），除高雅文化外，还应涉及大众文化习俗、仪式及其他生活方式、价值观、时空概念、解决问题的方式等深层文化的内容，所讲授的文化信息来源应多渠道，如阅读、交流、大众媒体、实例分析、调查、到目的语国家实践等，及多角度介绍来自不同文化背景的人编写的文化材料，并从汉语文化、英语文化及其他语言文化等多重角度看待英语文化，采用启发式教学，强调实践，注重学习者的个人参与。教学方式可采用对比法，比如让学生就某一方面将英语文化与汉语文化进行对比，找出异同，突出强调同汉语文化存在差异的英语文化现象，可以尝试从多重角度特别是本族人的角度对英语文化进行理解，从心理上认可其在英语环境中的合理性。引导学生调整自我观念，超越文化隔界，以开放的态度从不同视角看待和理解母语文化和异国文化。以上目的可通过阅读、倾听、交谈、观察、调研等多种方法以及和老师、其他学习者、亲朋好友、来自英语国家的人的交流渐进地、自然地实现。不同的民族有不同的文化，各民族的文化既有个性又有共性。共性为跨文化交际提供依据和保障，个性却构成跨文化交际的障碍，进而引起文化迁移。文化迁移受交际双方文化背景以及思维方式的影响，在语言使用中会产生诸多文化迁移现象。探讨英汉文化迁移有助于消除交际障碍，拓宽视野，促进文化交流。

（二）汉语负迁移与英语语法教学

汉语作为我们的母语，难免对英语语法学习产生影响，许多英语语法错误都是因为汉语的负迁移所致，在英语教学中教师应正确引导学生学习英语语法。

1. 语言迁移的本质及理论

语言迁移是指学习者在使用第二语言时，借助于母语的发音、词义、结构规则或习惯来表达思想的现象，任何有意义的学习都是在原有学习的基础上进行的，有意义的学习中一定有迁移。中国学生学习英语，不可避免地受到来自汉语的影响，因为汉语作为原有的经验，是新的语言学习的一种认知上的准备，不可避免地参与到新的语言学习中。无论语间迁移，还是语内迁移，都存在着正负两种同化性迁移。而汉语向英语各个层面上的正负迁移更是为人们所熟知。在学习英语语法时，很多人总是用汉语语法去套英语语法，如将“他每天都学习英语”说成“He every day study English”。再如，将汉语中“好好学习，天天向上”说成

"Good good study, day day up"等都属负迁移。

许多学生在学习英语的时候会习惯性地把母语习惯强加于英语上，于是母语的负迁移现象便层出不穷。这些负迁移现象通常表现在文化因素、语音、词汇和语法等方面。汉语作为母语，对于中国学生学习英语的干扰是多方面的，涉及语音、语义、句法结构等，在语法方面的表现尤为突出。受母语负迁移影响，学生在英语学习中侧重于词法和句法的学习和使用，而缺少对语法整体结构的认识和理解。在英语教学中，学生掌握不了句子的主要意思和分句本身所存在的逻辑关系，导致其主次不分，汉语中很少使用被动语态，被动句中通常含有被动标志词如"被……由"等，而英语中被动语态的使用十分普遍，且被动意义有时是单纯地通过句子的形式所表现出来的。再如英语中用"it"做形式主语是一个非常普遍的句型，而汉语中则缺少这一现象。这些语法错误都是受到汉语的影响，即汉语的负迁移所导致的。汉语对英语语法学习负迁移主要包括名词、主谓一致、代词、介词、时态、被动语态等方面。为了进一步了解学生因汉语负迁移所产生的语法错误的具体表现及出错原因，需对每一种语法错误进行分析，下面是分类后的一些典型的语法错误及可能的原因分析。

汉语中对代词的使用很简单，主格和宾格一样，在所属格的词尾直接加一个"的"字即可，名词性物主代词和形容词性物主代词一样，反身代词也是通过在词尾加"自己"就可以实现，而英语中每一种格对应着不同的形式。在形容词和副词比较级的使用方面，汉语和英语之间也存在着一定的差异，汉语是通过在某个形容词前面加个"更"字来实现的，而英语则是通过对形容词本身变形来实现的，而且形容词变为比较级也有几种不同形式。关于主谓一致，英语和汉语之间存在着很大的差异，汉语可以说"我是一个学生，你是一个学生，他也是"。但英语必须用不同的be动词形式，换句话说，汉语中主谓一致并不影响语言的表达形式，而英语中主语的变化则会导致谓语形式的变化。动词时态方面，汉语对时态的表现形式并无严格的格式限制，如"昨天当他到达车站的时候，火车已经开走了"。但在英语中对时态的表示有严格的格式要求，此句从句须用一般现在时，主句用过去完成时。

2. 英语教学的现状

随着英语改革的不断深入，各类高校英语教材在内容上也发生了变化，由原来以体现语言知识为编写宗旨转向了现在以提高学生听说技能为主。在英语课堂上，教师越来越多地使用交际教学法和听说教学法激发学生学习英语的兴趣，这就阻碍了以语法知识为中心的语法翻译教学法的实施，很大程度上削弱了语法教学，使学生对一些语法的使用存在困难与错误。当然，在英语教学中使用交际法和听说法更加注重学生听说能力培养，也能提高学生的口语表达能力，但是在进行语言交流的过程中，很多学生却不能准确表达自己的思想，这是因为英语对学生的词汇量和信息量有很高的要求，且语法知识的铺垫也是最为基本的。只注重听说训练，忽视语言点（词汇、语法）的教学不能很好地巩固学生的英语基础。据不完全统计，大约80%的学生坦言其英语考试成绩不理想，主要是由于句法结构的概念模糊再加上词汇量少，考试时一旦遇到阅读、词汇、语法、翻译或写作时就会方寸大乱。在推进英语教学改革的今天，若不进行基础知识方面的加强，强调提高学生的英语运用能力便只能是空中楼阁。

3. 避免汉语语法负迁移

（1）中英文语法对比。

由于中英文的语法结构在某些地方的相似和不同之处都比较多，教师应时常将中英文的语法表达进行对比，以进一步加深学生的理解，即促进汉语语法正迁移，减少负迁移。教师讲解语法不一定非得把一个问题的所有方面都讲全讲细，相反要尽可能用简洁清楚的语言，使学生容易理解、消化、记忆和运用。

（2）语法与词汇糅合。

把语法与词汇合在一起，学习语法以动词为纲，张道真说："有人把语法比作树干，词汇可说是枝叶，根深叶茂才能长成大树。"因此不要把语法作为一种孤立的知识来学习，孤立学习语法就不可能真正掌握语法，只讲语法无法激起学生的学习兴趣，语法要在活生生的语言中才能体现时代气息，语法和词汇是血肉关系。

（3）创设情景教学，增强语篇情景意识。

教师在英语语法教学中应坚持"优化而不是淡化语法教学"的原则。目前较为广泛应用的两类语法课堂教学模式是演绎语法教学模式和归纳语法教学模式。除此之外，教师还应创设趣味性强、贴近学生生活、适合目标语的语境，让学生在语境中探索语法规律，运用语法规则，内化语法知识，真正提高语言运用能力。情景教学法还意味着教师应为学生学习语法创设语篇情景，在语篇层面进行语法教学，帮助学生树立单句是语篇有机组成部分的观念，培养学生把单句放入语篇中来选用适合语境的语法形式的意识，并引导学生关注语境如何决定语言形式的选择。

4. 对今后英语语法教学的思考

通过上面的分析可以发现，研究中出现的语法错误大多是因汉语负迁移导致。这种错误如果不经过教师的指引和一些教学策略的帮助，学生很难意识到并改正这些错误。因此，在英语的教学过程中，教师首先应该让学生认识到存在于英语语法和汉语语法之间的不同点，意识到汉语对英语学习所存在的干扰，并努力找出解决办法来消除和避免因汉语负迁移所导致的英语语法错误。

六、英语教学中思维模式的培养

（一）英语教学中的模仿训练

在近几年的英语教学中，很多教师开始注重语音模仿训练，让每个学生明白语音在英语学习中的重要地位。模仿不是机械地重复，而是要求学生注意语音、语调、语气、句子的停顿和节奏的训练，培养学生讲清晰、流利的英语口语的能力。让学生在紧张欢乐的氛围中既获得知识，又不易产生心理疲劳，有效地避免了学生在课堂上注意力不集中的现象。语音模仿训练在听力教学中也能适当渗透。在听力教学中，引导学生通过听音模仿朗读、听音后复述、边听边写等方法，反复训练，及时纠正发音。这样不仅对学生起到督促鼓励的作用，还可以有效解决学生朗读、理解课文、语法等方面存在的问题。更重要的是，教师还掌握了学生英语水平的第一手资料，并以此为依据，有针对性地制订各阶段的教学计划和教学安排，有利于提高课堂效率和教学质量。

（二）英语教学中的创造训练

只有简单的听和说远远达不到学好英语的目的。大量的模仿训练可帮助学生掌握熟练的发音及口语的基本技巧，巩固英语基本知识。但是，如果只强调模仿性地“说”，而忽视创造性地“说”，很难培养出真正的说的能力。句子是语言交流的基本单位，人们都是以一个个意思完整、符合语法规则的句子来表达思想、交流沟通的。在教学实践中，有些学生虽然记忆了几千个单词，储存了很多个句型，但很多时候却无法将它们重组成恰当的语句，这是因为学生缺乏从书面语言向口头语言转换的能力。要让学生流利地使用英语，首先必须培养英语口头造句能力。如课堂上，教师每教一个新单词，都让学生用这个新单词自由造句，这不仅能帮助学生更好地理解单词的意思、知道这个单词的用法，还能够帮助学生复习学过的句型，同时也锻炼了学生的创造性思维。而在造句的过程中，学生自然而然地就掌握了新单词。学生的思维具有直观性、形象性，同时也具有内在的创造性，所以，应尽可能地培养学生思维的灵活性和变通性，发展学生思维的独特性和新颖性，给学生提供发挥创造性思维的机会。这样，学生不仅巩固了句型，还能用学过的单词记忆新的单词。若要引导和培养学生的创新能力，教师在教学中也应重视创新，只有具有创新能力的教师，才能更好地培养学生的创新能力。

（三）英语学习氛围的创设

在英语教学中，模仿和创造依靠课堂教学是远远不够的，因此，教师要想方设法创造更丰富的英语学习氛围，帮助学生进行深入的练习。可以每月组织学生开展一次英语文化周活动，如其中一个很有意思的活动就是英语电影配音和情景模拟表演。电影是一个很好的媒介，不仅为学生提供了丰富生动的画面。更重要的是地道的英语对话增强了学生对英语语言文化的感性认识，加深了对西方文化的了解。首先，节选一些比较有趣的精彩电影片段，让学生仔细观看，熟悉材料之后根据画面模仿练习其中的精彩对白。教师在挑选影片时必须考虑学生的认知水平，对白最好简单易懂，词汇不宜过难，俚语不宜过多，影片基调也应是积极向上的，这样学生模仿起来才不会产生畏难情绪。其次，还可以利用电影进行创造性训练，如教师可以将学生分为几组，然后小组成员讨论组织语言将此片段内容进行简单介绍或复述，这一过程能够很好地培养学生的创造性，让学生在娱乐中获取知识，增强对文化差异的敏感性，培养学生跨文化交际意识。

当然，任何一种语言的巩固和掌握，都需要经过大量的实践和运用，仅仅通过课堂的学习和相对较少的交流来达到语言学习的目的是远远不够的。而在中国这样的背景下，对于中国学生学习英语语言时，英语教育者就更应该尽可能地为学生创造一种学外语的良好氛围，为学生提供一个学习英语的大环境，可以说良好的英语学习氛围是学生学好英语的重要条件。从课堂氛围、校园氛围甚至到家庭氛围来创设其气氛，形成良好的学习环境。

课堂氛围的营造在于老师根据教学内容的不同来设计教学，此处不赘述。

学校氛围的创设，可以通过一些“硬性”的规章制度来完成。如可以利用校园广播来推出“每日英语”“英语歌曲”，播放“英语新闻”来完成；在校园中，鼓励学生在日常的交流中，与老师和同学用英语交流，首先从打招呼开始；在校园中，举办“英语角”，让口语相对好的学生带领其他同学练习英语，也可邀请外教加入活动，增加学生学习英语的兴趣。

关于家庭氛围的创设，目前此方面的研究内容较少，因为毕竟中国家庭英语环境的好坏与不同的家庭背景、经济状况、父母学历和知识层面认知的情况有很大关系，没有统一的标准。在家庭氛围的创设方面，对中小学生而言，这方面的工作，有些教师可从侧面进行鼓励和引导，适时发布信息和资料，与家长沟通，让家长对学生进行有效的监督，毕竟大多数家长是不懂英语的。对于大学生而言，家庭氛围的创设几乎跟学生的英语水平的提高没有直接的关系，因为，大多数家长在学生步入大学后，几乎已经不过问学生的学习了。更多的是学生自己要把握好方法，有意识地安排学习计划，为自己营造一种学习英语的氛围，促进英语水平的提高和实际的口语交际能力。

总之，英语学习是一个着眼于听、说、读、写、译全面发展的过程，突出的是交际中的心智活动过程，教师一定要尽可能地创设英语语言学习条件和环境，多训练学生，以课堂为主阵地，积极开发学生的创造能力，科学引导、不断创新、完善教学策略，并且持之以恒，有效帮助学生提高英语的实际应用能力。

第二节　思维能力对英语教学的影响

一、英语思维能力概述

语言与思维的关系一直是语言学界颇有争议的问题。本节将回顾语言与思维关系的传统观点，并站在现代唯物主义和进化论的立场上，通过对人类种系和个体发展阶段的分析，论述语言与思维的具体关系和相互影响。

（一）语言和思维的含义

从现代唯物主义和进化论的观点来看，语言和思维的含义如下：语言是人类特有的表达思想的符号系统。思维，即人脑对客观现实的反应过程。具体地说，它是在表象、概念基础上进行分析、综合、判断、推理等认知活动的过程，它是人类特有的一种精神活动，是从社会实践中产生的。一方面，语言是人类思维的载体以及交流的工具。这个观点可以追溯到柏拉图时代，众所周知，通过语言可以了解思维。另一方面，思维还支配着语言，没有思维就没有交际，语言就失去了意义。两者相互作用、相互发展、关系密切。

（二）传统观点的合理性和局限性

1. 语言决定思维的观点

持这种观点的语言学家以洪堡特（Humboldt）、萨丕尔（Shapiro）和沃尔夫（Wolff）为代表，他们三人中后者对前者都有继承的关系，其中沃尔夫进一步发展了这一派的观点，将其两者的关系绝对化了。沃尔夫原本是一名化学工程师，基于工作中的仔细观察，他开始有了语言影响人们世界观的想法，并在这时对语言学产生兴趣。在萨丕尔的指导下，他主要研究了霍皮语（印第安语的一种），进一步论证了萨丕尔的对语言和思维关系的观点，提出了著名的语言关联理论：萨丕尔—沃尔夫假说。沃尔夫认为，思想的形成不是独立的过程，而是某种特殊语法的一部分：语言是思想的塑造者，决定了一个民族的世界观。持不同语言的人们对世界有着不同的看法。萨丕尔—沃尔夫假说有一定道理，但是过于绝对化。在词汇和语义方面上看，此假说是有道理的，但同时他指出，对于自己语言中没有的观念，人们总可以设法加以解释。要证实萨丕尔—沃尔夫假说，必须证明以下两点：一是各民族的语言思维方式毫无共同之处，可是哲学、逻辑学、心理学的建立提出了反证，说明人类的思维有许多共通的内容；二是各民族用以表达思想的语言系统毫无共同之处，这样的证明也是很难做到的。萨丕尔—沃尔夫假说有着致命的缺陷，即语言决定论：语言可以决定人们的思维，决定人们的世界观。那么结果就是，不同语言的民族和种族之间就无法沟通，语言之间也就无法互译。

先进的民族就永远先进，落后的民族就永远落后。社会学家菲什曼曾经指出：如果此假设得到证明，便会出现两种恐惧，一是被动状态的恐惧，因为人们不能不说话，这样就无法摆脱语言的摆布，二是绝望情绪的恐惧，因为人类没有希望能够相互了解和交际。

2. 思维决定语言的观点

瑞士心理学家皮亚杰和苏联心理学者维果斯基持有不同的观点。他们认为，在语言使用过程中，认识先于语言，思维决定语言：在使用语言的过程中，语言和思维的关系越来越密切，但是仍存在无语言的思维。

（1）从种系发展看语言和思维。

在《思维和有声语言的遗传根源》一文中，苏联教育心理学家维果茨基（Vygotsky）指出，从种系发展的角度来看，思维与有声语言具有不同的遗传根源，它们的发展不是平行的，其发展曲线常常会交叉。首先，可以看看黑猩猩的思维，黑猩猩有原始的智力，例如会运用工具，能够把小树枝接成长枝打果子。维果茨基认为，黑猩猩这种原始的智力和有声语言毫无联系，它无须借助语言来思考。其次，黑猩猩也有自己的“语言”。例如它们能够使用面部表情、手势、声音交际。它们能够表达和了解彼此的表情和手势，这些表情和手势是和动作直接相联系的，而声音则是表达欲望、感情、主观状态的一种方式，始终不是“客观的”事物的符号。黑猩猩能发出声音，但是这些声音和思维没有联系。因此，语言和思维并不是同时产生的，而是思维先于有声语言。

（2）从个体发展看语言和思维。

维果茨基认为，婴儿在出生后的前几个月里就会咿呀学语和叫喊，这些声音主要是表达感情的，和思维的发展没有什么关系。到了两岁左右，原本分别发展的思维和语言才汇合，并形成新的行为模式，此时语言才能成为思维的工具，思维才能用声音表达。他认为语言和思维好比两个圆圈，它们有一部分是重叠的，那是语言和思维一致的地方，被称为有言语的思维。皮亚杰持另一种不同的观点，他认为儿童的智力活动并不来自语言，而是来自动作，智力活动发自感觉肌动阶段，是动作的内在化，思维的形成与语言的获得同时产生，两者都依赖于智力，都与象征功能的构成分不开。

3. 从现实角度看语言和思维

在从猿到人的转变中，劳动使得直立行走成为可能，从而解放了肺和喉头，为人类产生语言奠定了生理基础。语言的发展经历了一个漫长的过程，它的产生不但是一个生物进化的过程，而且是一个社会进化的过程，然而，思维先于语言并促使语言的产生。在人类社会初期，人们制造和利用工具的能力比较低，为了生存，他们必须联合协作，为了在协作中达到互相理解，目标一致，他们迫切需要一种交流思想的工具。这时，他们首先发明的是手势语，然后，由于声音传播的种种优越性，再逐步发展了有声语言。

（1）语言对思维的依赖性。

语言只是一种信号，作为信号的事物和被信号所指明的事物之间要有一种指明和被指明的关系，否则信号就无法存在。语言是用器官所发出的声音指明精神活动中的思维，只有在这种情况下，器官所发出的声音才成为信号，才成为语言，离开了这种关系，器官所发出的声音就只是声波，只是物理现象，不是信号，也不是语言。

（2）思维对语言的依赖性。

语言是表达思维的工具，人类的抽象思维是反映客观世界规律的认知活动，它是以认识客观规律，使人们利用规律改造世界的作用为社会服务的。但是要发挥抽象思维的作用，就必须使人们有思想上和经验上的交流，而要交流思想和经验，首先要把它们表达出来，使它们成为可“捉摸”的、“物质化”的、可了解的内容，而语言正是表达它们的工具。与其说语言决定人们的思维，不如说语言帮助人们产生思维。

（三）语言和思维的关系

1. 思维能力先于语言

人类在产生语言之前，思维能力的发展已经处于萌芽阶段，这是人类长期劳动的结果。根据重演定律，婴儿从出生到开口说话的过程从某种程度上来说就是人类产生语言过程的缩影，因此从儿童的语言发展可以窥见人类的语言发展。婴儿在“沉默期”阶段已经具备了一定的感官能力，虽然他没有开口说话，但是他在“听”，并且通过“听”对可理解性语言输入进行加工和整理，说明他已经处于思维能力发展的最初阶段。人的大脑中虽然有与生俱来的语言机制，但是并不是从一出生就可以开口说话，因为婴儿的大脑还未发育完全。人的思维能力可分为以下阶段：第一阶段，思维能力发展的萌芽期，此时语言能力处于“沉默期”；第二阶段，思维能力未发展完全，此时先学会“猫、狗”等具体可感知的词汇；第三阶段，思维能力发展基本完成，此时可以学会“伟大、生动”等抽象概念词汇。可以看出，思维能力是先于语言存在的，而第二阶段和第三阶段中思维能力的发展又是语言发展刺激的结果。因此，思维能力与语言的发展是互相促进、互相影响的。这也符合牛顿第三定律，即思维作用于语言而语言反作用于思维。比如“狼孩”，尽管最初具备第一阶段，但由于没有生活在正常的人类社会，长时期没有语言反馈，导致思维能力发展不能独立存在，最终停止发展，即使再回到人类社会也无法学会语言。可见，有语言就一定有思维能力，但有思维能力不一定会产生语言。思维能力是语言的必要不充分条件。也就是说，对于正常儿童，无论其出生后是否在本族语言环境下生活，即无论他的第一语言是否为本族语，其思维能力都是从无到有、从弱到强、从简单到复杂的。而对于聋哑人，也会形成思维能力，但是由于听不到声音而导致不能对声音进行监控的客观因素，使他们不能产生有声语言，但不妨碍他们的肢体语言发展，而且通过治疗，一旦恢复听力，他们就能开口说话。

2. 语言在某种程度上决定思维方式

“沉默期”是儿童形成思维能力的时期。而成人学习第二语言时没有“沉默期”，是因为他们的思维能力早已发展完全，之所以成年人很难学好第二门语言，这是语言思维方式的问题而不是思维能力的问题。思维能力强调的是一种能力，这种能力为人类所共有，各民族相同。而关于思维方式各民族却存在明显差异，就好比所有的动物为了维持生存繁衍，都具备捕食的本能和能力，但它们获得食物的方法却不尽相同。可以说，语言思维方式是思维能力的具体体现，思维能力的发展过程也是语言思维方式的确定过程。之所以说语言决定思维方式，要从德国语言学家洪堡特（Humboldt）所提出的“语言世界观”理论说起，他认为“每一种语言里都包含着一种独特的世界观”。也就是说，不同的民族由于地理环境等客观因素差异的影响，都会从一个特定的角度去观察、认识现实，使相同的现实在不同民族的主观认识中呈现出不同的状态，其外在表现就是语言的差异。

以汉语和印欧语为例，汉语的世界观多着眼于空间和名物，即使是时间性的动作行为也往往借助于名物而限制其范围，如表示“动”的行走意义也因空间差异而有所划分：“室中谓之时，堂上谓之行，堂下谓之步，门外谓之趋，中庭谓之走，大路谓之奔。”再如，现代汉语中一些表示颜色的词在古代只用来指呈某种颜色的丝织品，而不是指色彩本身，如许慎的《说文解字》中有“绯：帛赤色也”“紫：帛青赤色”“缁：帛黑色也”“绿：帛青黄色也”。因此，最初这些词还没有从表示名物的概念中抽象出来，也正是这个原因，这些表示颜色的字部的首多是丝字旁。更典型的例子就是古代的马因毛色及所在位置不同使其有数十种名称。这些都说明名物在汉语编码系统中的特殊地位，体现了汉语世界观强调空间，重静而不重动。而印欧语世界观却恰恰相反，强调时间，重动而不重静。

在对最能反映印欧语早期特点的梵语的研究中，语言学家认为梵语只有名词和数词，且它们的关系是名出于述。语言的编码体系自发地形成一种和动词相配的名词，名词和动词两大词类分别承担了“主、谓”结构中主语和谓语的功能。正是因为两种语言世界观的根本差异，导致了其语言结构向两极分化，汉语重语义，印欧语重形态变化。语言结构的不同导致了概念形成途径的不同，汉语寓于暗示，言简意赅，因此擅长以“直觉的概念”为出发点，呈现比喻例证的两点论的特点，而印欧语严密而明确，擅长以“假设的概念”为出发点，用演绎推理的方法呈现亚里士多德三点论的特点。正因为语言思维方式的基础就是概念的形成途径，所以汉语社团形成了直觉性语言思维方式，印欧语社会形成了推理性语言思维方式。

语言是可以观察的，语言思维方式却是观察不到的，而内隐的语言思维方式可以通过外显的语言体现出来，多义字字义的引申就是一个最好的例子。汉语“心”的意义由“心脏”通过由此及彼的隐喻、例证衍生出“思、观念、感情的通称；心所在的部位泛指胸部、中央、中心以及木的尖刺、花蕊”等引申义。而英语中的“heart”同样从“心脏”出发，演绎推理衍生出“内心、衷心、心灵、心肠、热心、热情、某事物的中心、核心部分、要点、实质、心形物、心爱的人、正合某人的心意”等引申义。可见，出发点相同，产生联想的途径却是异多于同。不同的语言形成了不同的思维方式，所以语言与思维方式之间就好比一把钥匙开一把锁的关系。

（四）新角度下语言与思维的关系

在语言学领域中，语言与思维的先后及其关系一直是一个颇受关注的问题，下面从两者各受彼此影响的传统观点论证角度探究入手，用相关实证的分析和论述提出思维先于语言而存在的观点。另外，从两者内部关系看，思维与语言的关系不仅仅是传统视角下所认为的相互依赖，思维对语言更是起主导能动性作用，思维是可以独立于语言之外的导向性存在，充分肯定思维的能动性对人类语言交际具有重要意义和非凡作用。

语言与思维的关系，究竟是前者决定后者还是后者决定前者？或者两者是以怎样的关系联系在一起？这一系列问题的研究，直到现在也没有定论。诸如“语言和思维互为依存，是同时产生的”，“语言是思维的工具，思维是用语言来存在的”及“语言方式决定人的最基本语言思维方式和最基本章节化形态的内核”等观点都曾流行于语言学界的报端和论坛。其中有两个主要的观点，一个是统一论，即语言和思维是同时产生、存在并同时进行的同一事物，彼此间存在必然的依赖关系；另一个则是分离论，即语言与思维是可以分离的两个方面，思维可以独立于语言之外。在新角度下，语言和思维具有如下关系。

1. 思维对语言起主导和能动性作用

语言学家萨丕尔说：“语言主要是一种用于表达可交流的思想的语言符号系统。”这就意味着交流思想、传递愿望、透露意图是人类产生语言和运用语言的根本目的。如果人们自身没有表达思维活动内容的诉求和渴望，则根本不需要语言。人们相互之间了解或表达彼此的思想、情绪和心愿时，需要借助一组特定的语言符号系统使这些脑中内部的思维活动（思想内容）具体化与实在化，这就是所谓的“语言是思想的直接现实”。在整个认知过程中，思维起着主导能动性作用，人如果要将自身思维能动活动的意念结果表达出来，就必须从大脑储备的语料库中选择适当的语言符号，借助口腔、声带等生理器官，给思维中想要表达的概念穿上语言的外衣。语言是一种思维表达的技巧，是信息传递的最主要的工具，是一种输送大脑思维活动内容的载体，也是一种辅助思维能动意愿产生实质效果的方式手段，即语言所表达出来的内容和形式由思维的内容和形式所决定。人们创造新词汇也是思维对语言作用的表现。以英语为例，合成构词法就具有“语言临摹法”，其基本观点是：句子或词语的顺序与思维的顺序是相对应的。

2. 语言促进思维的发展

语言的训练能够加速认知的发展。语言具体化、实在化、符号化的特征决定了其在思维活动中发挥清晰和条理化的作用，它能够使抽象的思想更加明确和形象。于是，语言可以归纳和确认人们在相互交流思想和经验中所产生的抽象概念，使之成为可以捉摸、可以利用的表象化和真实化的认识形式，从而为社会服务。作为交流思想的重要工具，语言不但可以表达个人的思想成果，并使它成为集体智慧，而且可以代代相传、代代积累、不断丰富、不断发展。例如在欧洲早期，学习拉丁语的目的并不是完全用于交际，而是因为拉丁语是一种逻辑性非常强的语言，教学者希望学习者通过学习拉丁语锻炼和提高自身的逻辑思维能力。由此可以看出，语言有促进思维发展的作用。

在现实生活中，人们经常会听到这样一句话：“只可意会，不可言传。”是指在表达时清楚地知道自己想要表达的意思，但却不知怎样表述出来，说明人们的头脑里已经有了某种思维活动所产生的概念印象，可用来传达这种思想意识的词语却没有立即出现，可见思维和语言有时候并不是同步出现的，思维的玄妙之处有时也并不是语言所能传达殆尽的。思维的美就在于可以如天马行空般飞翔和游走，语言作为一种具体实在的表达手段和阐述途径，也有其自身局限性。而人类思维的具体构筑和融合实现还是从词语的出现开始的，因为真正绚丽多彩的新思想、新触感往往在脑中闪现于一瞬之间，人们可以意识到它的存在，却未必能用语言捕捉到思维灵感的奥秘和精华，与之相应的语言形式就似乎显得单薄、简单而无力。

在艺术家眼中，艺术构思就是一件脱离了语言形式而融合了多姿多彩、内心视觉意象和内心听觉表象的一个动感的主观能动思维活动，其中大量内心生动逼真的思索活动是人无法用言语描述与呈现的。例如画家在动笔临摹眼前的一幅山水画境时，并不需要用语言参与加工、勾勒这样的景象，而是在脑海中用一系列生动形象的侧面构思体现自己意识感观中的美感和印迹，正是因为艺术家所具有的丰富的想象力、敏锐的洞察力和非凡的创造力，才使艺术作品的表现力可以无须语言的介入便达到出神入化的艺术效果。同样的道理，音乐、舞蹈等其他艺术形式是用形象的音符、节奏和身体动作抒发情感和表现思想。又如我们身边的聋哑人，他们的头脑与普通人一样可以思考和认识世界，语言的缺失并不会阻碍他们的思维客观真实地反映和认知周围的事物，他们彼此间无声地交流同样具有自身思维主观能动性的信息表达和意愿传递。因此,“人类的思维活动是在语言基础之上展开的,没有语言参与就无法进行思维”的观点是不妥当的。

英语思维与教学研究传统理论认为:思维的产生离不开语言的介入和辅助,没有语言就无法进行思维活动,思维生成的入口和表达的出口都是语言物质,语言工具必然先于思维而存在。这类观点否定了人类思维所具有的主观能动性的作用和效果,应该看到在思维需要明确、清晰并进行条理性表达的时候,语言具有铺垫和整理思路以及意念实施准备的作用,是思维最终成为可传输性和可理解性规约符号的必然阶段和途径,即“语言是思想的直接现实”。在人的整个认知活动中,思维占据主导作用,具有主动权,当思维要表达的概念和信息要通过口腔、声带等器官呈现出来的时候,语言的物质媒介才会发挥不可或缺的辅助性工具作用。语言的职能是使思想明确化和实在化。从思维和语言的起源及发展谈起,阐明二者并非“同时产生”,而是思维先于语言产生,思维对语言有主导能动性作用,语言促进思维的发展。从社会实践看,思维是可以独立于语言之外而存在的,通过举例论证指出传统观点“人类的思维活动是在语言的基础上进行的,思维离不开语言”具有片面性。

二、英语教学中思维能力的培养

(一)英语教学中的语言思维

中西语言思维方式存在巨大差异,汉语思维是阻碍中国学生英语写作能力提高的关键因素。对于中国学生的英语学习而言,要消除汉语思维对英语写作的干扰,逐渐建立起英语思维模式。学生想写出地道的英语作文,需要增强英汉思维差异意识,发展名词化的隐喻能力,加强形合与意合之间的转换训练,逐步养成良好的英语思维习惯。

思维和语言之间应当是相互影响、相互作用的关系。一方面,语言是思维的主要载体,也是思维的主要表现形式;另一方面,思维方式制约着语言结构,影响表达和行文的遣词造句以及文章的谋篇布局。思维和文化密切相关,不同文化背景的人会有不同的语言思维方式和习惯。英汉两个民族有着不同的政治、经济、文化、地域、习俗等背景,因而两者的思维模式存在巨大的差异。在学习新的语言时,母语思维自然而然会被迁移到新的语言中,这在英语写作中表现得尤为明显。

1. 螺旋式思维与直线式思维

中国人的思维方式主要是螺旋式思维,受中国传统哲学“天人合一”思想的影响,汉语思维注重总体,从一事物与其他事物的联系上加以认识,予以解决,是整体思维模式。中国人做事习惯从整体到具体或局部,由大到小,即先全面考虑，之后缩小思路，考虑具体细节。其说话、写文章也往往表现为先把思想发散出去最后收拢回来，落到原来的起点上，这就使其话语或语篇结构呈圆式或聚集式。中国人说话习惯绕弯子，常常避开主题，从宽泛的空间和时间入手，从整体到局部，从大到小，由远及近，从总体到一般，往往把主要内容或关键问题保留到最后或者含而不露，是一种逐步达到高潮的方式。与中国人相反，西方人受“天人相分”思想的影响，注重分析和逻辑推理，对待事物习惯于从具体或局部到整体，是一种解析式的语言思维方式。在古希腊，人们根据亚里士多德的逻辑论辩建立起一套称为西方人思维基石的逻辑体系：开头—提出问题—分析论证—结尾。可以说，西方人的语言思维方式是直线型的，说话、写文章习惯开门见山。把话题放在最前面，即先表达中心意思，由此展开，或层层推演、逐项分列，后面的意思都由前面的语句自然引出。

中国自古就有“天人合一”的思想，认为人和自然是处于统一和谐的整体结构之中的。此外，中国文化注重集体观念，往往将整体置于个体之上。受这些传统思想的影响，中国人大多数都是整体思维者（global learner），即思考问题时往往从整体出发，先整体后局部。相反，英语民族却以解析式思维（analytic）为主导语言思维方式，看问题习惯于先局部后整体，即以各个局部为出发点，最后把这些局部组合为一个整体。例如，在时间、地点、组织系统、人物介绍等的排列顺序中，汉语都是遵循先整体后局部的模式，而英语则相反，例如，“中国上海”应表述为“Shanghai China”，而“这个工厂有三百多工人”（从整体到局部）则应该说成“There are over three hundred workers in the factory”（从局部到整体）。可见，语言上的差异实质上是由两种语言思维方式的差异造成的，要解决学生在英语表达中出现的类似错误，可以从中西方思维模式差异的角度来加以指导，使学生不是停留在模仿目的语的层次，而是从根源上理解目的语的语言现象，做到知其然，更知其所以然。

2. 形象思维与抽象思维

形象思维与整体思维紧密相关，即人们可能以经验为基础，通过由此及彼的类别联系和意义涵盖，沟通人与人、人与物、人与社会，达到协同效应。抽象思维，通常也叫作逻辑思维，是以概念、判断、推理作为思维的形式。中国人擅长形象思维，“具体性、直观性、形象性是中国人思维的内核”。最早的汉字中很多都源于图像，即象形字，能够不同程度地体现字义。如词语中“雪白、乌黑、绿油油”等都是形象思维的体现。形象思维不只限于字、词的层面，隐含在句子、语篇中也是汉语很突出的特点。例如：“我原本在北京居住，由于工作的需要，前两年搬到了上海，住在了现在这套两居室里。”这句话里，汉语体现的是它的图像思维、意合思维，虽然全句只在开头出现了主语“我”，但它完全可以显示一幅完整的图像，表达一个完整的意思。可见汉语是以“意”传“形”的“意合”语言，并不刻意追求形式上的完整，往往只求达意，人们必须从整体入手才能把握它。然而，西方民族更注重形式逻辑、抽象思维。

首先，英语的曲折形态变化丰富，如动词的时态、语态、名词的数量等。很多学生由于受汉语思维模式的影响，没有考虑这些变化，不由自主地写出无形态约束的句子，如“He get up at 6：30am yesterday”。

其次，英语句子的结构注重完整，任何句子都必须有一个“主语＋谓语”的主谓结构，如“下雨了”应说成“It is raining.”在阅读理解训练中，一遇到含复合句的复杂长句，很多学生就完全失去了头绪，不知所云。这归根结底是因为没有从“主语＋谓语”这个万变不离其宗的结构去把握其意思，造成理解上的困难。

最后，英语注重句子之间的形式逻辑性，汉语中的流水句不能照搬到英语里的，如“天晚了，回家吧”不能译成“It is late.Let′s go home”，两个英语句子之间必须有体现逻辑的连词，如可改为“Let′s go home，as it is late”。由此可见，英语强调形式及规则的约束，注重句子结构的完整和逻辑的合理，这对于习惯了汉语思维的学生来说，无疑是正确表达英语的一大障碍。因此，教师在教学中不仅要进行常规的语言教学，还要从宏观的思维角度对学生进行引导，使他们注意并了解中西方在思维模式上存在的差异，并有意识地模仿西方语言思维方式，从而说出、写出地道的英语。

英语与汉语相比较而言，英语是一种更为形式化、逻辑化的语言。英语注重句子形式，句法结构严谨完备，重分析轻意合；汉语则不注重句子形式，句法结构不必完备，重意合轻分析。其主要表现就是英汉话语和篇章结构在连贯性方面的差异。英语篇章连贯性强调文字间的逻辑联系，注重衔接手段的使用。英语常采用各种连接词语，如关系代词、关系副词、连接代词、连接副词、介词等。这类起连接作用的词语特别多，出现的频率也特别高。与之相反，汉语注重内在意念，不受形式的约束，句子往往只要达意即可。汉语重意合，无须借助词汇语法的衔接手段，仅靠词语和句子内在含义的逻辑联系或靠语境和语用因素便能构成连贯的语篇。

3. 天人合一与天人相分

早在战国时代，庄子就在其著作《庄子·齐物论》中写道：“天地与我并生，而万物与我为一”。这种天人合一的整体性思维贯穿我国哲学的始终，不管是道家思想还是儒家思想，都崇尚天人合一的最高境界。正是这种朴素的整体思维一直深刻地影响着后世人们的思维方式，表现在语言上也是偏重整体性。思维方式直接影响语言、语态的表达方式。汉语表达在时间语态上没有任何的变化，如说“我去上学”这句话可以表示过去时、现在时甚至将来时，它们在语法上没有任何区别。但是如果使用英语表达就有很严格的语法区分，过去时、现在时、将来时都有不同的表达方法。西方哲学思想深受古希腊哲学家赫拉克利特（Heraclitus）的影响，将世界万物都看成对立统一的关系，认为世界是“天人相分”的，这在事物个体性描述上有明显的差别。比如英语表达中会将电话、电视、电脑等词语视为独立的个体，而在汉语中则都是围绕“电”这个词进行延伸的，将大多数以电为基础产生的产品进行扩展和延伸，形成一个整体。

4. 以人为本与以物为本

国学中的人本主义思想可以说根深蒂固，孟子早在战国时期就在其著作《孟子·尽心上》中写道：“万物皆备于我矣”，该思想对后世有着深远的影响。中国文化的思维将人作为思维主体，用人的思维方式去研究世界和自然，这种以人为本的思想表现在语言表达上同样带有很强的人本主义倾向性。西方文化是以物为本的，他们客观、理性地观察世界，善于通过推理、论证、辩证等方法来研究自然规律和本质。在这种文化思想的影响下西方的语言表达具有物本主义倾向性。这两种文化差异直接影响到中英文的表达逻辑和顺序，尤其在主语运用上有明显的差别。中文常常将有生命力的人、物作为主语，而英文则常常将无生命的物体作为主语。主语不同直接导致中英文在表达语态上的差异，中文常常是主动语态，习惯表达为什么、怎么样，而英文则是被动语态，习惯表达为什么被、怎么样了。

（二）英语写作思维的培养

1. 增强英汉思维差异意识

在教学中教师应有意识地训练学生认识英汉思维差异及其在语言中的体现。通过对比教学，使学生充分认识到英汉两种语言在用词、造句、组段等方面的巨大差异。另外，教师应帮助学生接触更多地道的、能直观体现英语思维的资源，使其能在真实的语境中逐步领会英语的语言思维方式，从而在写作时能自如地按照英语逻辑习惯进行选词、组句、谋篇布局。

2. 发展名词化的概念隐喻能力

英语思维是线性思维，具有抽象性，其语言表达多用抽象名词。因而，要培养中国学生的英语思维，发展名词化的概念隐喻能力是很重要的一方面。名词化主要是指将体现“过程”的动词和体现“特性”的形容词，经过隐喻化变成以名词形式体现的实物，也就是以名词形式表达本应由动词或形容词表达的过程。对中国学生来说，学会使用名词化的概念隐喻表达对于提高英语写作相当重要，它不仅能克服母语思维表达在英语写作中的负迁移，而且能使英语句子简洁、紧凑、含蓄，从而使句子的英语味道更浓，更符合英、美人的语言表达习惯。

3. 形合与意合之间的转换

英语重形合，汉语重意合。英语句子结构紧凑严密，是因为有各种连接词起到连接的作用，而汉语句子很少有这些词语，靠语义上的联系结合在一起。因此，教师在写作教学中，应进行形合与意合之间的转换训练，加强英汉词汇、句法结构的对比和思维转换练习。教师可在课堂上开展将用汉语思维写成的句子改写成按英语思维写成的句子的专项训练，使学生逐步有意识地在写作中按英语思维行文。语篇方面，教师应加强讲授和训练各种连接词的使用，让学生认识到衔接词在英语语篇连贯性和统一性方面的重要作用。英汉思维差异是影响中国学生英语写作水平的关键因素，单纯的语言操练很难迅速提高学生的英文写作水平，因此，在写作教学中，应注意加强培养学生的英语写作思维，发展学生的名词化隐喻能力，进行思维转换训练。只有将语言操练和思维训练结合起来，才能更有效地开发学生的写作潜力，提高学生的英语写作水平。

（三）批判性思维能力培养

批判性思维经历了几千年的发展，但将其作为一项教育培养目标并形成大规模运动，则是近几十年从美国开始的。美国批判性思维运动源于对国内教育缺陷的反思，这种反思与批判不是经验性的，而是以科学态度不断总结与实践出来的。这对我国人才批判性思维能力的培养具有积极的借鉴意义和启示作用。

1. 从批判性思维运动到批判性思维课程

20世纪40年代，美国出现大量批判本国教育的研究报告。调查发现，学生学到的知识越来越新，获取知识的数量越来越多，但学生解决实际问题的思考能力却明显降低，尤其在“高阶认知过程”方面，有继续弱化的趋势。专家认为，正是高等教育的缺陷使美国丧失了百万社会栋梁。

卡尔·波普尔（Karl Popper）是当代西方最具影响的哲学家之一，他认为科学的精神实质是批判。在此基础上，他运用批判理性主义把科学发现过程建构为四阶段图式，即“问题—尝试性解决—排除错误—新的问题”。受波普尔启发，美国学者认为不仅科技创新需要批判性思维，日常生活和参与民主社会都需要批判性思维。20世纪90年代，批判性思维运动达到顶峰，并带来以下两项成果：第一，在高等教育中出现一门以教学生如何思考，即以培养学生的批判性思维能力为主要目标的基础课程——批判性思维；第二，出现一种以批判性思维理论为基础的考试类型，主要有GMAT（研究生管理科学入学考试）、SAT（大学本科入学考试）、LSAT（法学入学考试）等。不同于以往的知识型考试，其主要考核目标是考生的批判性思维能力，而非知识。

2. 从单纯批判性思维训练到跨学科融入美国

除将批判性思维作为一门课程开设外，还在各学科教学中加以强化，当前美国学校开设的批判性思维课程主要有以下三类。

（1）单纯批判性思维课程。

美国学校大多采用此类课程，具体课程种类繁多，如批判理论、批判性思维等。以论证的辨识、图解、重构、分析、评估为主要内容，不包括任何形式论证法。

（2）包含批判性思维的逻辑课程。

因在批判性思维推理过程中很多时候要用到逻辑思维，所以在培养学生的批判性思维时，要将逻辑教学当成一种培养手段。

（3）将批判性思维技能与学科教学结合。

“教学”是教师的“教”与学生的“学”相结合的过程，更是一种互动过程。学生应发挥其主观能动性，积极、批判性地思考，形成批判性思维的习惯。

3. 从学术研究理论化到国家教育制度化

作为一项具有全国影响力的教育行为，美国各领域的专家对批判性思维进行了跨学科研究，因此全国性批判性思维教育和专门研究组织不断涌现。目前主要有批判性思维研究中心、批判性思维基金会、批判性思维国家高层理事会，分别从科研、资金和制度方面保证了美国批判性思维的科学研究和教育实践。随着各界的共同努力，批判性思维作为教育培养目标被纳入国家教育法规中。1973年，卡耐基高等教育委员会发表了《美国高等教育的目的和表现》报告，报告提出了美国高等教育目前及未来的主要目标，其中第五条提出“为社会的自我更新开展对社会的批判性思考”。美国前总统克林顿于1994年3月31日签署了《2000年教育目标法》。该法对美国2000年的教育提出的培养目标为“要大力提高全体学生的推理能力、解决难题的能力、应用知识的能力、写作能力和进行流畅交流的能力”。这正是被解析了的批判性思维培养目标，之后此目标被美国政府继续采用。

4. 批判性思维对我国教育的启示

批判性思维作为“元思维”，对学生的综合素质提高有很重要的作用，不仅能促进创新人才的培养，更能为其适应瞬息万变的社会提供方法指导和智力支持。

（1）重视批判性思维研究。

不同学科的研究不仅能促进学科融合，也是产生新理论的必然条件。美国批判性思维理论的发展非常丰富，与之相比，我国落后了很多，具体来说，我国可从以下方面为之努力。首先，形成批判性思维研究的学术氛围。只有对批判性思维的重要性取得了一致认同，才会有更深入的研究基础。其次，重视理论研究。只有发展理论才能为我国的批判性思维教育与实践作出指导。最后，建设批判性思维研究的专业组织。信息社会中，科学研究的一个重要前提是前沿信息的掌握，专业组织间的定期交流和信息共享将加速批判性思维的发展。

（2）将批判性思维教育化。

不同的思维模式决定了不同的语篇结构。因此，教师应当注重对学生思维模式的培养，这种培养可以渗透到英语的各模块学习，例如，在学生的写作技能训练上，教师不仅要帮助其修改用词汇及语法方面的错误，还应该从文章模式、语篇结构上给予指导，真正帮助他们提高英语写作水平。在阅读理解、听力理解等练习上，教师应该指导学生从找文章的主题句入手，从主题句来掌握篇章的主旨大意及作者的写作意图。中西方思维模式上的差异远不止以上提到的几个方面，由于语言思维方式决定着语言的表达方式，为了让学生能够输出准确而又地道的英语表达语言，教师不仅要教授语言本体知识，还要在教学中涉及英语的思维模式，使学生能尽量排除母语思维对他们的干扰，从根本上提高他们的英语口语、写作等表达能力。

三、汉语思维对英语教学的影响

汉语思维对英语教学有很深的影响，主要表现在词汇、语法、篇幅理解上。英语词汇会出现很多同音形异词和同音异义词，在汉语中则没有。在语法上，英语多采用被动语态、定语从句等，而汉语受到人本思想的影响则以主动语态为主。很多学生在英译汉的时候常常是明白大概意思，但是没有办法流畅地表达出来，在汉译英的时候又会出现汉式英语的情况；这主要是由于学生一直在用汉语思维学习英语，没有研究中西方文化差异。我国的英语教育中，很多学校都是采用中文说教法——利用汉语去解释英语，但是解释和应用是完全不同的两个概念，应用必须身处其中，方能体会到英语的教学、研究魅力。而解释只能够剖析英语语法或者词汇以及各种语态、时态之所以那么用的原因，所以这种情况直接导致了学生用解释的心理去“学习”英语，造成“学习”效率低下。同时解释和应用在学习者的对待角度上也有根本的不同，解释是站在学问之外对学问加以研究，得出其规律以及原委；而应用则是站在规律和原委基础上，根据各种不同情况对知识加以使用，与学问是一体的，和学问没有内外之分，这便是角度上的不同。一个民族的传统与文化塑造了这个民族特有的思维模式，而这种思维模式又不可避免地在其语言中有所体现。按语言谱系分类，汉语和英语分别属于汉藏语系和印欧语系，由于它们各自所处的地理环境、历史文化等因素的不同，两者各自用独特的方式来认识和改造世界，形成各自独特的民族语言体系。

（一）中西方文化基础的差异导致思维差异

语言和思维方式都属于文化范畴，但又受到民族文化和哲学观念等因素的影响。就文化本质而言，我国学者吴森教授在论及中西方文化精神基本差异时指出，西方文化有三大支柱：科学、法律、宗教。中国的文化有两个基石：一是道德，二是艺术。而中西方文化最显著的差异是中国文化重视艺术，西方文化重视科学。科学的精神是按照抽象的符号，利用分析和实证的方法，从而对事物做理性的解释，目的在于寻求真理。而艺术的精神是借着具体的意象，传神达意，画龙点睛地来表达感情或价值判断，目的是价值的欣赏和创造。中国五千年的文明、历史形成了中国特有的文化特质。对于人与自然的关系，中国人崇尚天人合一，认为人与自然、人间秩序与宇宙秩序、个体与社会是一个不可分割、互相影响、互相对应的有机整体，人要顺从自然规律。这种万物皆一的整体观念使中国人习惯于整体具象思维，在语言上讲求整体、重直觉。而西方人看问题以个体为基点，习惯于解析抽象思维，在语言上追求精确。

（二）中西方传统哲学的差异对思维模式的影响

中西方不同的哲学观念表现在思维范式上，中国人重综合、重归纳、重含蓄；西方人则重分析，细微曲折，发掘唯恐不尽，描写唯恐不周。中国传统哲学强调思维上的整体观，对语言中的表现法影响极深。我国古代哲学家倡导一体思想，认为主观世界与客观世界莫不存在于一体之中。《庄子·天下》提出："泛爱万物，天地一体也。"这种整体思维观历经千百年形成一种思维形态，同时对应于语言形态之中，对语言活动起一种支配、定时作用。西方哲学则具有崇尚个体思维的习惯。从辩证法的奠基人之一赫拉克利特提出"整体只有在与个体的对立中才能存在"时起，不断有哲学巨人提倡个体思维的价值。如古希腊著名悲剧家索福克勒斯（Sophocles）提出："每个人都应有自主的个性。"再如对英语学习影响最深的是英国哲学家洛克（Locke），他论证的主张与欧洲大陆笛卡儿的唯理论汇合，从思维上为莎士比亚后英语的理性规范化提供了有力的依据。哲学中整体思维对汉语和英语的影响至少可表现在以下三个方面。

1. 用词语为事物命名的整体观

汉语命名重统一观，具体表现为对事物的类属概念必须给予描写。如星球，汉语的命名首先是统称"星"，然后分别称为金星、木星、水星、火星、土星、天王星、海王星、冥王星等。而英语命名时并不给予统称，则分别称为Venus、Jupiter、Mercury、Mars、Saturn、Uranus、Neptune、Pluto，汉语统称的目的就是体现整体的统一感，这与英语的表达有明显的差异。

2. 整体性重复的句子安排

汉语中经常出现周期性重复，或叫作回环性复叠，这是中国式的整体思维风格的表现。如我国古诗中就有："鱼戏莲叶间，鱼戏莲叶东，鱼戏莲叶西，鱼戏莲叶南，鱼戏莲叶北。"在诗歌体以外的散义化叙述中，回环式铺叙法也很常见；在英语中这种情况则是很少见的，如这样一句话："镇子坐落在一个峡谷里：东面是山，西面是山，南面是山，北面也是山。"但用英语表达即为：The small town lies in a valley surrounded with mountains.（镇子坐落在一个峡谷里，四面环山）此处并未把"东、西、南、北"具体描述出来。

3. 表现法的程式化综合性倾向

程式化叙述往往产生于力求全面的整体观要求，汉语常有这种表现。如这样一句话："还有一些人相爱，一是通过长期在工作中的接触，二是性格相近，三是对工作和爱情的看法也相同。”用英语表达即为：Still others became lovers through long contact at work. They usually had similar disposition and each attached the same importance to work and love. 在这样的表达中，英语语言展现的是一种较为全面的叙述内容。

（三）中西方思维模式的差异对教师英语教学的影响

中国传统思想一直强调“天人合一”的整体理论，然而相比之下，英美民族关注个体的探究。比如在英文中所有的字母在拼写时都无须大写，只有一个词语要大写，而且在任何时候都要大写，就是我“I”；然而在汉语中同样是称呼我，我们不仅不会大写，我们还会用别的词语来表达。比如我们会说“在下”“鄙人”，甚至就连皇帝都会称自己是“寡人”。在这里整体与个体的差异就不言而喻了。

中西方整体与个体思维差异的模式也相应体现在课堂教学中。中方英语教师对课堂的把握侧重于学生的整体授课，教师主要从整体上关注学生听课情况。如果大部分学生听课认真能够跟得上教师的授课进度，则不会特别在意个别学生的听课情况。而外国教师授课则注重突出个体，调动学生的积极性，鼓励学生创新，鼓励批判性观点。比如在一个西方教学的课堂里，一位教师讲完课后问他的学生：“我今天讲课你们觉得怎么样？”这个时候有两个学生起来回答，一位学生回答说：“老师，您讲得非常精彩，我完全赞同。”而另外一位学生回答说：“老师，我想找个时间和您辩论一下，因为您讲的很多地方我不太赞同。”在西方教师的心目中，他会很看重第二个学生，也就是要找时间和他辩论的那位同学。这就好像是打开扇窗户让学生自己去看，也许每位同学所见所感都会有所差异，比如说有些同学看到的是窗外的树木，有些同学看到的是楼前的草坪，还有的同学看到的是树上的绿叶。在这种开放式的教学中，充分激发学生的积极性、主动性、创造性，并无对错。

世界上各民族的人们在各自独特的历史中形成了不同的思维模式。语言材料的组织，语言信息的传递都要遵循这些特定的思维模式。换言之，语言表达要受思维模式的制约和影响。如果一个人在进行交际时先用汉语的思维模式来组织语言，再用英语的语言符号来进行表达，就会出现信息传递上的失误，造出一些汉语思维+英语形式的中式英语。因此，教师有必要对学生进行一些中西思维模式差异的对比介绍，帮助学生说出、写出地道的英语句子。不同的思维模式决定了不同的语篇结构。在学生的写作技能训练上，教师不仅要以英语思维与教学研究帮助其修改用词及语法方面的错误，还应该从文章模式、语篇结构上给予其指导，真正帮助他们提高英语写作水平。在阅读理解、听力理解等练习上，教师应该指导学生从找文章的主题句入手，从主题句来掌握篇章的主旨大意及作者的写作意图。

四、减小汉语思维对英语教学的影响

（一）减小汉语思维对英语教学影响的方法

思维和语言是一个统一体，相辅相成，密不可分。思维通过语言表达，是语言的灵魂；语言是思维的表达方式，是思维的表象。在英语教学中教师一定要培养学生英语思维、理解中西方文化差异、将知识和文化结合起来。英语教师也应该从学生英语能力出发，结合西方文化和思维方式，切实提高学生的英语听、说、读、写能力。

1. 重视中西方思维的差异

作为英语教师，首先，要做到正确认识汉语思维对英语学习的影响，了解中西方在思维上的差异，包括文化方面的差异。英语学习者常常不自觉地受到汉语思维的影响，出现一些中式英语的错误，这时英语教师应在理解的基础上指出并改正，而不是完全否定。出现这种情况的时候，首先，教师应该引导并帮助学生自己找到错误，分析错误产生的原因，找到纠正错误的方法。这种错误是在潜移默化中形成的，并不是短时间内能立刻改正的，需要教师和学生共同努力，找出错误根源，逐步纠正。其次，英语教师可以通过情景教学、对比研究、辩论赛等多种形式，让他们认识到汉语思维对英语学习的影响，激发学生主动研究的积极性。这些有意识的教学活动不仅可以锻炼学生发现、解决问题的能力，还可以让学生在学习英语的时候关注两者的文化差异，提高其学习总结能力。

2. 顺应语言的社会发展规律，正确运用迁移规律

英语学习者长期受到汉语思维的影响，自然而然地会在学习中产生迁移作用。语言迁移（Language Transfer）是指在第二语言学习中，学习者在使用第二语言时，借助于母语的发音、词义、结构规则或习惯来表达思想的这样一种现象。如果母语的语言规则和外语是一致的，那么母语的规则迁移会对目标语有积极的影响，这是一种正迁移（positive transfer）。反之，如果母语的语言规则不符合外语的习惯，对外语学习产生消极影响，则是负迁移（negative transfer）。其实不管是英语还是汉语都以语言为基础，其本质都是一样的，有一定的相通之处。因此迁移作用在外语学习中是一种正常的现象。同时，语言发展具有一定的规律性，有自身的规律，不同语言的发展变化可能遵循不同的规律，同一语言在不同的时期和地区，可能会有不同的发展变化规律。教师也要深入了解英语语言的发展变化规律，应该正确认识这种现象，善加利用或引导，才能取得良好的效果。也更应该建立在了解中西方文化和思维的基础上，让学生能主动认识到这种现象，主动去寻找差异，探究其规律，从而达到提高英语能力的目的。英语教师可以将两者差异作为一个课题进行专门讲解，引导学生发现问题、提出问题、解决问题，

提高学生学习的积极性。积极鼓励学生发挥正迁移作用，了解语言学习的本质，规避汉语思维对英语学习的不利影响。

3. 培养语感

语感是一种复杂的多层次心理过程，是人们在根据以往的学习或经验不自觉地概括总结出来的无法描述的感觉特征。很多时候学生在做题的时候尽管对答案并不肯定，但是能通过直觉判断句子的正误，这就是语感好的一种表现。语感需要长期学习和锻炼的积累，形成良好的语感有助于学生更好地融入英语思维中，避免汉语思维的影响。因此，英语教师应该采取多种形式的教学，引导学生学习和积累英语知识，锻炼学生的听说读写能力，培养学生的兴趣，让学生在不断地训练中加强语感。

4. 情境教学，融入西方文化

英语学习不仅仅是知识、语法、词汇的学习，更是西方文化的学习。现在由于受到应试教育的影响，很多英语教师将英语教学局限在词汇、语法、结构等表层知识上面，对于更深层次的文化背景涉及较少。这种浅层的教学模式极大地影响了英语学习者对于知识的吸收，大大降低了学习效率和效果。只有在了解西方文化和思维方式的基础上才能更好地理解英语语法结构、词汇等。英语教师应该重视西方思维和文化背景的影响，通过各种多媒体教学手段引入情景教学法，让学生能在轻松的氛围中感受西方思维文化的差异。尽管随着中西方文化交流的不断加深，国际文化不断融合，不同的文化思维也在不断包容、融合，但汉语思维和英语思维在历史根源和本质上的巨大差异并不是简单地融合就可以改变的。就当前情况来看，汉语思维对英语教学仍然有很大的影响。从根本上来说，汉语思维和英语思维的差别是哲学体系的差别，是“天人合一”与“天人相分”的哲学基础的差异。汉语思维是整体性思维，将世界看成统一的整体，人只是其中的一部分，主张人与自然和谐发展。表现在语言上就是将形、音、义三者集于汉字一体，具有整体性的特点。在词汇创造上，也会将具有同类特点的词汇进行某种程度的关联。与西方人的大胆直接不同，中国人多习惯用委婉、螺旋式思维结构去表达想法。西方人则会用客观、理性的态度来看待问题，先指出问题核心或者中心思想，然后再层层分析、步步论证。中国传统文化倡导人们注重悟性，重视感性思维，注重感觉经验而不是理性。汉字的象形造字法就是一个对形象性思维的很好诠释。中国人提倡以人为本，在语法结构上倾向于主动语态，喜欢用有生命的物体作为主语，而这方面在英语中恰恰相反。总之，汉语思维对英语的学习有很大的影响。教师在教学中应该正确看待这种影响，重视对西方文化背景和思维逻辑的研究，积极培养学生的语感，引导学生主动了解西方文化。

（二）用英语表达中良好的思维学习口语

例如，美国人和美国人交谈80%是想告诉对方“What is a book?”中国人常说“Where is a book?”却很少有人说“What is a book?”而美国的学生一开始就会问“What is a book?”说明学生从刚提出问题时就已经在开始探究、思考问题，学会提出问题、寻找答案，注重的是更深层次的内容。而中国学生的这种“Where is a book?”问题，只是描述阶段，期待直接的答案，而非去思考，探究答案是什么。从“What is a book?”类似的常见问题，可以窥见中国传统英语教学模式欠缺教学生表达思想的技巧和思维方式的锻炼。

1. 学会用不同的表达方式说明同一种事物

如果一种表达方式让对方不懂，美国人会寻找另一种表达方式最终让对方明白。因为事物就一个，但表达它的语言符号可能会很多，如水，世界上就这一种事物，却有多种符号来表达它。如果一个人懂8种语言，那他在世界上被别人理解的机会就会大得多。用汉语说“水”别人不懂，用德语说别人或许也不懂，但用英语说“water”，别人可能就懂了，这就要求学生多做替换练习。传统的教学方法也做替换练习，但这种替换不是真替换，只是语言层面的替换，而不是思维层面的替换，比如“I love you”，按中国的替换方法就把you换成her、him、them等，这种替换和学生练描红没有什么区别。这种替换没有启发思维，这种替换句子的基本结构没变，但如果替换为“I want to kiss you”“I want to hug you”等，或者给对方讲电影《泰坦尼克号》，告诉对方“that is love”，这样对方可能就明白了，这才叫真正的替换。也就是说，用一种不同的方式表达同一个意思，或者对方听不清楚，举一个简单易懂的例子来表达，就可以使对方明白。

2. 学会美国人描述物品的方式

从描述方式上来讲，由于中美的文化不同会产生很大的差异。我们描述物品无外乎把它放在时间和空间两个坐标上去描述，但美国人对空间的描述总是由里及表，而中国人正好相反。美国人说“我向雪山走去”，中国人就会说“我从雪山走来”。从时间上来说，中国人是按自然的时间顺序来描述的。中国人描述一个物品突然停住时，往往最后说的那个地方是最重要的。评书常说“欲知后事如何，请听下回分解”，中国人很认可这种压轴戏、抖包袱的方式；而美国人听到这里可能就会非常不解，认为其听的就是所发生的事，但发生了什么却不告诉自己。因为美国人在时间的描述时习惯于先把最重要的东西说出来，然后再说陪衬的东西，只有发生悲剧性的事件，美国人才在前面加上铺垫。这就是中国人和美国人在时间描述上的巨大差别。

3. 学会使用重要的英语习语

任何语言除了标准化的表达以外，还有一种不容易学、易造成理解困惑的表述，就是“习语”。如北京人说“盖了帽子”，外国人就无法理解，这就是习语。

所以和以英语为母语的人交流时，能适当地运用一些英语习语，就会让对方觉得很亲切，乐于和你交流。而习语的特点就是既有固定的结构，又有比较灵活的修辞，通过比喻等方法获得修辞转义，具有浓郁的文化气息，含有一定的文化历史背景知识和鲜明的思维特色。所以教师在教授英语的过程中，应注意加强学生对习语、俗语甚至一些俚语的认知和理解，这样才可能更好地了解、使用英语，在交际中不会犯一些看似能懂，实则不懂的笑话；也才能更好地吸引学生的兴趣，使其通过对习语的学习，了解一些背后的文化，拥有一定的“英语思维”习惯。

4. 培养语感

教学中不提倡“猜测”，但语感在英语口语中很重要。在交流中，如果有一个词没有听懂，但又不可能马上去查字典，这时候就需要猜测来架起一座桥梁来弥补这个缺口，否则交流就会中断。中国人学习口语多注重背诵，背句型、背语调，这样导致很多人讲口语讲着讲着就会在记忆中寻找曾经背过的东西。如果能通过语境来猜测，也许就不会出现这种现象了。在英语学习中，英语语音发音问题是一个比较常见的问题。中国人不需要钻牛角尖，一定追求发音要像一个本地人(native speaker)，只要发音不至于让对方产生误解就达到了交流的目的。在平时的学习中，还需要多模仿，模仿标准的英音或美音都可以。在模仿的基础上，每天还需要保持固定时间的自我口语练习。这样的练习必须假想一个双向交流的场合，即假设有真实的对话者。当然，在练习发音时，还应该注意一下英语发音的语气问题。

第七章　英语语言表达教学

第一节　英语语言表达教学的意义

一、教学语言的定义及其重要性

教学语言是教师在进行课堂教学活动时所使用的语言，又称教师语言。它是知识的主要物质载体，是师生信息沟通的重要手段，是联系师生情感的重要纽带。一个教师课堂语言的质量实际上在一定意义上就是教师基本素质的缩影。良好的教学语言是教师从事课堂教学的起码要求。掌握教学语言艺术是教学取得成功的一个重要条件。一个完整的教学过程是教师对学生进行知识信息的传递、反馈的过程，是师生之间情感交流的过程，是对学生个性的熏陶感化的过程，是引导学生进行观察、记忆、思维、想象等智力创造性活动的过程。在这个过程中，无论是教师讲授、叙述、提问、回答、辅导、解释还是板书、演示等都必须借助教学语言。只有通过教学语言引起学生的意识活动，特别是视觉和听觉的活动，引起他们对事物的感知，才能起到意识交流的作用，获得感性认识，继而实现理性的飞跃。尽管现代教学形式日趋多样化、现代教学手段日益先进，诸如社会实践、实地考察、电视、电影、录像、卫星传播、网络等纷纷涌进教学过程，但是它们都无法替代教学语言艺术在教学活动中所起的作用和效果。而且现代化教学对教师的教学语言的规范性、严密性和艺术性提出了更高的要求。因此，教学语言的优劣、教师的口头表达能力、思维的条理性和逻辑性以及驾驭语言的技能等都直接影响学生学习的主动性和教学的有效性，而且制约着教师主导作用的发挥，关系到教学的成败。

二、英语教学语言及其特点

英语教学语言通常是英语教师用作讲解知识、传达信息和传授技能的工具。但是外语教师使用的教学语言不仅是一种传授知识和技能的工具，同时也是教师所要传授的知识和技能本身。有相当多的英语教师把教学语言视为课堂用语。其实，英语教学语言和英语课堂用语是两个不同的概念。课堂用语是组织课堂教学各个环节的特定用语，它往往有固定的句式。我们熟悉的“Class begins”“Open your books，please”“Read after me”“Class is over”等都属于课堂用语的范畴。英语教学语言是指在课堂教学全过程中使用的英语，它已超出了课堂用语的范畴。英语教学语言大体上包括四个部分：①课堂用语；②讲授用语；③师生交流用语；④教师反馈用语。讲授用语是教师在讲解词汇、句法结构、语篇等时所用的语言。师生交流用语是课堂上师生之间进行各种交谈、对答和讨论时所用的语言。教师反馈用语是教师指导学生进行课堂操练时对学生的语用行为做出评价时所用的语言。英语教学语言的特点可以概括为以下12点。

（一）可接受性

英语教学语言兼有讲授和示范的双重功能。英语教学语言的讲授功能和示范功能能否达到预期的效果取决于它的可接受性。学生的接受能力（听、读）和表达能力（说、写）的发展是一个不断学习和不断提高的过程。教学语言超出学生的接受水平就失去了教学意义。英语教师在课堂教学交流中为了照顾学生的接受能力，应当采用一种能被学生理解的特别用语，即简单、明了和易懂的教学语言。对于接触英语时间不长的学生来说，教师的语言要作相应的简化，伴以夸张的语调并辅之以手势、表情、动作，就像儿童习得母语时母亲使用的一种照顾性语言（caretaker language）或保姆式语言（motherese）。教师的教学语言要遵循既符合学生的实际需要（巩固和复习），又略高于学生现有水平（学习新内容）的可接受性原则。

（二）简明性

教师在课堂上为达到与学生交流的目的，往往对所使用的语言进行加工和简化，用最简明的方式准确传递学习者所需要的信息。从理论上讲，教师的言语交际应使用最精练的信息来表达说话者的意图，正确把握好语言的冗余度。一旦学生接受过于复杂的语码训练，如语言冗余信息（redundant information）过大，学生接受起来就有困难。教师的教学语言应当遵循简明性原则，自觉运用一些简化语言的技巧。例如：解释或原文释义（paraphrase）可以简化复杂的表达，消除歧义，增加表达的清晰度；重复则可以强化必要信息，引起学生的注意，实现教师自我监控或纠正学生错误的目的。

（三）阶段性

学生学习外语是一个发展的过程，这个过程具有阶段性。教学语言的阶段性主要表现在语速的快慢、用词量的多少、表达结构的繁简以及语篇难易度等方面。随着教学过程的延伸和学生语言能力的逐步提高，教学语言应递进到一个新的高度。如果把教学语言凝固成一种不变的模式并停留在较低层次，课堂教学会变得枯燥无味，难以体现教学大纲和教材的意图。因此，在学生能够接受的前提下，教学语言应不断增加难度、添加新内容，使课堂永远充满吸引力和挑战性，不断激发学生学习新知识的兴趣和热情。

（四）实用性

在初学者的词汇和语句理解阶段，英语教师可能会尽量简化所用的教学语言或使用照顾性语言。当学习者的理解程度提高到语篇理解阶段时，教学语言就应向自然语或标准语靠近，尽可能避免双语的互相干扰。然而，目前在英语教学中，很多教师运用教学语言只是为了教学的需要，没有把教学语言和学生课外运用英语结合起来，致使课堂教学与课外运用脱节。在学生学习的较高阶段，教师应根据所教材料呈现与学生学习和生活相关的自然用语。

（五）规范性

只有规范的语言才能把要表达的意思讲得清楚、明白，只有规范的语言才能谈到语言美，才有可能使语言的魅力上升到更高的层次。因此教师的语言必须具有规范性，以期产生语言的示范效应。

（六）主导性

英语教师在组织英语教学过程中要让学生注意什么、感受什么、联想什么以及表达什么，关键在于教师怎样利用教学语言进行引导。教学语言主导性的强弱是教师主导作用如何发挥的一个重要标志。善于引导学生学习的教师的教学语言总是能沟通学生的思维、拨动学生的心弦、引起学生的共鸣、营造出良好的教学气氛、调节教学节奏的张弛，从而带领他们进入教学意境。有主导性的教学语言是积极的、能动的，它犹如教师留给学生的路标，有一种提示作用。因此可以少走弯路，提高效率，产生无穷魅力。

（七）讲解性

学生对教师所讲的内容有听懂、理解、消化和记笔记的需要，这就决定了教师的教学语言要有讲解性的特点。重点问题需要强调一下，疑难问题需要解释一下，没说清楚的地方需要重复一下，增加教学语言的价值。在教学语言中，分析与综合、演绎和归纳、类推及比较都可以使讲解的内容更容易让学生迅速接受，以便取得好的教学效果。

（八）示范性

在学生看来，教师是知识和智慧的化身，他的一言一行都是可以效仿的。教学语言直接影响学生对知识的掌握、品德的形成和语言表达能力的发展。因此，对学生来说，英语教学语言又具有示范性。教师在英语教学时“言不可不慎”，对学生思想可能产生不良影响的话不要随便说，应做到“闲话不闲”“笑语有意”。

（九）启发性

有人说过：“平庸的教师只是叙述，好的教师讲解，优异的教师示范，伟大的教师启发。”教学语言的启发性就是在教学时“用语言把人们的心灵点亮”。古人也说过“画令人惊不如令人喜，令人喜不如令人思”。英语教师的教学是为了发展学生的思维能力。英语教学语言应当相应地含蓄蕴藉、耐人寻味、发人深思、富有启迪性。英语教师还应注意把握启发教学的火候，“不愤不启，不悱不发”。在适当时机施教才能充分发挥教学语言的启发作用。

（十）针对性

这是因教学对象不同而决定的。教学对象不同，教学语言自然也就应该有所变化。低年级的学生对生动、形象的语言容易接受，教学语言应当具体、明确、亲切；高年级的学生抽象思维能力不断发展，追求对事物的理性把握，教学语言应该深刻、隽永、灵活、具有哲理性。只有针对学生的心理需求，英语教学语言才能发挥应有的作用，从而充分调动学生学习的积极性。

英语教师在教育教学过程中，针对不同的学生，如自尊心强的和自尊心差的、学习好的和学习差的、性格外向的和性格内向的、骄傲的和谦虚的等，都要注意有针对性地采取不同的语言教学方式，以求达到理想的效果。

（十一）趣味性

趣味性是指教学语言生动、形象、富于情趣，像磁石一样吸引学生。英语教学语言的生动形象性要求教师在教学时多用大众化语言，如谚语、歇后语、习语，多用比喻性词语，充分发挥语言的直观功能，具体逼真地描述事物，力求给学生留下深刻的印象。

（十二）审美性

英语教学语言还应当具有审美性，有比一般人的语言更高的美学价值。古人说：“言之无文，行而不远。”语言是应当有文采的，英语教师的语言尤应如此。仔细分析起来，英语教师的语言美，应包括：内容美和形式美。内容美要求教师的语言思想深刻，富于哲理，充实而又含蓄，常常具有令人豁然开朗的启迪性；形式美则要求英语教师在遣词造句和修辞上显示出高超的艺术，不能只满足于一般的规范化语言。许多产生巨大艺术魅力的教师语言都是富有审美性的，因为美所以才动人。

三、英语教学语言艺术的种类与效用

（一）英语教学语言艺术的种类

不同学者从不同角度按不同标准对英语教学语言有不同的分类方法。

1. 根据英语教学语言的功能性质分类

（1）系统讲授语言。主要是指教师在英语课堂教学中以全班学生为对象系统来讲解和传授英语知识的教学语言。这类教学语言的特点是：能够充分体现教师在教学过程中的主导地位和教学艺术才能，易于形成教师独特鲜明的教学语言艺术风格；教学语言表达的内容科学性强、专业特点突出；教学语言的形式逻辑性强、系统完整、层次分明，利于学生感知、理解和记忆。教师可以根据英语学科内容、学生特点精心设计、巧妙安排，增强教学语言表达的艺术效果；教师可以高效率、高质量地完成系统讲解和传授英语知识的教学任务，促进学生的知识、技能、品德等方面的发展。

（2）个别辅导语言。主要是指英语教师在课内外教学中以个别学生为对象辅导学生学习的教学语言。这类语言的特点是：高度尊重学生的主体地位、充分调动学生的学习积极性、关注学生的个别差异和个性特点；教学辅导语言针对性强，利于因材施教，使学生能够了解自己的优缺点；能尽量适应学生的不同要求，语言形式灵活多变（一般难以事先设计）；辅导语言要求精于启发、巧于点拨、善于激励、长于指导，可以帮助学生查缺补漏、解疑释惑，使学生形成正确的学习态度、掌握有效的学习方法、培养良好的学习习惯。

（3）组织协调语言。主要是指英语教师在教学中组织教学活动，以协调教学关系、控制教学进程的语言。协调语言又可分为：①指令语言：应当明确具体、简短精炼、热情文明，切忌模糊抽象、冗长杂乱、冷淡无礼；②商讨语言：应当体现民主的精神、尊重学生的选择、培养学生的参与意识，使教学真正成为双向活动；③衔接语言：也称过渡语言，教学要点的衔接、教学活动的转换都需要有中间过渡语言才不致使教学要点间缺乏联系、教学活动的变化而显得突兀，衔接语言应当前后呼应、穿线贯珠、起承有序、转合有度，这样才能将整堂课组织得严谨缜密、天衣无缝；④调节语言：通过恰当的褒贬评价，强化或改变学生的学习活动以调节控制教学进程。教学调节语言应当实事求是、程度适当，方法因人而异，形式丰富多样。

2. 根据教学语言的信息流向分类

（1）单向传输语言。又称独白性语言，是指英语教师在教学中向学生进行单向输出的语言。此类教学语言的特点是：语言信息密集、信道流畅；能较好地体现教师的教学意图；语言传输的效率高、质量好；语言表达过程易于自主调控，因而可以精心设计；要求学生具有相应的语言接受能力；可以给学生以良好的语言示范，培养学生的语言鉴赏能力、语言感受能力和语言表达能力；语言信息的单向输出缺乏反馈能力；语言效果取决于教师的语言艺术水平高低等。单向传输语言的运用要十分讲究语言表达技巧，只有增强其语言本身的吸引力才能激发学生的接受兴趣，避免因单调枯燥给学生造成语言疲劳。

（2）双向对话语言。指英语教师和学生以平等的身份，在民主融洽的气氛下进行生动活泼的双向对话的语言。此类教学语言的特点是：语言的情境性增强，要求教师具备灵活机智的语言应变能力；语言流程出现曲折，语言信息传递效率受到影响；语言反馈的即时性增强了语言的实际效果；语言主体的平等地位使师生双方都有了主动参与的积极性；语言信息的不断变换提供了师生教学相长的可能性，可以增加学生语言实践的机会、锻炼学生思维的灵活性和即时口头表达能力。双向对话语言常用于课堂问答、个别辅导、交换意见、了解学生的情况等教学活动。

（3）多向交流语言。指英语教师在教学中有目的地组织学生进行座谈、讨论、争辩的语言。此类教学语言的特点是：英语教师以主持人的身份组织和导演教学活动；英语教师的语言具有鲜明的主导性和组织功能；语言流程具有不确定性，因此增加了教学语言设计的难度；语言信息的多向流通使教学活动结构呈现立体交叉网络状态；语言气氛的活跃会激发师生思维的积极性和语言表达的兴趣；语言信息的碰撞增加了语言活动的教育价值。多向交流语言的运用要求英语教师具有较高的语言控制调节能力，使多向交流语言“形散而神不散”，通过激发学习兴趣、点拨思维、引导言路而达到预定目的。

（二）英语教学语言艺术的功能

1. 英语教学语言艺术是影响学生心灵的工具

英语教学语言艺术是指教师创造性地运用语言进行教学的艺术实践活动，它是英语教师教学表达艺术的最重要的组成部分。正如苏瓦西里·亚历山德罗维奇·苏霍姆林斯基所说：“假如在语言旁边没有艺术的话，无论什么样的道德训诫也不能在年轻人的心灵里培养出良好的高尚的情感来。”他认为“教师的语言是一种什么也代替不了的影响学生心灵的工具”，教师“高度的语言修养是合理利用教学时间的重要条件”，教师“在很大程度上决定着学生在课堂上的脑力劳动的效率”。可见，国外教育家们也是非常重视教师教学语言艺术修养的。

2. 英语教学语言是英语教师最主要的教学手段

无论教学手段多么先进，教学语言艺术的地位和作用都是难以被完全取代的，因为课堂始终是一种弥漫着语言的环境。一般来说，教与学包含的语言活动主要有讲授、解释、讨论、提问、回答、复述、概述、修正或纠正等。此外，还有一些为吸引或保持对方注意的讲话以及表现彼此关系的表达，它们都是课堂语言的组成部分。

3. 教学语言艺术是影响教学质量的关键之一

教学质量的好坏是由多种因素决定的，准确，鲜明，生动，富有吸引力、感染力、号召力的极具艺术魅力的教学语言是启发学生思维、激发学生兴趣、调动学生积极性的重要一环，直接影响到教学质量的好坏。有研究资料表明，学生的学习积极性和主动性、课堂纪律的好坏、学习成绩的高低乃至学生的成长，都同教师的教学语言密切相关。

英语教师的教学语言艺术水平综合反映出教师的教学素养，它对英语教师的教学效果和效率具有决定性的意义。学生接受知识的程度同教师的表述水平有显著的影响。教师的教学语言具有条理性，学生的学习收获就较大。教师教学语言逻辑混乱，造成表述不够严谨、周密、有条理，会使教学内容漏洞百出、捉襟见肘，甚至会自相矛盾、陷于困境。我国著名美学家朱光潜曾说："话说得好就会如实地达意，使听者感到舒适，发生美感，这样说的话，就成了艺术。"教师教学语言的动听程度决定了教师语言感染力的大小和学生的语言接受程度。

4. 英语教学语言艺术能促进学生能力的发展

著名科学家爱因斯坦说得好："一个人的智力发展和他形成概念的方法在很大程度上是取决于语言的。"教师教学语言艺术的高低不仅影响到教师教学任务的完成、教学效果的优化，更重要的还在于它能直接影响到学生多方面能力的发展。

（1）影响到学生思维能力的发展。英语教师的英语教学语言艺术水平直接反映着英语教师思维能力的高低。"口才"好的根源在于"脑才"好，会说在于会想。所以列宁很欣赏德国哲学家叔本华的一句话："谁想得清楚，谁就说得清楚。"学生透过教师高超的英语教学语言艺术可以探知教师的思维进程、学习到思考问题的良好方法、体验到思维过程中的快乐，从而激发学生思维兴趣、提高其思维能力的水平。直观形象的教学语言会影响到学生的形象思维，理性概括的教学语言会影响到学生的抽象思维，英语教师的机言智语会影响到学生思维的敏捷性和灵活性，英语教师的语言观点会影响到学生思维的独立性和批判性，英语教师的语言材料会影响到学生思维的广阔性和深刻性等。

（2）影响到学生语言能力的发展。英语教师的教学语言不仅是传授知识的工具，还是最直观、最有效、有声无形的榜样。英语教师的教学语言对学生语言习惯与能力的影响是日积月累、潜移默化的。实践证明，学生受到言之成序、言之有理、言之动情、言之生趣的教学语言的长期熏陶，就会逐步产生对语言的浓厚兴趣，进而掌握灵活运用语言的本领。

（3）影响到学生审美能力的发展。苏霍姆林斯基指出："教师讲的话带有审美色彩，这是一把最精致的钥匙。它不仅开发情绪记忆，而且深入到大脑最隐蔽的角落。”英语教学语言艺术本身就可成为学生审美的对象，使学生从中获得审美感受，激发其审美情趣，锻炼和提高学生的审美创造能力。

5. 英语教学语言艺术是师生情感交流的重要媒介

英语课堂教学不仅是“传道、授业、解惑”，而且是师生间的情感交流。师生间良好的情感交流对教学效率的提高、学生心智水平的增长、英语学习兴趣的增强等都有着积极的影响。心理学研究证明，任何心智活动都不能截然分割为理智活动和情感活动两个领域。著名儿童心理学家皮亚杰认为：“没有一个行为模式（即使是理智的）不含有情感因素作为动机。”情与理应当互为补充、协调活动。而师生间的这种情感交流活动的重要媒介就是教学语言。具有艺术魅力的教学语言能促进师生间的良性情感交流，而差的教学语言却会造成师生情感的恶性交流，从而降低教学质量。

6. 英语教学语言艺术是信息交流的主要物质载体

英语教学过程实质是一个信息交流的过程。在这个信息双向交流的过程中，英语教学语言是信息的主要载体。英语教学信息复杂、多样而具体，要使这种信息以最佳状态进行流动，优美的英语教学语言是传递这些信息的主要物质载体。若英语教学语言具有艺术感染力，教学信息量就会大大增加，英语教学的效率就会因此大大提高。

第二节　英语语言表达的教学原则

一、英语教学语言表达的要求

教学语言在教学中只有达到一定的要求才能发挥它的教育教学功能，完成教育教学任务。教学论对教学语言同样有一定的要求，只有满足两方面要求的教学语言才是真正美的教学语言。教学语言还应该符合一定的语用原则，这些原则是教学语言在表达和领会方面应该遵循的规律，英语教学语言也不例外。

英语课堂教学语言不仅是一门科学，更是一门艺术。因为英语老师走上讲台的目的不是炫耀自己的知识，而是要将自己的知识转化为学生的知识。这就对英语课堂教学语言艺术提出了如下要求。

（一）正确与规范

英语在形成过程中，约定俗成地形成了自己的规范。凡是合乎英语规范的言语，就是正确的；不合乎英语的语音、语法、逻辑等多方面规范的言语，都是不正确的。教学时吐字要清楚规范，每个字母、音节、意群、句子的韵律和节奏都应该读清楚、读准确。

（二）音调正确

根据教学内容的不同在教学过程中运用不同的音调：表示愤怒、惊异、号召等激情时用升调，表示沉痛、迟钝、悲伤时用降调，表示安静、庄重、肃穆时用平调，表示幽默、含蓄和讥讽时用曲折跌宕的语调。

课堂教学语言不同于报告式、念经式、背书式的腔调。教师只有学会用十几种声调说同一句话的时候，才具备征服学生并调动其情感、兴趣、注意力的能力，才具备有效指挥学生学习活动的能力。

（三）清楚与明白

在教学活动的过程中，学生主要通过教师的语言来接受知识、领会思想感情、掌握教学内容，因此，教学语言的清楚明白是教学论对言语的首要要求。英语教学语言的清楚明白有以下几个层面的意义。

（1）说的声音清楚明白。发音说话的声音响亮，发音吐字清楚，字音、字节清晰。说的过程中不吞食音节，语调舒缓、语速适当、停顿合理、意群恰当、音量悦耳，适于学生听觉。主要衡量标准是每个位置上的学生都能毫不吃力地听清楚教师的每句话和每个音节。

（2）说的内容清楚明白。①教学语言的条理清楚：一节课先讲什么、后讲什么，教师应心中有数。教学思路的清晰能使教学言语清楚明白，思路的清晰取决于教师对一节课的设计是否通过备课和钻研教材做到心中有数。教学思路清楚了就会对教学内容及过程都有清楚的认识，讲课时教学语言就能够按照既定的方向导入教学中去，教学语言的环节与层次就是明晰的，不会东一榔头西一棒槌地不知所云。②教学内容的段落清楚：一节课的教学内容犹如一篇文章，文章有了清楚的思路讲述才能有条理。有清楚明白的内容还应该有清楚合理的段落，这种清晰的段落使学生听课能明白地听出这节课讲了几个大问题，每个大问题中又包含几个小问题，使学生对教学内容了然于心，而不是只有一大片模糊印象。③句子连贯，句意贯通，句子完整：句子是教学语言的基本单位，几个意义相近的句子组成句群，一些意义相近的句群组成自然段；几个有相同中心的自然段组成中等段落，几个中等段落组成部分。教学语言的篇章同文章篇章一样。缺少主语、谓语或宾语的句子可能语义不明，省略或承前省略主语的句子可能造成理解的歧义或困难。还要注意句式的明白易懂，不要用太复杂的句式。除此之外，上下句之间、几个相连的句子之间要有语义上的衔接，要能形成一个有一定中心的句群，要有连贯的语气和贯通的语义。④教学语言要清楚明白地传达教学的内容：教学语言要清楚明白地讲述、阐释、介绍学科的知识、有关的技巧能力等。教师在阐释名词、概念时，要注意使用简单易懂的词语来解释深奥的词语。

（四）生动形象

英国文学理论家锡德尼指出：“形象的语言更能打动和深入人们的心灵，更能占据其心田。”形象有趣的语言可以把深奥的事物形象化，把抽象的事物具体化，使学生“如临其境”。例如，现在我国相当流行的“剑桥少儿英语”“神奇英语”，就是以极其生动形象的英语来再现故事，使学生身临其境、如见其人，印象深刻。

（五）与书面语、形体语相互配合

书面语言在这里主要是指板书，形体语言主要是指教态。英语课堂教学过程是不可能使用单一的语言方式表述思想、传授信息的，它要配以相应的手势、面部表情、体态动作等，借以加强表达效果，加深学生印象或弥补口头语言的不足。教师只有根据教学内容和学生交际能力的实际情况，恰当地运用书面语和形体语，才能使课堂教学语言生动、形象、有声有色。

（六）简洁

莎士比亚说过：“简洁是智慧的表现。”教学语言的简洁是教学的必要，简洁的语言令学生听课不生厌烦，简洁的语言可以令学生留下知识的痕迹。首先，抓住要点，抓住关键，予以精要的说明、解释，这是简洁的前提。教学不分难易，不分重点与非重点，全部逐一讲述，这种教学语言不可能简洁。简洁要求不重复，不翻来覆去地解释、说明、比较、分析。简洁是一语中的，不跑题不啰嗦。简洁是语言有中心，相同内容的语言或示例不反复、不跑题、不分岔、不横插入与中心无关的话题。其次，教学语言的表达即语言的语音形式也要简洁。有时，教师讲述的内容还算简洁，但由于其语音不简洁，同样令学生听课感到困难。语音形式的简洁指语音干脆利落，不拖泥带水，不重复自己的话语，少有口头语病，少有无意义的插入语等。简洁与正确规范有密切联系。

二、英语教学语言的语用原则

英语教学语言的语用原则指的是英语课堂教学中使用英语的原则，包括表达原则与领会原则。表达原则即说话讲课与板书、写教案的原则，即修辞原则；领会原则即听话、阅读原则。

英语教学语言的根本任务在于较好地运用自然英语向学生传道、授业、解惑、同时向学生表达自己的情意，并且透过学生的言语活动确切领会学生的意和情，从而实现教学中的双向交流，完成教学任务，达到教学目的。所以，英语教学语言应该追求理想的表达效果，尽可能使自己的话语在修辞上确切、规范、得体，易听易记易懂；追求理想的领会效果，使自己的领会迅速、准确、全面、透彻。教学语言运用的原则就是为教师圆满完成教学语言的交际任务、实现课堂教学的目标而制定的运用英语的根本准则。

（一）英语教学语言表达原则

1. 必须为确切传达教育教学信息、实现教学目的服务

英语教学语言无论是英语要素的选择、英语表达方式的运用还是说话方式、传递形式的选择运用，都要为实现教学目的服务，不能偏离每节课特定的教学目标，也不能不顾表达内容和目的的需要片面追求教学言语的形式美。英语教学语言要尽量选用那些能够精确、简洁、明白表达学科知识的修辞方式，句式要完整、齐全，教师的说话方式以平实、简洁为主。

2. 必须适应不同学生的不同特点

因材施教是教学论的重要原则之一，它要求教师在教学中从学生实际出发，根据不同对象的具体情况采用不同的方法，进行不同的教育，使每个学生都能在各自原有的基础上得到充分发展。英语教学语言作为英语教学的最主要的方式，必须切实遵守这一原则。英语教师在语言表达过程中，对英语从内容到形式的选择都要注意它是否能被学生所准确理解和接受，因为每个学生对英语教学语言的领会能力不同。学生对英语教学语言的接受与领会程度既是对英语教师教学语言表达水平高低的检验，又是评价教学效果好坏的直接尺度。要保证英语教学语言能够被不同的学生准确地理解与接受，英语教学语言就必须遵循“因材施教”的原则，去适应不同学生的不同特点。

3. 使用礼貌用语

一般人际交往的礼貌用语如“Please”“Sorry”“Thank you”等都应进入课堂。让学生翻书时可说“Please turn to page...”教师口误说错话或迟到则说声“Sorry”。当学生纠正自己错误时，可说“Thank you”。这些都可帮助学生形成礼貌待人的习惯，提高个人素质。

（二）英语教学语言领会原则

英语教学中语言的双向活动既有教师表达、学生领会，也有学生表达、教师领会。这里主要谈教师对学生表达的领会。

1. 注重倾听

倾听是领会的前提。英语教师要养成注意倾听学生说话的良好习惯。教师们往往关注自己的说而疏于倾听学生的说，导致双方沟通产生不良反应甚至困难，造成学生不愿向教师说、教师不了解学生学习难处的恶性循环现象。好教师不但要会说，还要会听。所谓“听话听声，锣鼓听音”，所谓“会说的不如会听的”，都说明了听的重要性。

2. 以学生的具体言语为依据

英语教师在教学中应以学生的具体言语为依据来领会言语意义，学生要表达的思想感情绝大多数都在自己的言语中。虽然体态语也可表达一定的情与意，但

它只是自然语言的辅助手段，通过察言观色来领会学生的思想感情是有限的，它远不如听所领会的多与直接，言语形式本身负载的意义始终居于首位。以学生的具体言语为依据就是指教师在学生发问或回答问题时注意倾听其中的信息意义、情感意义，做到不误听。

第八章　英语课堂教学策略与课堂延伸

第一节　英语课堂教学的策略

教学工作需要一定的组织形式来实现。教学的组织形式包括教师的授课方式，师生的活动安排，教学的时间、空间及有关资料的有效利用等。

英语教师课堂策略研究不是指教学法研究，也不是针对诸如语音、语法、词汇或听说、阅读、写作等方面的分门别类的教学研究，其着眼点在于课堂教学的实际过程——课堂互动，旨在了解教师的哪些课堂行为有利于学生学习和掌握语言，从而成为值得提倡的教师课堂策略，并成为外语教学评估的依据。这种研究对大学英语教学很有必要，因为每天都有大量英语学习者走进课堂，他们的进步无疑在很大程度上依赖于英语教师的课堂教学水平。虽然今天网络和多媒体教学大有席卷英语课堂之势，但先进的技术手段并不能取代人。教学软件的设计离不开高水平的教师，人机互动程序的编写也离不开掌握教学理论和课堂策略的教师。外语教师有必要掌握有效的课堂策略。

一、讲授策略

讲授（lecture）作为最古老、最传统的教学行为，时至今日仍然是普遍使用的一种教学方式。美国教学法专家盖奇认为，“在将来很可能仍然是这样”。讲述是一个知识更渊博的人向一个知识少一些的人进行的信息性陈述。课堂讲授是教师运用言语和非言语向学生传播知识技能技巧的一种方法，也是教师经常表现出的一种教学行为。因此，对于教师来说，探讨教师讲授的策略十分重要。

（一）组织条理性讲授

典型的讲授是教师运用口头语言向学生传授知识信息，因此，讲授的组织条理性对保证学生获得系统的有组织的知识技能至关重要。组织条理性讲授指教学过程中教师以系统、有组织、有条理的方式讲授教学内容。

教师讲授组织条理性的策略有以下几条。

（1）讲授思路的连贯性。以一种快速推进讲授的方式进行讲授，讲授顺畅、自然、连贯，没有思路的突然中断和缺乏关联的过渡。

（2）讲清教学内容的相关性。揭示新教学内容与学生已学过的知识、内容的异同之处，使它们关联起来，并将新内容置于学生的知识结构中，让学生在此基础上改变原有知识结构或者形成新的知识结构。

（3）讲授内容的条理化。教师讲授内容组织条理化，让学生一目了然。

（4）周期性小结或归纳。小结或归纳可以在一节课的讲授中进行，也可以在一节课结束时进行，还可以在单元或整个一门课程结束时进行，小结或归纳可以使学生把知识组织成一个整体，从而形成系统化的知识。

（二）清晰明了讲授

（1）教师要清晰地提出教学目的、教学要求、教学任务以及对学生的具体要求，这样，学生会知道在教学中要达到的目标和完成的任务。

（2）教师对学生的教学指导和组织要清晰明了，使他们十分清楚明确地了解教师对其学习活动的要求，按清晰指令做好学习准备，开展学习活动。

（3）教师要保证语言的准确、清晰。准确、清晰的语言可以使学生正确无误地理解和掌握教学内容，对教学内容有清晰、准确的印象，更长久地保存。

（4）讲授内容要准确、科学、无误，避免过多的口语、停顿和模糊的语言，多用肯定性语言，少用模棱两可的语言。运用有助于清晰明了的多种方法，如通过声调变化、停顿以及精心设计板书等强调重点。通过提问获取学生的反馈，全面解答学生的疑问，了解学生对教学内容的理解掌握情况。

（三）科学讲授

科学讲授是指讲授方法的科学性。其表现为遵守教学规律和教学原则，讲授方法正确，教学目的清晰，重点突出，难点突破。讲授的科学性能保证学生科学、合理、牢固地掌握教学内容。研究表明，通过简短地陈述课堂教学目标开始一堂课，提供清楚、具体的教学和解释，通过解释、阐明课堂教学的目的来吸引学生的注意，一次不讲授太多的知识而将教学内容分成小步子，给予详细教学和解释等，都能带来良好的教学效果，是科学讲授的重要表现。

科学讲授的策略有以下几条。

（1）开始授课的方法正确。授课开始时要引起学生的兴趣和注意，通过有趣、新奇、激发疑问的教学，使学生关注和参与到课堂教学中。

（2）授课开始时，要简述或概述教学目的、教学任务，对学生提出明确的要求和期望，告诉学生在课堂上怎样做，指导十分明确。同时，要通过简述教学内容的价值，使学生意识到教学内容的重要性，投入学习中。

（3）讲授中要重点、难点突出，让学生理解和掌握。

（4）恰到好处地结束一堂课。

（四）为理解而讲授

为理解而教、为理解而讲授是指教学或讲授要促进学生理解，而不是让学生仅仅熟记事实、规则、原理、概念等。学生学习的不仅仅是相关的知识网络中独立的知识点，而且要理解这些知识点之间的联系，这样才能用自己的语言解释教学内容和获得知识并在课内外适当运用。为理解而教学意味着教师要把新知识和原有知识相结合，帮助学生建构相关的知识网络。教师的职责现在已经越来越少地传递知识，而是越来越多地激励思考。为理解而讲授类似促进学习者思维发展的启发式教学，为理解而教是随着认知科学的发展而发展的。为理解而教的教学注重引起学生思考等认知活动，使学生在理解教学知识的基础上掌握教学内容的教学。课堂教学不仅是传授知识，还要一起分享理解，即教师和学生分享彼此的思考、经验和知识，交流彼此的情感、体验与观念，丰富教学内容，求得新的发现，从而实现共识、共享、共进，实现教学相长和共同发展。因此，教师有必要学习和掌握为理解而讲授的策略。

（1）教学生开展有意义的学习。教师应讲授教学内容的价值、重要性以及与知识结构的联系，使学生在一定的框架、背景中理解教学内容，避免在不理解的情况下机械地记忆、重复地练习、生硬地联系，导致机械学习和死记硬背。

（2）注重教怎么办的知识而非是什么的知识。现代认知心理学中的信息加工心理学家把广义的知识分为陈述性知识和程序性知识，前者回答是什么问题的知识，后者回答怎么办问题的知识。教师的讲授重点应放在教程序性知识上，而不要将过多的时间用于教陈述性知识。

（3）教学习策略、思考方法和解决问题技巧。教育应该较少地致力于传递和储存知识，而应该更努力寻求获得知识的方法，应教学生如何学习、如何思考、如何解决问题，通过思路、过程、方法、策略等的教学，使学生学会学习、学会思考、学会解决问题。

（4）鼓励学生为理解而学习。教师应关注学生的努力，强调为学习过程而非为学习结果而学习，监控学生及学生的学习表现，分析学生的学习过程，发现学生的学习优势，指出学生学习上的问题。要设计教学，给学生布置适当的任务，通过启发式的提问等鼓励学生思考和参与教学。

（五）生动、热情讲授

生动讲授是指教师在讲授时能运用生动形象的语言、丰富多样的非言语表达以及饱满的热情使讲授生动有趣、充满吸引力。热情讲授是指教师在讲授时能通过语言、情感、动作等显示出自己对学科、对教学、对学生的热爱和热情，使讲授充满感染力。从严格意义上说，热情是使讲授生动和有吸引力的一种方法，因此它从属于讲授的生动性。

教师在教学时的热情与学生的学习成绩关系密切，教师讲授的生动性和热情对促进学生投入或参与教学、改善作为教学效果衡量指标的学习成绩具有很重要的作用。教师要掌握生动和热情讲授的策略。

（1）运用心向诱导技术。心向是学生听讲的心理准备状态，心向诱导是教师引导学生从心理上准备接受教学内容，主要表现为引发学习兴趣、提高学生的注意。

（2）活化和具体化教学内容。要使课堂教学生动，教师应活化教学内容，具体化教学内容，将教学内容与学生的生活经验衔接起来，将教学内容蕴含的思想、情感等揭示出来，形象地表达教学内容。

（3）展示教学内容的美。科学中充满了美，作为科学浓缩和精华的教学内容自然也是美的，教师教学的生动性有赖于学生发现、展示这种美。

（4）运用生动的语言、多样化的表达。教师讲授时用诙谐的语言，充分运用手势、动作、眼神、表情以及语言的抑扬顿挫等多样化的非言语手段，使讲授生动有趣，充满吸引力。

（5）运用幽默。在教学过程中，教师应巧妙地运用幽默，使课堂充满和谐、愉悦的气氛，从而使课堂生动形象，富有吸引力。

（6）挑战性教学。挑战性教学是指巧设悬念、精心设计问题、留下思维空间等激发学生认知冲突的教学，是有一定难度的教学。这就要求教师选取与学生学习能力和学习基础相应的教学内容以及适合的教学进度，在教学中不断引发学生的认知冲突。只有在教学能使学生感到有解决认知冲突的需要并投入精力解决认知冲突、获取一定条件下的认知平衡时，教学才能对学生产生吸引力。

（7）显示热情。教师讲授时的热情表现为多种方式，如精神饱满，充满活力和生气，语言表达快速、有效、抑扬顿挫，富于激情，目光炯炯有神，表情丰富等。在教学中，教师应做到以戏剧化、吸引人或其他富于感染力的方式进行讲授；得体而适当地运用体态语言如表情、眼神、手势、姿势等又不分散学生的注意力；讲授时在讲台上或过道内走动而不固守在讲台上；将适当的笑话或幽默、趣闻穿插在讲授中；在教学过程中关注学生，对学生欣赏、表扬等，从而确保讲授时的热情，提高讲授的生动性。

二、组织课堂讨论策略

课堂讨论是指在课堂上学生与学生或学生与教师就教学内容通过说、听，互相交流，以期达到教学目的的过程。讨论教学的策略有以下几条。

（一）提出目的，明确主题

提出目的就是界定并告知学生课堂讨论的目的。在课堂讨论开始前，教师要仔细计划好讨论，说明讨论理由。教师提出讨论目的，既要告诉学生课堂讨论的一般目的是什么，又要告诉学生当前开展的课堂讨论的目的是什么，还要告诉学生通过课堂讨论要达到什么目的。教师提出并告诉学生讨论的目的能使讨论有明确的方向，使组织更合理。

明确讨论的主题是有效组织课堂讨论的重要工作。适合的讨论主题应该具备以下条件。首先，主题是需要学生学习和理解掌握的重要内容，与学生学习不相关的内容不能作为讨论主题。其次，主题是学生有兴趣讨论的。因为讨论的成功与否取决于学生的参与积极性，后者又受学生参与欲望的制约。主题即使十分重要，但如果学生不感兴趣，就不会主动参与讨论，课堂讨论就无法进行，自然也不能达到讨论的目的。最后，主题是适合讨论的。适合讨论的主题既指讨论主题的难度适宜，不能太难；又指讨论主题能引起争议；还指讨论主题不含糊，有明确讨论的议题。自然，太难或过易的内容不能列为讨论的主题，结论明确、一目了然的内容也不能列为讨论的主题。为了确定适合的讨论主题，教师既要研究教学内容，从教学内容中精心选择确定讨论主题；也要研究学生的学习需要、兴趣、学习潜力，选择和确定他们感兴趣、有能力参与讨论的主题。

（二）创建适宜环境

课堂讨论环境是开展课堂讨论的物理环境和心理环境，是开展课堂讨论的背景。适宜的课堂讨论环境对促进课堂讨论卓有成效有至关重要的作用。为创设这种适宜的课堂讨论环境，教师可从下述几方面着手。

（1）培养学生参与讨论的愿望和动机。因为是学生在讨论，其动机和意愿是讨论成败的关键，所以，教师要培养学生对讨论的兴趣，激发学生参与讨论的动机，使其形成参与课堂讨论的意愿。

（2）对学生进行分组。讨论教学，除可进行全班讨论外，也可实施分组讨论。分组时，每组人数不宜太多。小组过大会因为减少学生参与讨论的机会和增加组织讨论的难度而导致讨论效果降低。分组可以根据学生的不同特征，适应学生的需要。一般认为，运用异质（在学习能力、交流技能、学习成绩等方面不同）分组法比同质分组法能使每个成员都有参与讨论的平等机会，增加小组成员对讨论成功作出的贡献，因而效果会更好。

（3）采取适于讨论的座位模式。座位模式影响课堂教学，影响课堂中学生相互交流的形式和效果，这已为教育实践所证明。“秧田型”的座位模式是不适于讨论的。为加强学生在课堂教学中的交往，最好把传统的“秧田型”课堂空间形式改变为便于学生面对面交流的空间形态。因此，进行课堂讨论时，座位模式最好是圆圈式的，至少也应该是面对面的。这样，便于所有成员参与讨论。在有些情况下，如当一个预选出的学生小组在其他观察者面前进行讨论时，应是面板式位置安排，在面板中的学生应被安排为面对面，那些观察讨论的学生围绕这个面板而坐。

（4）创设支持性环境。要以民主式而非权威式的办法组织或指导讨论，要学会倾听，有良好的倾听技能。倾听是指教师在学生说话时认真听，努力去理解，适时作出反应，不要不理睬或者轻易打断学生的话语。

（5）学会对学生在讨论中的贡献作出反应，表示欣赏、支持。课堂讨论时，学生的观点可能不成熟，甚至错误，个别学生胆怯、害羞，自信心不足，表达能力弱，对讨论有畏惧心理，这些迫切需要教师的肯定和鼓励。因此，教师就要在讨论中更多地鼓励学生，对学生在讨论中的表现、说话、参与等少评论，因为过多的评论会抑制学生参与讨论的主动性和积极性。同时，教师不要问学生一连串的问题，不断提问会妨碍学生参与讨论，使他们处于难堪境地，进而降低学生参与讨论的热情，使他们丧失信心。

（三）适时引导

教师适时引导课堂讨论，可以确保讨论的方向性，使讨论紧紧围绕教学内容进行。在课堂讨论中，特别是全班讨论中，讨论可能偏离主题，也可能因个别学生好钻牛角尖使讨论局限于很小的话题，进而影响讨论的方向和讨论的效果，因而教师要适时引导讨论，有效监控、管理学生在课堂讨论中的行为和反应。当学生的讨论有迹象偏离讨论主题或开始偏离讨论主题时，要及时加以指导或引导，使讨论回归到讨论主题上。当感到学生的参与率下降时，要查明原因。如果是讨论主题不合适，要马上换一个主题。因为简短快捷的讨论比一个拖拉冗长的讨论要好。

（四）鼓励参与

无论是全班讨论，还是小组讨论，重要的是教师应让学生都参与讨论，将自己融入讨论中。可以说，讨论对学生学习的影响和促进作用取决于教师在多大程度上鼓励学生参与讨论，因此，教师应该鼓励学生参与讨论。

首先，让学生都有发言的机会。不要只是让健谈者或成绩优秀者发言，在课堂讨论时不善言谈的学生或学习落后的学生可能不喜欢或不参与课堂讨论，对他们来说，发言也成了相当艰难的任务。因此，教师应为他们发言、参与讨论创造机会，开始时让他们就一些不太难、不需长时间的课题发言，善于发现他们发言中的闪光点，并给予表扬或肯定，增强他们的信心。

其次，鼓励学生作出贡献。以认可、肯定、欣赏的心态对待学生在讨论过程中的反应，鼓励他们为课堂讨论作出贡献，不要对学生的反应进行评估性判断，更不要轻易批评、指责学生，以保护学生参与课堂讨论的积极性。

最后，教给学生参与讨论的技能。学生不参与课堂讨论，很可能是因为缺乏交流技能，因此，教师要教给他们交流的技能，即如何发言、发言时间的长短、怎样倾听他人发言、怎样评定他人的看法、如何发表自己的看法等。

专注于讨论是指学生将时间、精力以及思想集中在讨论上，全身心地参与讨论，而没有分心现象。专注于讨论可以确保讨论取得最佳效果。在课堂讨论尤其是小组讨论时，学生易于离开讨论任务，出现分心现象，因此，教师要有效组织讨论，使学生专注于讨论。

（1）如果是分小组讨论，在学生讨论时，教师应在教室内走动，检查每个小组的讨论情况，以确保讨论集中于讨论目标，并指导、管理学生在讨论中的活动。如果是全班讨论，教师要了解、监控每个学生在讨论时的表现和反应，及时巧妙地通过言语和非言语手段制止分心的学生。

（2）确保学生有足够的背景知识，以有效地为讨论作出贡献。学生如果没有与讨论主题相关的背景知识，就无法参与讨论，自然也就对讨论不感兴趣，甚至不参与讨论。因而，教师应向参与讨论的成员提供充分的背景知识，使他们有良好的知识准备。

（3）计划时间相对不是很长的讨论。心理学研究证实，学生的注意集中程度会随时间增加而降低。同样，学生专注于讨论的注意力也会随时间延长而下降。时间过长的讨论，学生更容易分心。相反，时间不很长的讨论，且学生对讨论主题又感兴趣，那么学生就更可能专注于讨论。因此，安排讨论的时间不宜过长。

（4）明确规定或指导学生在讨论时的活动。学生分心有时是因为教师对他们在课堂讨论中的要求或指导不明确、不具体，因而不知道在讨论时肩负什么任务、应该怎么做。因此，教师应明确规定学生在课堂讨论时的职责、具体任务或要求，规定学生在课堂讨论时的活动，并给予特殊指导。学生一旦意识到他们在课堂讨论时应该做什么，就更可能专注于讨论。

（五）科学结束讨论

结束讨论应从以下方面展开。

（1）归纳或小结讨论。归纳或小结课堂讨论主要包括说明讨论已解决的问题、得出的主要结论、形成的基本认识等。

（2）总结课堂讨论的得失或经验教训。如本次课堂讨论的成功之处、主要经验、失败教训。在进行这种总结时，教师应该尽可能以肯定方式，即以提醒、告诫而非指责的方式，让学生在后续课堂讨论中改进行为。

（3）通过归纳或小结使学生对讨论内容进行梳理，复习主要内容，产生整体印象，使知识系统化。在教师归纳或小结的同时，要逐步培养学生进行自我归纳或小结的能力。

（4）建立此次讨论与随后课堂学习或讨论的联系或过渡，为以后的学习奠定基础。

（5）将讨论内容或主要结论与讨论目标、学习目标结合起来，与学生的实际应用结合起来，显示讨论对达成目标、对学生学习已经发生的作用，使学生产生成就感，强化学生继续参与课堂讨论的动机。

（6）让学生总结。要让学生觉得讨论有意义，并学会如何独立学习，教师可以叫学生总结。

三、提问策略

问题是开启学生心智、促进学生思维发展和情感升华的钥匙。课堂提问又称课堂问题，是教师通过和学生相互交谈来进行教学，它作为一种重要的教学行为在教学中被广泛使用。但并非所有的提问都促成了学生的主动学习。对于教师来说，在教学中掌握和运用有效的提问策略至为迫切。

（一）明确目的

提问是一种教学手段。提问的目的主要是了解学生对教学内容的掌握情况进而改进教学，促进学生对教学内容的注意、理解和掌握，提高学生的学习成绩。因此，教师在提问前必须明确提问的目的。

（二）选择问题

有效提问还需要教师选择适当问题。

（1）选择问题的类型。教师所提问题可以是内容性的问题，它需要学生直接运用教学内容作出回答，正确答案是教师事先知道的，也称聚合性提问，目的是检查学生对教学内容的理解和掌握情况；也可以是过程性的问题，它要求学生运用教学内容创造性地形成自己的解释和说明，答案是多样的，是教师和学生在回答中逐渐形成的，也称发散性提问，目的是鼓励学生思考和解决问题，提高学生的思维能力和解决问题能力。在课堂教学中，教师应该根据提问目的，选择适当的问题类型，避免只提事实性问题，多进行过程性提问。

（2）选择问题的难度。所提问题太难和太易都不能引发学生思考和解决问题。只有难度适中的问题才能引起学生的思考和参与，感到问题有刺激性，产生解决问题的欲望和认知驱力，教师也才能了解学生对教学内容的真正理解和掌握情况，以改进教学。而要提难度适中的问题，教师必须研究学生的基础、能力和水平，使问题的认知复杂性与前者相匹配，即提适应性问题。所谓适应性（匹配性）问题，是指问题的难度和复杂程度与学生的认知水平相适应，问题切合学生的爱好和兴趣，问题与学生回答问题的心理准备和愿望相适应。适应性的问题是学生感到有能力回答的，有兴趣回答的，准备回答的，因而也会去主动回答。

（3）选择清晰明了的问题。清晰明了的问题可以使学生把握问题的要求、目的和内容，通过再现或综合知识信息和积极思考，正确回答。

（4）选择学生感兴趣的问题。所提问题要与学生已有的知识体系相矛盾，造成学生认知失调，以唤起学生强烈的求知欲望，激发学生的学习兴趣，要发人深省，以引起学生强烈的反应和积极的思索；要能激发学生的好奇心，以使他们为解决疑团努力搜索信息。教师要能抓住学生情感上的矛盾，调动学生探究的热情。

（5）选择促进教学的问题。提问是为了促进学生对教学内容的学习，因此，所提问题必须与当前的教学活动、教学内容相关。不精心从教学内容中选择问题，为追求课堂教学气氛的表面活跃或过多指向课堂组织的提问，是不能达到提问的目的的。

（6）根据教学进程选择问题。课堂教学一般分为开始、中间和结束三个阶段。在这三个阶段，教学任务是不同的，因而所提问题也应与特定阶段的教学任务相适应，表现出差异。教学开始重点提引起学生注意、促使他们回忆先前知识信息、了解学生心理准备的问题，中间阶段重点提检查学生对知识技能的理解掌握情况、刺激学生认知能力发展的问题，结束阶段重点提复习、小结、归纳教学内容和巩固、加强、深化学生对教学内容理解的问题。

（7）选择教师能够回答或知道怎样回答的问题。教师所提的问题应该是自己能够正确回答的。即使有些问题教师可能不知道正确答案，但至少应该知道怎么正确回答，并预见正确答案。如果所提问题教师既不能回答，也不知道怎么正确回答，不仅会引起学生的模糊，甚至使学生怀疑教师的权威性，有损教师在学生心目中的形象。

（三）正确叫答

叫答是一种艺术，教师必须掌握其方法。

（1）留下等候时间。教师要在提问和叫答之间留出时间。教师提问后和叫答的等候时间，低水平问题为3～4秒，高水平问题为15秒。当然，等候时间既不能过长，以避免浪费时间；也不能过短，以避免学生无法作出足够的正确反应。而应根据问题难度和学生的水平等灵活掌握，做到长短适宜。

（2）提问后再叫学生回答。这是有效提问的最起码要求，也是教师应该熟知的常识。先提出问题，一定时间的等候后，再叫学生回答。如果采取错误的做法，即先叫学生，再提问题，不仅会使学生因没有时间思考而回答不了问题，而且会使学生紧张、焦虑，并因回答不了问题而感到难堪。

（3）给学生同等机会回答问题。教师之所以不给学生同等机会回答问题，一是因为学习优秀的学生的回答正确率较高，便于教学顺利进行；二是因为教师担心学习困难生在回答问题时的迟疑、抓不住要害甚至错误使教学中断，不能按计划进行教学，影响教学效率；三是因为在教学中教师自觉或不自觉地只关注优秀生，而忽视困难生。教师这样做的后果是课堂成为优秀生表演的舞台，而困难生成为课堂活动的旁观者，没有机会回答问题、参与教学活动，并因此对课堂教学活动丧失兴趣和热情，最终影响教学目的的实现。所以，教师应为学习上优劣程度不一的学生设计不同的问题，并在判断学生基本能回答的情况下叫答。尤其是困难生，所提问题的难度应降低，必要时应复述问题，当学生正确回答后，应及时给予肯定，对其鼓励，使学生逐步树立回答问题的自信心。

（4）保持悬念，使学生感到自己任何时候都有被要求回答问题的可能性。教师如果按顺序叫答，虽然可以减少学生回答问题的焦虑，但使学生思考和参与回答问题的责任感降低了，参与度会受消极影响。因此，教师叫学生回答问题时，要保持悬念，随机地叫答，使学生感到任何时候都有被要求回答的可能性。这样，可增加学生对课堂学习的责任感，使所有学生都参与课堂活动。

（四）有效反馈

对学生的回答作出反馈，又叫理答。其策略有以下几条。

（1）留下第二等候时间。第二等候时间是指在学生回答问题后到教师或学生肯定或否定其答案，或教师问第二个学生问题，或开始下一步教学的时间间隔。教师在学生回答后不要立即给予评论，也不要立即叫第二个学生问答，或者提新的问题，或者继续新课，而应留一定（一般2秒）时间让回答问题的学生补充完善问答。

（2）对学生的回答必须作出反馈。尽管教师对学生的反馈可以采取不同的形式，但反馈的确是必不可少的。换言之，教师必须对学生的回答作出反馈，以表明教师了解了学生作出的努力和学生对回答问题、寻求正确答案作出的贡献。

（3）对学生的回答作出肯定性反馈。对学生的回答，不管其正确与否，首先要肯定他们的参与。对回答不正确的学生不要指责或讽刺，以免打击或伤害他们的积极性，特别是对学习困难生的回答行为，更要从肯定、鼓励的角度作出反馈，如给他们留下更多的思考时间，并使用“你再想想”之类的鼓励性语言。也就是说，教师应对学生的回答行为多肯定、表扬，少做评判性评价特别是否定性评价。

（4）对学生的不同回答作出不同反馈。对正确的回答，教师应给予肯定，必要时给予表扬，或者追问另一个问题看学生是真正理解还是在背答案。

（五）采取措施

在学生回答问题的过程中，为了保证课堂提问的有效性，教师应采取支持性措施。

（1）当学生的回答偏离问题或教学方向时，教师应该在不伤害学生自尊、不抑制其积极主动性的前提下，通过暗示、提醒、引导、点拨等方式，使其回答围绕问题、指向问题的正确答案，不要轻易中断他们的回答。

（2）教师和其他同学在学生回答问题时要认真倾听。教师认真倾听既是尊重学生的表现，又可发现学生对知识的理解掌握情况、回答问题的思维过程，以便于开展有针对性的教学。同时，要使其他学生认真倾听，并使他们意识到自己在任何时候都有可能被要求补充完善回答，从而增强他们参与回答问题的责任感。

（3）在学生回答时要通过非评判性的反馈方式，运用语言（继续说、这一点是对的、不错、很好）和非语言手段（眼神、表情、姿势、点头等）鼓励犹豫不决、吞吞吐吐的学生。例如，对学生的回答只要不是原则性的错误，都应予以肯定；对于学生出现的原则性错误，应在肯定其合理性的基础上帮助其分析错因。

（4）在随后的教学中应用或反复提到学生回答问题时的观点，以强化学生回答问题的动机，使学生看到自己对教学的贡献，产生成就感和自豪感。

四、适应性教学策略

适应性教学（adaptive teaching or adaptive instruction）是指教师在教学中使教学内容、方法、活动等适应教学情境（特别是学生、课程等）的措施。适应性教学即因材施教的教学。教学是人与人之间的相互作用，具有高度的灵活性，需要教师表现出适应性教学行为，采用适应性教学策略。

（一）运用多种策略

教学最显著的特点是，教师每次与学生接触，就面临着选择。所谓选择就是要选择与教学情境协调或相适应的教学策略。而要进行选择，必须从可供选择的方法、策略库中选择。教学研究和教学实践证明，教师必须掌握多种教学策略或措施，没有一种教学策略适合于所有学生、所有课程、所有教学情境。教师运用教学策略应该表现出灵活性、变化性和适应性，选择和采取与特定教学情境相匹配的教学策略。

（二）适应学生实际

进行适应性教学要求教师认真研究自己的教学对象。不了解学生的教学，如果说不是失败的教学，至少也是不很成功的教学。因此，教师在教学中应研究、顾及学生的兴趣、需要、能力及特点，并努力使教学切合学生的实际。教学切合学生的实际包括很多方面，如教学目的要求、教学内容、教学组织安排、教学方法等适应学生。教师要根据学生的学习兴趣、需要、能力及特点，如认知方式、学习风格等，作出教学选择。

（三）作出灵活反应

适应性教学应贯穿于课堂教学的全过程，这就要求教师在确定教学目标、引起并维持学生注意、讲授新内容、提问、布置课堂作业和家庭作业等教学的各个环节都要做到灵活。如教学目标分层次、讲授内容存在抽象和具体之别、问题有水平高低之分、作业有难易差异等，都体现了教学的灵活性。对于不同水平的学生，要通过多种渠道，如指导预习和复习、适当提问、分层次完成作业、同学帮助、教师辅导等，让他们在原有的水平上得到提高。

教学的复杂性就在于教学的不确定性。随着教学的进行可能会出现一些新的情况，再周全的教学计划和安排也难以适应不断变化的教学情境。因此，教师要意识到教学情境变化的敏锐性，并有对教学情境变化作出迅速适应的反应能力。

（四）调整教学速度

在教学中，一方面教师要研究学生的学习基础和学习潜力，使教学速度或进度与学生的实际相适应，并且，一旦发现教学进度或速度与学生实际不相适应，就要及时调整。另一方面，要挖掘学生的学习潜力，注意培养学生的学习能力，为学生高速度、快进度学习创造条件，增强学生的学习效益。教师不能在学生明白了教学内容后，仍进行重复性的研究，而应快速度或快节奏教学，以强化学生的意识，让尽可能多的学生积极地投入教学中来。

（五）选择合适内容

进行适应性教学要求教学内容与学生的实际适应。在教学过程中，教师要使教学内容与学生实际生活紧密结合起来，使学生看到教学内容与他们的相关性及重要性，并因此重视学习和掌握教学内容。同时，要通过对教学内容的组织使其适合学生，要选择难度与学生实际匹配的教学内容，使学生既不感到太难，也不感到太易，从而更好更快地理解掌握教学内容。要通过准确生动的讲授，合理地组织和安排，建立教学内容的关联性，使学生感到教学内容由复杂化向简明化、由难理解向易理解过渡，从而更牢固地掌握教学内容。要为不同的学生选择适合的教学内容，使他们都有适合自己学习的教学内容，并从这种学习中获益。

五、课堂环境策略

课堂是一种教学环境，是教师将知识信息传递给学生，学生获得知识、技能，发展认知能力的场所。课堂环境直接表现为课堂气氛，因而教学是在一定的课堂气氛中进行的。

（一）创建安全的课堂环境

根据美国心理学家马斯洛的需求层次理论，在人的需求中，安全需求是较低层次的需求，只有满足了人的安全需求，才能促使人产生尊重、求知、发展和自我实现的需求。在课堂教学中，教师只有创建安全的课堂，使学生不遭遇、不体验现实和潜在的恐惧与威胁，而有充分的安全感，才能满足学生的安全需求。而安全需求的满足为学生产生轻松、愉悦心理环境所必需，是建立师生融洽关系、相互信任和支持的基础，学生也才会爱其师，爱其师才能信其道、乐其教。同时，学生的安全需求满足后，才会产生求知问学和自我实现的需求，才会有对学习的热爱和追求，进而形成积极的学习态度，孕育不断探索的精神。具体做法如减少班级同学之间的横向比较，降低分数报告造成的压力，倡导每个学生自我纵向比较。

（二）创建愉悦的课堂环境

帮助学生在课堂上显示自己的能力。若能通过教学活动的组织和教学环境的创设使学生完成学习任务，取得成功，那么学生就会产生胜任感、自我实现感和成就感，并体验到成功的自豪和喜悦，这样的课堂就会被学生认为是愉悦的课堂，就能专注于学习任务从而取得成功，也就不可能出现分心行为和问题行为。

为了帮助学生感到和显示自己有能力，教师可以采取多种方法。其一，接受或容忍学生的失误。其二，使学生确立成功的自信。其三，让学生看到进步。其四，为学生服务课堂教学创造条件。如通过邀请学生在课堂上回答问题、帮助其他同学、检查课堂作业或家庭作业、提出自己的新观点等，都能使学生感到被教师重视，提升自己的价值，并体验奉献中的快乐。

（三）创建合作的课堂环境

合作是指两个或两个以上的独立个体在共同从事一项工作或解决一个问题时实现的相互配合和默契。合作的课堂是师生相互配合、共同努力去完成教学任务和实现教学目标的课堂。教师创建合作的课堂环境的策略有以下几条。

（1）提高学生对合作重要性的认识。教师在教学开始时要向学生说明参与课堂教学、教学过程中与教师合作的重要意义和作用。当学生意识到参与课堂教学、与教师合作的重要性后，才会产生合作的意愿和动机，才会主动积极地融入课堂教学中，为课堂教学的成功作出贡献。

（2）给学生合作的机会。请求学生解决问题，让他们有发表意见、表达观点、显露才华、贡献思想的机会，这不仅会增加学生参与课堂教学、与教师合作的可能性，还会激发学生参与和合作的动机，调动学生的学习积极性。

（3）认可、强化学生合作的贡献。对学生与教师合作所取得的成就和学生在课堂教学中对教学的贡献，教师要能及时发现，并给予认可、鼓励，以强化学生的合作行为。这种认可、鼓励会使学生产生积极的心理体验，强化学生合作的动机，调动学生合作的积极性，进一步增加学生的合作行为。

（4）教学生合作的技能。在教学过程中，教师要重视教授两方面的合作技能，即合作学习的技能（主要包括思考问题、寻求解决办法、观点分享和相互借鉴融合他人意见、协调分歧等）和社会性合作技能（主要包括倾听、交流、合作、解决问题和冲突、建立团队等）。合作学习技能对保证教学任务的完成发挥着重要作用，而社会性合作技能对建立和维持课堂秩序、创建合作的课堂气氛有重要作用。

（四）创建对学习负责的课堂环境

学生对学习负责的课堂是指在课堂教学中，学生担负起学习责任并努力学习、主动参与课堂教学，从而取得理想学习效果的课堂。要创建该课堂环境，必须采取如下措施。

（1）增强学生的学习责任意识。让学生懂得教师的教学只起主导作用，学生的学习意愿、学习动机、学习努力程度和学习方法才决定学习的效果。

（2）对学生的学习寄予较高且现实的期望，充分相信学生能负起学习责任，并通过赞赏、表扬、鼓励，强化学生负责任的学习行为。

（3）赋予学生管理自己学习的责任，教学生作出决策。

（五）创建教和学的课堂环境

教和学的课堂环境是指课堂的一切活动都围绕教与学。课堂是教学的场所，主要功能是进行教学，完成教学任务，实现教学目标，教和学无疑是课堂的中心工作。

六、激励策略

激励是指教师在教学中激发学生的学习动机，调动学生的学习积极性，使学生主动参与教学活动。教学是教师和学生共同参与的活动，教学效果不仅取决于教的质量，也依赖于教师在多大程度上激发了学生的学习动机和促成了学生参与教学。必须采用的策略有如下几条。

（一）提出挑战性要求

教师在教学中首先要向学生提出挑战性的教学要求。当学生感到面临问题和须解决问题的认知失衡时，会体验到心理不适，产生解决问题、消除认知失衡的欲求，此时学习动机就被激发起来。另外，教师的教学要集中在学生的最近发展区。通过有效的授课、指导和反馈，帮助学生达到挑战性的教学要求，完成难度适当的教学任务，让学生成功，从而强化学生的学习动机。

（二）让学生体验到成功

让学生体验到成功从而激发学生学习动机的方法有以下几种。

（1）培养和提升学生的自我效能感。

（2）培养学生的成就动机。

（3）满足学生自我实现的需要。

（4）创设学生取得成功的机会。

（5）教学生取得成功的方法。

（6）期望、鼓励和欣赏学生成功。

（三）分析学生成败的原因

在教学过程中，教师要教学生正确分析成败的原因，把成功归于充分的能力和合理努力，把失败归因于努力不够和策略不当等个人可以自我控制的因素，从而通过变化努力程度和采取恰当策略来取得成功。另外，教师要教学生正确对待成功和失败。在学习中，学生不可能永远成功。如果学生把失败看成不可改变的失败，那么将会伤害学生的动机，使学生丧失自信。而教师教学生把失败看成定向成功的必经之路，无数次失败孕育成功，则会增强学生的动机，并将学生导向成功。

七、运用非言语手段策略

运用非言语手段是指在教学中教师用手势、姿势、眼神、表情、触摸、空间距离以及辅助语言和类语言等非言语手段配合、辅助教学，以达到提高课堂教学效率、获得理想教学效果的目的。在课堂教学中，教师主要利用言语教学。掌握和运用非言语手段进行教学的策略如下。

（一）遵循运用非言语手段的基本要求

（1）目的明确。教师在课堂教学中计划和运用非言语行为时，必须明确非言语行为的目的是为教学服务和辅助教学的，任何偏离、违背促进教学这一目的而追求课堂趣味性甚至哗众取宠的非言语行为都是不适当的，也是要避免的。

（2）形式匹配和频率适当。在运用非言语行为时，教师必须使非言语行为的形式与特定的教学情境、教学活动相匹配，即非言语行为的形式与教学需要应具有一致性，如讲授时更需要教师用面部表情和辅助语言来增强讲授的生动性，讨论时更需要教师通过空间距离的变化和身体的接近等鼓励学生参与讨论，授课开始时更需要教师目光扫视等引起学生的注意。同时，教师的非言语行为应与学生认为教师应庄重、礼貌、富于理智、充满热情等的角色期望相符合，并与学生对教师非言语行为的预期和感知、认可的心理准备状态相吻合。只有这样，教师的非言语行为才会被学生认为是适当的、匹配的。

（3）减少差异，增加共识。交往双方对非言语行为之意义理解上的差异和障碍会影响交流的效果。在课堂教学中，教师的非言语行为只有被学生充分理解后才会对学生产生效应。

（4）尽量确保非言语行为和言语行为的一致性。

（二）科学运用非言语手段

对于教师来说，了解并掌握丰富多样化的非言语行为，并且能在教学中得体恰当地运用，对改善教学有很大帮助。

（1）运用空间距离和身体姿势。

教学中教师与学生不同的空间距离所产生的效应及其教学效果提示教师运用空间距离时要做到以下几点。

①与学生保持近距离。在课堂讨论中，学生对于课堂讨论的参与，直接受到学生座位位置的影响，以教师讲台为中心，座位越居于中心位置，距离讲台越近，学生参与课堂讨论的比例也越大。教学中教师和学生间距离的缩短，增加了教师对学生的注视机会，同时增加了学生注视教师的机会，师生互动机会增加，进而增加了学生参与课堂活动的机会。为此，在可能的条件下，在教学中教师应尽可能与学生保持近距离。由于学生的座位是固定的，教师要与学生保持近距离，只有通过教师在课堂内的走动来实现。教师不要总是站在教室前面的讲台上授课，给学生一种居高临下、难以亲近的印象，而应在教室内适当走动，即“教学深入学生中”。

②根据不同的学生选择不同的距离。一般而言，教师与学生空间距离越近，对学生学习的积极影响越大，但不同的对象对空间距离的要求是略有差异的，这意味着教学中教师要善于根据不同的对象选择适当的空间距离。由于学习能力较差的学生喜欢教师讲课站在他们中间，而能力强的学生则喜欢有一个较自由的学习空间，因此，教师教学时可以离优秀学生远些，而离落后学生近些。

③得体地运用手势和身体姿势。教师在教学中的姿势要表现出对学生的接纳、开放、接近和喜欢，适当将身体探向学生，在倾听学生的课堂发言时，应通过姿势表明自己在“用心”倾听。

（2）运用眼神接触。

有经验的教师往往用眼神接触来控制课堂气氛，提醒学生课堂的进程，也用眼神接触监督学生遵守纪律。教师运用眼神接触应做到以下几点。

①多用眼神接触。研究表明，教师注视学生的次数越多，学生的参与行为就越多；相反，当教师注视学生的次数减少时，学生注意力分散的情况就会增加。据此，为维持课堂秩序，促使学生参与教学，教师应该多注视学生，以引起他们的注意，从而使他们参加课堂活动，认真听课。

②少用长时间注视。在课堂教学中，教师对学生多注视，应该是注视次数增加而不应该是长时间注视，因为长时间注视会使学生紧张、恐惧。

③目光接触的形式多样化。根据教学和课堂管理的需要，教师可以运用多种

眼神接触形式，如当学生没有信心时，教师可以用期望的眼神给予鼓励；当学生表现得十分出色时，可以用赞美的眼神表示欣赏；当学生面临困境需要帮助时，可以用同情的眼神表达关爱。对全班学生的扫视可以引起学生的注意。对自信心不足、学习落后的学生，可以多用鼓励的眼神；对有高焦虑的学生，要避免长时间注视，因为这些学生与教师目光接触更可能出现高焦虑。

（3）运用面部表情。

人的面部表情丰富多样。在课堂教学中，教师可以通过丰富的表情传递好感与厌恶、赞美和蔑视、关注与忽视、热情与冷淡、高兴与悲伤等情感信息，可以用表情表达对学生的好感、关注、喜欢和爱，教师的面部表情还能体现教师对学科和教学的热情，并影响学生对学科的热情、热爱、关注和学习的投入程度。

教师运用面部表情的基本策略有以下几条。

①面部表情的丰富化和多样化。面部表情丰富化和多样化可以使学生认为教师是充满生气和活力的，是热情的而不是冷淡的。

②更多表现出微笑。很多研究发现，微笑是教师热情的表示，也是欣赏、关注、鼓励学生的信号，有助于形成支持、安全、温暖的课堂气氛，促进学生形成积极的态度。在热情的课堂上，学生的参与度更高。但教师在讨论课堂规则和相关的纪律、措施时，就应该严肃而不微笑。

③面部表情应该得体，在课堂教学需要的时候运用。

（4）运用辅助语言和类语言。

在课堂教学条件下，教师运用辅助语言和类语言应注意以下几点。

①教师的辅助语言应多样化、丰富化，并能根据教学情境灵活使用。例如，教师的语调可以变化。有研究表明，有生动语调的教师，更受学生喜欢，其学生也更爱学习。教师也不要用太高的声音讲课。因为低声的教师较经常高声叫喊的教师被学生视为能更好地控制班级。

②多用沉默或停顿。因为不管在什么时候，也不管在什么情境下，沉默或停顿都能起到表达责备、讨厌、不关心、同情和爱的效果，也可以作为引起注意、控制课堂的手段。从教学的观点来看，沉默或停顿对于给学生提供一段思考问题的时间以及从一项活动过渡到另一项活动所需的时间方面有重要作用。

③巧用类语言。在教学中，教师要根据需要，巧用类语言，以增强教学的感染力。

八、管理课堂策略

课堂管理或管理课堂是指为顺利开展课堂活动进行的计划、组织、控制、监督过程。对于教师来说，掌握和运用课堂管理的策略如下。

（一）认识意义，明确目标

首先，教师必须认识课堂管理的意义。其次，教师要明确课堂管理的目标。课堂教学的目标是通过多种课堂管理活动实现的。课堂管理的范围很广，包括一整套促使学生在课堂教学中与教师密切配合、遵守课堂纪律并致力于学业的教师行为和课堂活动，具体包括：物质环境的安排、课堂秩序的建立和维护、课堂规则的制订和执行、对学生行为的监督、对违反课堂纪律的行为进行处理、使学生集中精力学习、指导学生学习等。

（二）让学生肩负起遵守纪律、参与学习的责任

遵循课堂管理的人本主义传统。课堂教学中教师的特定行为，如考虑和尊重学生、与学生交流、重视学生的情感和需要、让学生自我控制和管理自己的行为等，会促使学生自觉遵守课堂纪律，全身心投入课堂学习。

（三）制订和执行规则

（1）告诉学生课堂规则的重要性。

（2）与学生共同制订课堂规则。

（3）确定适当的课堂规则。

（4）告诉并让学生理解课堂规则。

（5）执行课堂规则。

九、管理教学时间策略

时间在教学过程中具有显著的重要性。教学总是在一定时间内发生的。对于教师而言，为了实现教学的目标，必须高效利用、科学支配教学时间。教师应高度重视教学时间与教学效益的关系，积极寻求在单位时间内提高教学产出的方法并掌握和运用相应的策略。

（1）快速进入教学。如果教师在正式讲课之前的其他活动如准备、开场白、导入教学等的时间过长，就浪费了宝贵的教学时间。这就要求教师在授课前要对教学做完整、精心的准备。同时，教师要通过建立心向技术迅速集中学生的注意，使学生将注意力集中到教学任务上。

（2）减少教学活动间的过渡时间。教学活动间的过渡时间过长是课堂教学时间浪费的一个表现。在课堂教学中，教师要认真地计划好课堂活动，注意课堂活动过渡的自然、顺畅，快速地实现课堂活动的过渡，如明确告诉学生在活动过渡时要做的工作。

（3）避免课堂教学的中断。课堂教学的中断可能缘于课堂中出现的意外事件、突然变动，也可能缘于教师处理课堂中的问题行为。中断将影响教学的正常进行，造成学生课堂注意力的分散和课堂教学时间的浪费。因此，教师要巧妙地处理课

堂中的意外事件、突然变化，有效预防课堂上的问题行为。当问题行为出现时，要敏锐地发现，及时制止。对问题行为的处理和制止，要运用最小干预原理（既有效又尽可能不影响教学的处理方法），尽量不影响或中断教学。

十、管理课堂作业策略

课堂作业又被称作课堂练习（classroom practice），对巩固、深化和扩大课堂教学效果起着重要作用。教学论专家和教育心理学家认为，课堂练习分为指导的练习（guided practice）和独立的练习（independent practice）。指导的练习一般在教学过程中出现，而独立的练习一般在教学结束时出现。

管理课堂作业的策略如下。

（一）管理指导性课堂作业

研究证明：低效甚至无效的教师常常整堂课讲授，然后要求学生独立做练习。在这种情况下，学生往往会出现作业错误过多的现象。为了避免这一现象，教师应布置指导性课堂作业。以小步子讲授新的教学内容，每一步后安排学生练习，是教师有效、清晰讲授的十个原理之一。可见，在教学中，教师应将教学内容分成部分或知识块。每次只教一部分内容，教完之后，布置一定的指导性课堂作业。在学生做指导性课堂作业时，教师应监控学生的反应，并适时指导学生，以保证学生正确完成作业。通过这种指导性课堂作业，检查学生对讲授过的内容的理解掌握情况，以决定是再教这些内容还是开始新授内容。

（二）选择课堂作业

教师选择适当的课堂作业应做到以下几点。

（1）课堂作业必须紧扣和服务于教学目的，必须与教学内容相关。

（2）课堂作业必须对学生有意义、有价值、有趣。如果学生看到了课堂作业的价值并发现其有趣和有意义，他们就会努力去完成。

（3）课堂作业必须难易适度。既具有一定挑战性，又确保大多数学生能完成，即至少让80%～90%的学生能正确完成。

（4）课堂作业必须具有变化性、多样性。缺乏变化和多样性的课堂作业会导致学生没有兴趣、厌烦，增加学生的分心行为、问题行为。

（5）课堂作业必须具有促使学生进步的特性。另外，课堂作业量必须适当，学生能够完成。课堂作业量要根据学生的学习能力和技能发展水平来确定，不能过多或过少。

（三）布置课堂作业

在教学中，教师如何布置课堂作业会影响学生完成课堂作业的情况以及完成课堂作业的收获。有效布置课堂作业要做到以下几点。

（1）以一种充满挑战性和富有热情的方式布置课堂作业。

（2）让学生明了为什么要有课堂作业，并提出课堂作业的目的。

（3）讲清课堂作业的要求、期望，对课堂作业作出说明和解释，使学生明了课堂作业的具体内容、完成的要求，并允许学生就此提问。

（4）示范怎么完成课堂作业，明确完成课堂作业时的行为规范，介绍完成课堂作业的程序或方法，并确认学生清楚这些程序或方法。

（5）在课堂上选择适当时间布置课堂作业，清晰而全面地描述课堂作业的目的、内容、要求、程序等。

（6）必要时在黑板上写下课堂作业。这样可以保证学生明了课堂作业，也可防止学生推卸完成课堂作业的责任。

（7）教师应告诉学生完成课堂作业需要做什么准备、应具有哪些背景知识，并帮助学生做好准备。

（四）监控学生做课堂作业

在学生做课堂作业时监控学生，即巡视课堂，以监控、了解学生的进步，并给予相应的帮助是促成学生取得良好考试成绩的一个重要策略之一。具体措施如下。第一，决定是否允许学生在做课堂作业时交谈。开始时不允许学生交谈以让学生独立做作业。在做课堂作业前，应明确规定什么时候允许小声交谈。第二，在学生做课堂作业时巡视，了解学生的理解水平或表现水平。第三，规定学生怎么寻求教师的帮助。当学生在做课堂作业中需要帮助时，要求学生举手示意，然后教师在适当的时候走近学生或要学生走近教师。第四，规定学生什么时候可以离开座位，以避免课堂秩序混乱。第五，保持与个别学生有短时间的接触（30秒或30秒以下）。有学者认为，在学生做课堂作业时，监控学生，进行帮助性的相互作用（接触）是必要的，但应使这种接触时间短，以便于与所有学生接触。第六，座位安排应便于教师在学生做课堂作业时监控学生、帮助学生。第七，建立课堂作业的规范，规定学生在完成作业后做什么，如要求学生做附加性的提高型作业，以获取额外的学分，或将剩余时间用在自由阅读或做其他课程作业上。

（五）作出课堂作业反馈

课堂作业应便于学生得到反馈，特别是便于学生相互纠正作业中的错误，因为从提高课堂教学时间利用效率的角度来看，这种反馈是最经济有效的反馈。建立检查课堂作业的制度，让学生意识到课堂作业将被检查，及时提供完成课堂作业的反馈，必要时进行讲评。采取多样化的反馈方式，更多地作出支持性反馈。

课堂教学中学生是否专注教学内容在一定程度上取决于教师布置的课堂作业和对课堂作业的管理。因此，为了促进学生的灵活性理解，教师可以从管理课堂作业着手。具体可采取以下策略。

（1）布置需要学生较高水平的认知加工的课堂作业。当教师布置的学习任务或课堂作业需要学生有更开放性的反应，即需要进行较高水平的认知加工时，他们更可能表现出一种学习方式——深层方式，它促成学生灵活性理解；当学习任务或课堂作业需要学生更多记忆和根据成绩标准评估时，他们更可能表现出另一种学习方式——表层方式，它不大可能促成学生灵活性理解。

（2）不应因害怕承担责任而降低课堂作业的认知要求。这种责任制度使教师和学生都倾向于选择或完成没有模糊性、低风险的课堂教学任务或课堂作业，因为这样可以减少教师管理课堂的努力和学生深层次学习的努力，并可避免因课堂混乱而承担责任。这促使教师通常改变学习任务或课堂作业的认知要求，布置认知要求低、不会引起模糊或风险的学习任务或课堂作业。显然，这样的做法将导致学生不可能出现灵活性理解。

（3）让学生在做课堂作业时公开表达和谈论自己的思维进程。在学生完成课堂作业时，教师应让学生思考和解决问题的过程外在化，鼓励他们表达、谈论，相互激发和讨论。

（4）创设支持和鼓励学生思考的课堂环境。教师要了解学生做课堂作业时的思维等认知活动，向学生提出改善思维的建议。同时，帮助学生完成有一定挑战性的课堂作业，促进学生的灵活性理解，扩大学生完成课堂作业的收获。

第二节　英语课堂教学的延伸

课外活动在教学当中也占据着十分重要的作用，它是课堂教学的辅助和延伸，目的是为学生英语的学习创造一个开放、自由、真实的语言环境和提供大量的语言实践机会，是提高英语教学质量以及学生整体素质的有效途径之一。我国英语课程标准指出："英语教学过程中应当组织生动活泼的课外活动，促进学生的英语学习。根据学生的年龄特点和兴趣爱好，积极开展各种课外活动有助于学生增长知识、开阔视野、发展智力和个性、展现才能。教师应该有计划地组织内容丰富、形式多样的英语课外活动，如朗诵、唱歌、讲故事、演讲、表演、英语角、英语墙报、主题班会和展览等。教师要善于诱导，保护学生的好奇心，培养他们的自主性和创新意识。"由此可见，英语课程的设置不仅要关注知识与技能的培养，还应注重学生整体素质的培养。

一、英语课外活动与课堂教学的关系

这里，我们首先来了解一下课外活动的含义，然后分析英语课外活动与课堂教学之间的关系。

苏联教育家凯洛夫在《教育学》一书中对课外活动下了这样的定义："在课外活动和校外活动这个一般概念里，包括各个不同方面的学生课余文化活动；组织这些活动，达到对新生一代进行共产主义教育的目的，对实现社会主义社会所要求的普通教育和综合技术教育，对人的全面发展以及为学生从事实际活动做准备，都具有极其重要的意义。""所谓课外活动，就是指学校在必修的教学内容和教学大纲要求之外举办的形形色色的具有教育性质的作业和教育措施。"由此可见，课外活动（Extracurricular Activities）实际上是指学校在正式课程以外对学生所实施的各种有意义的教育教学活动。具体来讲，课外活动即学校在国家统一规定的教学计划和统一编写的教材之外，为了发展学生的爱好、个性、兴趣及特长，开发学生的智力，根据学生自由选择参加的原则，在课余或节假日中组织学生开展的有计划、有目的的教育活动。课外活动的形式丰富多样，包括科技文体活动、展会（夕会）、体育活动、各种本校的传统活动和社会实践活动等。

虽然英语课外活动与课堂教学有着明显的差异，但两者之间仍存在密切的联系。众所周知，英语教学工作的中心环节是课堂教学，课堂教学是英语教学的最基本形式，也是学生在教师的指导下获取英语基本知识、基本技能，通过基本技能训练，培养运用英语进行交际的能力的基本途径，对培养学生的英语能力起着关键性的作用。但是仅仅有课堂活动而没有课外活动，课堂教学则不能成为一个完整的教育系统，因为只有二者相结合，才能形成一个统一的、完整的教育系统，二者没有主次之分。英语课外活动是除英语课堂教学之外，对学生进行多方面、多角度教育的有效形式，是对英语课堂教学活动局限性的有效弥补手段，它与课堂教学是相辅相成、相互作用的，对实现教育目标、完成教育任务有着同等重要的作用。英语课外活动对培养学生的特长爱好、激发学生的兴趣、开阔学生的视野、增长学生的见识、发展学生的智力有着积极显著的作用。此外，英语课外活动对决定学生的全面发展与因材施教、一般发展与特殊发展、间接经验与直接经验等矛盾有着重要的意义。

二、英语课外活动的意义与作用

作为英语教学过程中一个重要的有机组成部分，英语课外活动和英语课堂教学紧密相连，是使学生掌握外语所不可缺少的辅助形式，对整个教学有着重要的意义和作用。

（一）利于促进学生的个性发展

内容丰富、形式多样的英语课外活动使学生个人的兴趣、爱好、特长以及各种才能都可以得到充分的发挥，教师可以在英语课外活动中发现在某一方面有特殊才能的人，对其加以训练和培养，从而促进学生的个性发展和人才的早期培养。

例如，学校组织的英语歌咏比赛、戏剧小组、文艺会演等，都可以为有音乐天赋和表演才能的学生提供充分展示的机会。

（二）利于培养学生的自主学习能力

英语课外活动具有丰富多彩的形式和内容，可以为学生提供轻松愉悦的学习环境以及自主学习、探究的机会和条件。与课堂学习不同，课外活动中没有严肃紧张的气氛，学生心情愉悦，便能无拘无束、积极主动地完成教师分配的任务。在完成活动任务的过程中，学生学会独立思考、独立解决问题，其实际运用语言的能力得到提高并获得成就感。所以，英语课外活动的实施，能有效激发学生的学习兴趣、调动学生的学习积极性，有助于培养学生的自主学习意识，也真正体现了学生在英语教学中的主体地位。

（三）利于培养学生良好的文化价值观

文化价值包括人文精神和科学精神两种含义，是体现一个社会的意义、价值、风俗、规范、概念与符号的总体。因此，英语教学中要特别注意培养学生良好的文化价值观，包括人文精神中思想道德素质层面的社会价值标准、有关个人的价值标准、有关国家和世界的价值标准和认识世界的价值标准等方面，教学除了传授知识外，应该越来越重视学生在道德思想、身心健康、为人处世等方面的培养。同时，开展英语课外活动对培养学生的爱国主义、国际主义以及共产主义思想等也有很大的帮助作用。

（四）利于培养学生的合作精神、增进师生感情

我们知道，英语课外活动中包含多种形式的活动，其中集体活动占很大一部分，例如小组之间的英语游戏、班级或者年级之间的英语竞赛活动等。在准备活动的过程中，有许多工作需要学生与学生之间、学生和教师之间的相互配合。在活动进行过程中，许多任务也是需要参加活动的每个成员共同来完成的。因此，开展英语课外活动对于培养学生的合作精神、集体荣誉感、班级凝聚力十分有利。总而言之，英语课外活动对于促进和加深教师与学生之间的感情交流，增进师生感情起着积极的促进作用。

（五）利于提高学生的整体素质

英语课外活动除有助于加深、巩固和扩大课堂上所学到的英语知识外，还有利于不断地获得课堂以外的新知识。课外活动为学生提供了一个很好的实践机会，在课外活动中，学生能够将课堂上获得的知识运用于实际，从而加深对知识的理解、技能的掌握，开阔视野。另外，英语课外活动的开展还可以促进英语学科与其他学科的相互渗透和联系，扩大学生的知识面。例如，通过创造美、鉴赏美、感受美等课外活动，可以提高学生的审美能力；通过参加公益劳动，不仅可以锻

炼学生的劳动能力、体力，还可以掌握一些基本的生产技能；让学生独立主持一些活动，可以锻炼学生的组织管理能力，还可以培养学生良好的心理素质。总之，经常开展英语课外活动，对学生整体素质的提高非常有利。由上述可知，教师在英语教学当中必须大力开展英语课外活动，并且在活动当中选用适当的形式，有目的、有计划地开展。这样既可以减轻学生的负担，还能有效提高英语教学的整体质量。

三、当代英语课外活动的原则与主要形式

（一）当代英语课外活动的原则

英语课外活动开展的目的是辅助英语课堂教学，提高学生的英语水平和英语教学的质量。因此，英语课外活动的设置和开展也应遵循一定的原则。英语课外活动主要有以下几种原则可循。

1. 因材施教原则

我们知道，传统的课堂教学只能保证大多数学生学习大体上相同的知识和技能，但难以兼顾每个学生的具体情况。例如，有些学生性格内向、胆小、害羞、不善言辞，即使有某种特长，也难以表现和发挥。而英语课外活动比课堂教学的内容更丰富、形式更多样，因此英语课外活动应弥补课堂教学的这一缺陷，采取各种措施，使每个学生的潜能都能得到发掘。例如，学校根据实际情况定期举办多种形式的英语晚会，如讲故事、朗诵英语诗集、唱英文歌、表演对话等。在具体的活动中，尽量保证每个学生都有展示自己才能的机会。

2. 循序渐进原则

设置英语课外活动应坚持循序渐进、先简后繁、先易后难、先少后多的原则。课外活动刚开始时，形式和内容应比较简单。随着活动的开展，逐渐加大内容的难度，形式也逐渐多样化。学生通过克服不同程度的困难，完成不同形式的任务，会享受到获得成功的喜悦，并逐渐树立起自信心。如果一开始学生就因过于复杂的课外活动受到挫折，很难感觉到胜利带来的快乐，也会很快失去信心，丧失主动性，甚至产生自卑心理。这样，英语课外活动就违背了它的初衷，很难再进行下去，也不利于学生的身心发展。

3. 自愿参加原则

课堂教学具有一定的强制性，要求每个学生都必须按规定上课。课外活动不同于课堂教学，它本身不具备法定强制性，教师也不能强迫学生参加。学生自己或者在教师的帮助下设置的各种课外活动项目，不同于教学计划中所设置的各个必修和选修科目，学生有主动选择性，可以根据自己的爱好等实际情况选择课外活动项目。

另外，英语课外活动的形式不应死板，应活泼多样，组织形式也应灵活多变，内容要生动多彩，这样才能激发学生的兴趣，吸引学生参加到活动当中来。教师要积极组织活动，在适当的时候给予必要的指导，使课外活动逐步深入，充分发挥课外活动的作用。

4. 与课堂教学相结合原则

英语教学的基本组织形式就是课堂教学，而且学生的英语基础知识也主要是通过课堂教学来掌握的。而英语课外活动则是课堂教学的延伸和补充，旨在巩固课堂上所获得的知识和进一步发展学生听、说、读、写基本技能，培养学生英语实际运用的能力。因此，教师组织学生进行课外活动时，应注意将课外活动和课堂教学实际紧密联系起来，以课堂教学为基础，传递新知识、新信息，拓宽学生视野，扩大知识领域。例如，在学习美国文学时，教师可以首先通过生动活泼的形式介绍美国的历史、文化背景、风俗习惯等，激发学生的兴趣和热情，使学生在轻松愉快的环境里学习课堂上的知识。

5. 学生的自主性、创造性

教师是课外活动的指导者，主要负责英语课外活动的制定，各种英语课外活动小组的组建，帮助学生选材，检查活动的完成情况等，起辅助作用，而学生才是课外活动的主体。所以，教师应根据学生的实际情况，巧妙地利用各种有效方法调动学生的积极性，放手让他们独立去组织活动。例如，选出几位英语基础较好、组织管理能力较强的学生组织英语课外小组，让学生自己制定活动的各项规则等，这样能最大限度地发挥学生的聪明才智，锻炼他们的组织管理能力。因此，在英语课外活动中，要坚持遵循以学生的自主性、创造性为主，教师的指导性为辅的原则，让学生在轻松、自由的环境里发挥他们的自主性和创造性，培养他们自主学习和独立工作的能力。

6. 思想性与趣味性相结合原则

在课堂之外实施的各种形式的英语课外活动应具有高度的思想性，寓德育于活动中，并且英语课外活动应该健康向上，这样有利于学生思想品德的提高。同时，各种课外活动应该富有趣味性内容，通过这些有趣味性内容的各种课外活动，引发学生的好奇心，激发他们的兴趣，吸引他们参加到活动中来。例如，在开展小学英语课外活动时，做多种多样的英语游戏，把语言知识的学习与英语语言技能的训练有机地结合在一起，既可以激发学生的兴趣和求知欲，又可以锻炼学生灵活运用英语的能力，从而真正做到寓教于乐。因此，教师要根据学生不同的特点设置英语课外活动，以保证英语课外活动的形式、内容适合于不同信息特征和学习阶段的学生。

7. 认真总结原则

英语课外活动结束以后，应注意做全面的总结，总结活动对课外活动再次开展十分有利。总结的形式有很多种，如在各种形式的英语竞赛之后，算出成绩，排出名次，实行对优胜者进行奖励的政策。然后由教师或评委认真总结，肯定成绩，做出表扬，同时指出存在的问题，纠正错误。此外，每次活动后，教师还应对活动的开展情况做书面总结，总结经验教训，提出改进方法。

（二）当代英语课外活动的主要形式

1. 活动小组

英语课外活动小组是普遍采用的一种课外活动形式，组织英语课外活动小组的目的在于努力创设各种真实的英语环境，使学生在自由的气氛中掌握实际运用语言的能力，综合训练学生运用英语的能力，培养学生学习英语的兴趣，并多方面发展学生的英语才能。与课堂教学相比，课外活动小组形式更加活泼、自由，可以在教师的辅导下独立组织活动，自主分工，发挥各自的特长，学生的主体性可得到很好的发挥，从而调动学习的积极性。在活动实施过程中，学生之间可以取长补短，相互学习。通过伙伴之间的合作，可以不经意地学到在课堂上学不到的知识，如良好的道德品质、思维品质、学习策略等。让每个学生在合作中动手、动脑，更是发展其创造力的有效方法。

2. 英语竞赛

英语竞赛是发展学生运用英语的熟巧、激发学生学习英语热情的有效手段，是开展最为广泛的英语课外活动形式之一。其主要的形式有朗读竞赛、歌咏竞赛、英语作文比赛等。

开展竞赛活动之前的动员工作很重要，尤其是对那些性格内向、胆小、容易害羞的学生，鼓励他们报名参加一些较为简单的课外活动，让他们在一次次的成功中逐渐树立起自信心。另外，在竞赛前，要向全体学生宣布竞赛的项目、日期和要求。在准备过程中，教师还应帮助学生选材、审稿，并进行辅导，以帮助他们克服缺点，提高运用英语的技巧。为了培养学生的组织管理能力，可以由学生轮流担任竞赛活动的主持等工作。竞赛会由学校领导主持，由教师组成评判委员会，并订出评分标准。比赛结束后，当即算出成绩，排出名次，奖励优胜者。授奖后由评委会进行总结，肯定成绩，指出存在的问题和今后努力的方向。

3. 学习报告会、学习经验交流会

英语学习报告会、学习经验交流会主要有以下几种形式。

（1）组织本校优秀学生介绍自己学习英语的方法，或者请本校的毕业生结合自己的工作实际介绍学习英语的经验。

（2）请本校和外校的优秀教师做有关英语学习技巧的报告。和优秀教师面对面交流，请他们解答学生提出的问题。

（3）经常邀请专家、学者、教授来学校做报告。

（4）请外籍教师到本校做有关英语国家的历史、地理、风俗习惯和学习、工作、生活等方面的报告。

英语学习报告会、学习经验交流会对提高学生学习英语的一般态度、端正学习态度、改进学习方法、开阔眼界、增进对英语国家人民的了解、提高学习效果有很好的作用。

4. 英语文艺会演活动

英语文艺会演活动的形式丰富多样且富有吸引力。英语文艺会演主要以班级或者年级为单位展开，其形式多种多样，包括英语歌曲演唱、英语课本剧演出、英语故事会、英语诗歌朗诵等。英语文艺演出的形式能极大地调动学生的积极性。例如，在英语歌曲演唱晚会前，每个学生都会作出精心的准备，布置场地、购买演出服装等。参赛的学生则会积极练习英语歌曲，学生在欣赏歌曲的同时，听说技能会得到很好的锻炼。此活动形式应与英语课外活动小组活动紧密结合起来。

5. 英语学习成绩展览会和成绩汇报会

英语学习成绩展览会和英语学习成绩汇报会能有效激发学生的自信心，也会对学生的学习起到很好的鼓励作用。英语学习成绩展览会和英语学习成绩汇报会一般在学期末，以班或年级为单位举行，邀请学生家长和有关人员参加。展览会上有计划地陈列英语课本、课外读物、教学用具、学生的平时作业、作文、英语试卷、学生学习成绩统计、学生所写的有关英语学习的体会，以及上英语课、自习、课外活动、辅导等的照片或记录。结合展品来给学生用英语作简短的汇报，还可以由学生表演英语节目，作为汇报的组成部分。

6. 英语电影欣赏

随着多媒体在英语教学中的广泛应用，英语电影欣赏成为全面提高学生英语水平的重要途径之一，使学生摆脱了学习英语时的枯燥、单调。北京外国语大学朱维芳认为，英语电影教学这种教学方法能使文化内涵和语言自然地结合在一起，它能通过鲜活的语言、动人的故事描述等把社会价值观念等深层次的文化以一种大众都能接受的方式反映出来。

电影欣赏集听、说、读、写于一体，不但能够使学生在真实的语言环境中提高英语听说能力、培养学生用英语进行思维的能力，还能让学生直观地感受到英语国家的风俗习惯、地理知识、政治经济等，激发学生学习英语的兴趣。英语电影的选择很关键，选择电影时应注意以下几点。

（1）影片中的发音应地道纯正，语调优美。

（2）电影内容要健康、积极向上，能够引导学生树立正确的人生观和价值观。比如，获得奥斯卡奖项、根据文学名著改编的比较受欢迎的影片。

（3）影片的难易程度要适中，不要选择特殊语言现象太多的电影，如含有许多方言和俚语，这样会增加学生理解电影内容的难度，使他们失去欣赏电影的兴趣。

（4）影片可根据所学的课文内容来选择，这样不仅可以降低电影的难度，还有助于学生加深对课文的理解。

（5）所选择的影片要易于模仿和表演。

电影欣赏活动的形式有很多种，我们主要介绍以下几种方式。

（1）根据影片的精彩片段，进行角色扮演。每次活动之后，教师可以选取影片中的一段让学生自由分配角色进行表演，还可以让学生为影片编排不同的结局，然后做成小短剧来表演。通过这种方式，学生会积极地投入编排短剧的活动中，学到地道的英语口语表达，并发现和纠正自己的发音。另外，学生还可以从中学习电影中的经典语句。

（2）学生自由分小组进行讨论，交流心得体会，或者做影片介绍，轮流发言，锻炼英语听说能力。例如，在欣赏《阿甘正传》后，学生分小组进行讨论，然后小组内每个成员轮流发言，讲一下自己对阿甘的命运的理解。

（3）根据电影串讲故事。教师可以每次播放一个小片段，然后让学生分成小组，对影片的下一步发展进行预测并编成一个个的小故事。

参考文献

[1] 郭岩. 大学英语课堂教学研究 [M]. 北京：光明日报出版社，2016.

[2] 孔丽芳. 大学英语课堂教学艺术与应用实践 [M]. 北京：九州出版社，2018.

[3] 王岚，王洋. 英语教学与英语思维 [M]. 长春：吉林人民出版社，21019.

[4] 张慧芳. 英语阅读与教学研究 [M]. 长春：吉林人民出版社，2017.

[5] 陈晓红. 英语翻译与教学创新研究 [M]. 北京：世界图书出版公司，2017.

[6] 王二丽. 英语教学论 [M]. 北京：新华出版社，2018.

[7] 许酉萍. 基于网络多媒体的大学英语教学模式的研究 [M]. 长春：吉林人民出版社，2017.

[8] 吴丹，洪翱宇，王静. 英语翻译与教学研究 [M]. 长春：吉林人民出版社，2017.

[9] 胡雪飞. 英语教学法 [M]. 武汉：武汉大学出版社，2016.

[10] 郭岩. 大学英语课堂教学研究 [M]. 北京：光明日报出版社，2016.

[11] 杨馨，朱彦臻，田申. 英语翻译理论与方法研究 [M]. 长春：吉林人民出版社，2019.

[12] 卢璨璨. 英语翻译教学方法理论研究 [M]. 天津：天津人民出版社，2019.

[13] 谢民，杨清玲，杨帆. 英语翻译理论与方法研究 [M]. 长春：吉林大学出版社，2016.

[14] 金明芬，武晓蓓，杜会. 英语教学法教程 [M]. 北京：中国纺织出版社，2019.

[15] 孙玉梅. 现代英语教学法 [M]. 长春：东北师范大学出版社，2016.

[16] 汪阳．英语教学法理论基础与实践研究 [M]．北京：中国时代经济出版社，2013.

[17] 蔡玲．大学英语教学实践探索 [M]．长春：吉林文史出版社，2021.

[18] 薛燕．基于教学改革的大学英语教学实践 [M]．延吉：延边大学出版社，2018.

[19] 王芳．跨文化交际与商务英语教学实践研究 [M]．北京：北京工业大学出版社，2021.

[20] 张景．英语教学方法新探索 [M]．长春：吉林出版集团股份有限公司，2021.

[21] 李晓玲．大学英语教学方法研究 [M]．西安：陕西科学技术出版社，2020.

[22] 陈艳，贠楠，张倩倩．现代英语教学方法研究 [M]．北京：世界图书出版公司，2019.

[23] 杜秀君．英语教学论 [M]．北京：北京理工大学出版社，2018.

[24] 施莹莹，王红娟，李保丽．英语教育教学理论与实践 [M]．长春：吉林人民出版社，2022.

[25] 周维杰．英语教学设计与案例分析 [M]．上海：上海交通大学出版社，2018.

[26] 殷亚平，徐修安．新课程理念下英语教学设计研究 [M]．上海：上海三联书店，2021.

[27] 张喜华，闫雅萍．有效的基础英语教学 [M]．北京：旅游教育出版社，2021.

[28] 孔令翠，陈文存，严萍．基础教育英语教师教学指南 [M]．重庆：重庆大学出版社，2019.

[29] 吴秀英．英语教学基础理论诠释及创新视角研究 [M]．长春：吉林大学出版社，2019.

[30] 卢昕，马春线，宋凯．高校英语教学的基础理论与应用研究 [M]．北京：九州出版社，2017.

[31] 韦敏，李迎冬，刘汉军．英语专业基础英语有效教学 [M]．长春：吉林大学出版社，2012.

[32] 程丽娟，姚晓盈，王慧．英语教学与模式创新 [M]．哈尔滨：哈尔滨出版社，2020.